Science of Cooking

2004
DOBUNSHOIN
Printed in Japan

『ネオ エスカ』シリーズの刊行にあたって

　今日，私たちの日常生活で，身近に関わる食品・栄養・健康の学問分野には，多くの新たな課題・問題が投げ掛けられている。国民の疾病構造の変化をみても，自然環境破壊，少子化，高齢化といった事象が，問題に一層の拍車をかけている。

　こうした背景の中で，国民の健康課題に対応した栄養士・管理栄養士を養成するため，2000年3月に「栄養士法」の改正が行われた。保健医療サービスの担い手としてその役割を十分に発揮するためには，高度な専門知識・技術を持った，より資質の高い栄養士・管理栄養士の育成を行う必要がある。

　そこでこの度の"新カリキュラム"導入では，大幅な学習内容の改編が行われた。

　同文書院では，これらの分野にわたる栄養士・管理栄養士養成のための教科書『新エスカ21』シリーズを1987年来発刊し，すでに好評を博してきた。

　この新カリキュラム導入を機に従来の『新エスカ21』シリーズに加えて，『ネオ エスカ』シリーズを刊行することとなった。

　『ネオ エスカ』シリーズの内容は，新カリキュラムの目標を踏まえて，
　1）基本的な事項を現在に即した視点でまとめる
　2）必要事項を豊富な図表と平易な文章でわかりやすく解説する
　3）管理栄養士受験参考書として対応している
　4）学生，教師の立場にたって使いやすさを求める
など，従来の方針がさらに充実，発展するよう努めた。

　本書で学んだ学生から，次代を担う専門家が一人でも多く輩出することを願うものである。

2002年春

ネオ エスカ・シリーズ
編纂委員会

NEO ESKKA SERIES

ネオ エスカ

調理学

渋川祥子・畑井朝子　編著

同文書院

■**執筆者紹介**（執筆順）

編著者

渋川 祥子（第1章）
　横浜国立大学名誉教授

畑井 朝子（第2章）
　函館短期大学教授

著　者

東川 尅美（第3章1, 2, 3）
　元 藤女子大学教授

下坂 智恵（第3章4, 5, 6, 7）
　大妻女子大学短期大学部教授

山本 愛子（第4章）
　元 天使大学教授

山口 敦子（第4章）
　天使大学准教授

大出 京子（第5章1, 2）
　尚絅学院大学教授

早坂 千枝子（第5章3）
　元 尚絅学院大学教授

吉田 惠子（第5章4，第6章4）
　つくば国際大学教授

今井 悦子（第6章1）
　聖徳大学教授

佐藤 恵美子（第6章1，第7章）
　新潟県立大学教授

安原 安代（第6章2）
　女子栄養大学教授

永島 伸浩（第6章3）
　武蔵丘短期大学教授

四十九院 成子（第8章）
　東京家政学院短期大学教授

綾部 園子（第9章）
　高崎健康福祉大学教授

（カッコ内は，担当した章を示す）

まえがき

　人間は有史以来，野性動物の狩猟・漁労，野性植物の採集などにより得た食料をそのまま，または手を加えて食用としてきた。その手法も時代が下るにしたがい，複雑に，また巧妙になってきたが，生食から火の発見による加熱食への進歩が，人類の現在までの発展を支えてきた原点ともいえる。したがって，野性の動植物の食物化の歴史や食物化に関わるすべての側面に人類の発展史をみることができる。上述のような動植物の食物化にかかわる学問分野として食品学，栄養学，さまざまな関連分野はあるが，これらを総括的に，実用的に捉えられる分野が調理学である。

　調理学の側面としては歴史性，食文化性，嗜好性，経済性，調理操作，食品の調理上の利用性，安全性などがある。これらを系統的に，しかも科学的に捉える必要がある。さらに現代の食生活は栄養学，食品学などの進歩発展，環境問題の変化などにともない，さまざまな要素が増加しており，調理学で扱う内容も変化せざるを得なくなっている。従来の調理学が化学的事項として，「美味しさ」の追求に止まっていたが，調理した結果，いかなる栄養的効果をもたらすのかまで発展させる必要が生じている。つまり，調理による食品の生体利用性，食品の機能性に言及せざるを得ない。しかし，調理で扱う場合はあくまでも食品から抽出された単独成分としての作用ではなく，食品を丸ごと捉えた場合の生体利用性，機能性であり，ここが本書の企画の特徴である。

　今，食の世界では，これまで自然の中で行われてきた食料生産が工場などの先端技術を利用した生産に変化し，また遺伝子組み換え食品の出現，畜産動物にみられるBSE問題，安全性確保のためのトレーサビリティ，健康食品・サプリメントの出現などのような変革が起っており，これらも取り込んだ調理学の内容および研究が求められることは自明であり，今後の発展が期待される。

　今後，本書が各方面で活用されることを願っているが，内容が不統一な点や多少の重複もみられる点についてはご容赦くださり，アドバイスをいただければ幸いである。

　また本書の刊行に当たっては，同文書院の皆様に大変お世話になりました。心より御礼申しあげます。

編　者

目　次

第1章　調理の意義 ···1

1．食物摂取行動における調理　2
　（1）人間の食物摂取の特性　2
　（2）食料・食品と食物　2
　（3）食物摂取の意義　3
2．食物の条件と調理の役割　3
　（1）食物の条件　3
　（2）調理の目的　3
　（3）調理と食品加工の関係　4
　（4）食事と調理　5
　（5）調理と料理　5
3．調理の社会化と大量化　5
　（1）食品加工の発展と調理の社会化　5
　（2）調理の必要性と二極化　6
4．調理学の現状　7
　（1）調理の科学性と文化性　7
　（2）調理学研究の現状　7

第2章　調理の変遷と食事形態 ···9

1．食生活と調理の変遷と食事形態　10
　（1）原始社会の調理と食事形態　10
　（2）古代社会の調理と食事形態　11
　（3）中世社会の調理と食事形態　13
　（4）近世社会の調理と食事形態　14
　（5）近代社会の調理と食事形態　16
2．現代の食生活と食事形態　17
　（1）最近の数十年で大きく変化した食事　17
　（2）現代の食事形態と食の行方　18
3．世界の食事形態と調理様式　19
　（1）世界の国々にみる食事形態　19
　（2）世界の代表的料理様式と食事文化　20

第3章　食物の嗜好性と生体における役割 ···23

1．食べ物のおいしさ　24
2．味覚の構造　25
3．化学的な味と生体での役割　25
　（1）おいしさと化学的な味　25
　（2）おいしさと生体での役割　30
4．その他の味の性質と役割　30
　（1）渋　味　31
　（2）辛　味　31
　（3）え ぐ 味　31
　（4）金 属 味　31
　（5）アルカリ味　31
5．味の相互作用　32
　（1）相乗効果　32
　（2）対比効果　32
　（3）抑制効果　33
　（4）変調効果　33
　（5）順応効果　33
6．おいしさに影響するその他の要因　33
　（1）テクスチャー（texture）　34
　（2）温　度　34
　（3）外　観　35
　（4）音　37
　（5）香　り　37
　（6）その他　37
7．官能評価　38
　（1）官能評価の実施法　38
　（2）官能評価の主な手法　39

第4章　食事設計と栄養 ···43

1．食事設計の意義　44
2．献立作成　44
　（1）献立作成の条件　44
3．献立作成の実際　50
　（1）献立作成の手順　50
　（2）日常食の献立　51
4．供応食の献立　52
5．行　事　食　54

第 5 章　調理操作 ……………………………………………………………57

1．調理操作の分類　58
2．非加熱調理操作　58
　（1）計　量　58
　（2）洗　浄　59
　（3）浸　漬　60
　（4）切　砕　63
　（5）粉砕・磨砕　65
　（6）混合・撹拌　66
　（7）圧搾・ろ過　66
　（8）冷却・冷蔵・冷凍　67
　（9）解　凍　69

3．加熱調理操作　70
　（1）加熱調理の目的　71
　（2）加熱操作の種類　72
4．調理機器　83
　（1）計量用　83
　（2）非加熱調理器具　83
　（3）加熱機器　84
　（4）鍋　87
　（5）食器類　88
　（6）電気冷凍冷蔵庫　88

第 6 章　食品の調理性と生体利用性 ……………………………………………93

1．植物性食品　94
　（1）米　94
　（2）小　麦　101
　（3）いも類　106
　（4）豆　類　108
　（5）野菜類　111
　（6）果実類　121
　（7）種実類　122
　（8）海藻類　123
　（9）きのこ類　125
2．動物性食品　127
　（1）肉　類　127
　（2）魚介類　131
　（3）卵　類　137
　（4）牛乳/乳製品　140
3．成分抽出素材　141
　（1）でんぷん　141

　（2）油脂類　145
　（3）ゲル化用食品素材　148
　（4）新食品素材　153
4．調味料　153
　（1）塩　153
　（2）しょうゆ　155
　（3）み　そ　156
　（4）食　酢　156
　（5）砂　糖　158
　（6）酒　類　160
　（7）うま味調味料，風味調味料　162
　（8）その他の調味料　162
5．その他の食品　162
　（1）香辛料（spices）　162
　（2）嗜好飲料　163
　（3）加工食品　164

第 7 章　調理と安全 …………………………………………………………169

1．調理と衛生　170
　（1）食品の安全性　170
　（2）食品保存管理に影響する条件　170
　（3）食品の安全　172
　（4）トレーサビリティの導入　174
2．食中毒の予防　175
　（1）食中毒とは　175

　（2）三大原因　175
　（3）食中毒の予防　176
3．調理と生活環境　177
　（1）調理環境の安全　177
　（2）冷凍庫・冷蔵庫の食品の管理　177
　（3）調理器具・まな板・包丁・ふきんの管理　178

第 8 章　調理と栄養 …………………………………………………………181

1．調理による栄養効果　182
2．植物性食品の調理による栄養効果　182
　（1）米の調理による栄養効果　―炊飯について―　182

　（2）小麦粉の調理と栄養的効果　―ルーやソースについて―　184
　（3）いも類の加熱と栄養効果　185
　（4）豆類の調理と栄養効果　186

（5）野菜類の調理と栄養効果　187
３．動物性食品の調理による栄養効果　189
　　（1）肉類の調理と栄養効果　189
　　（2）魚の調理と栄養効果　190
　　（3）卵の調理と栄養効果　191

第9章　調理と環境　193

1．台所・調理場・厨房から地球環境を考える　194
2．地球温暖化と省エネルギー　194
3．家庭から出るごみ　195
4．河川の汚れと生活排水　197
5．各調理過程における環境とのかかわり　198
　　（1）食事計画から食材購入　198
　　（2）食品の保存　198
　　（3）調理方法　199
　　（4）洗　浄　199
　　（5）ごみの処理　199

　　管理栄養士国家試験予想問題解答　200
　　索　引　201

第1章

調理の意義

＜学習のポイント＞

1. 人間は物を食べて生きているが，自然界の中で人間が食べることの位置づけを知り，食料，食品，食べ物，食事の定義とそれらの関係を理解する。
2. 食事をすることの意義を理解し，食事における調理の役割や重要性を理解する。
3. 「調理」の目的やその範囲を理解し，調理学を学ぶ意味を理解する。
4. 調理と加工食品の特徴や違いを知り，食生活の中で自ら調理をすることと加工食品を利用することを上手に使い分けるようにする。
5. 最近は食生活の外部化が進んでいる理由を理解し，合理的な食事提供について考える。

第1章 調理の意義

1．食物摂取行動における調理

（1）人間の食物摂取の特性

　すべての動物は，栄養のために他の動植物を食べて生命を維持している。人間も同様であり，他の動植物を食べることによって生命維持に必要な栄養素を摂取している。しかし，人間と動物と異なる点は，自然に生息する動植物を食べるだけでなく，これらを計画的に栽培・飼育して利用していることと，動植物をそのまま食べるのではなく，それらを食べやすいように加工・調理して食べることである。

（2）食料・食品と食物

　人間が食用のために栽培・飼育または捕獲した動植物を食料と呼んでいる。これらは，農産物，畜産物，水産物に分けられる。食料から一般には不要な部分を取り除き，食用になる部分だけにしたものを食品と呼んでいる。この段階で乾燥や加熱などを施して保存しやすい形にすることも多い。食料を食品にすることを食品加工という。したがって，食品には生鮮食品と加工食品がある。食品は多くの場合，そのまま食べることができず，食べやすいものに作り変える。すぐに食べられる形になったものを食物という。食品に物理的な処理や化学的な処理を施して，食物を摂取する意義が満たされるような食物に作り変える操作が調理である。

　食品加工は，調理に先立っておこなわれる操作であり，食品加工で得られた食品を調理によって食べられる状態に変える。たとえば，小麦を小麦粉にする段階を食品加工といい，小麦粉からパンを作る段階を調理と考えることができる。し

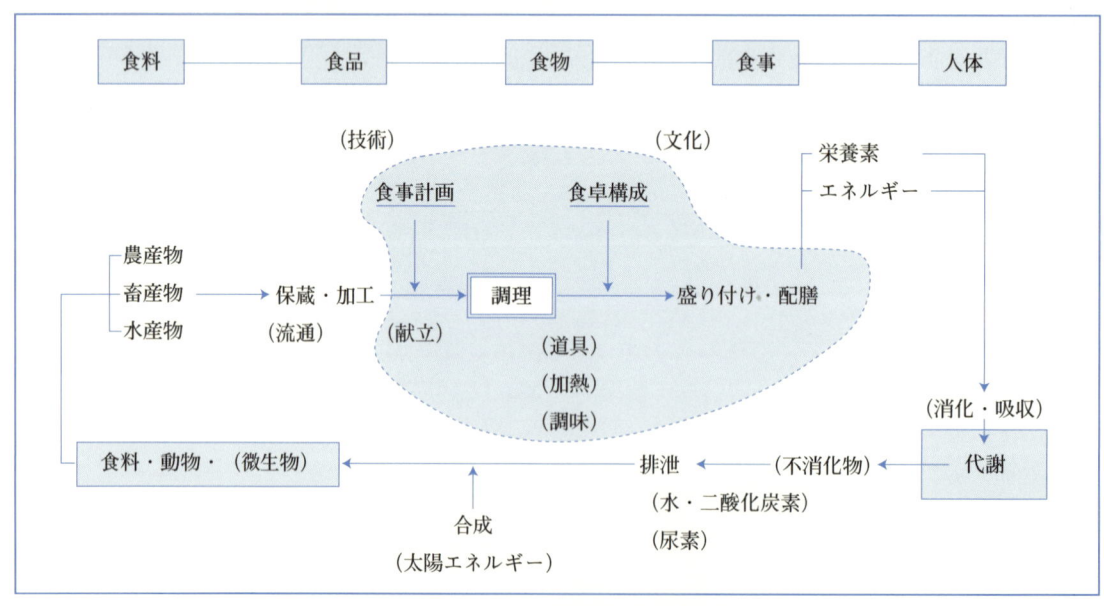

図1-1　ヒトの"調理"の位置づけ

かし，現在は食品加工と調理の境界線が曖昧になって，小麦粉からパンを作る段階も食品加工になってきている。調理と食品加工の関係については，「3．調理の社会化と大量化」で述べる。更に，調理した食物を組み合わせて食べることを食事という（図1－1）。

（3）食物摂取の意義

食物を摂取する第1の目的は，生命を維持するための栄養のためである。しかし，食べることは，ただ単に必要な栄養素を補給するためだけではなく，食べる行為が人間に満足感を与えることも大切な意味がある。たとえば，点滴や丸薬で必要なすべての栄養素を体内に供給したとしても満足感は得られない。食物を摂取する行為は，人間の食欲を満たし，満足感を与える。食物の摂取は一般には，食事という行為で行われるが，食事は重要な生活行為であり，1日の生活の中で何度かの食事をすることが生活のリズムをつくり，それが生理的にもよい影響をおよぼして，身体的な健康と精神的な健康につながる。

また，人間は共食する特徴を持っており，人と共に食べることに価値を見出している。冠婚葬祭やお祭りなど宗教的な行事の中にも，その他の人との交わりの行事にも必ず食物が介在し，食物を一緒に摂る事によって，連帯感や親密感が生まれ，人間関係を円満にすることに役立つ。このことが，更に精神的な満足感につながる。

これらの食物摂取の意味を考えると，食品を調理して食物にすることが大きな意味を持つことがわかる。

2．食物の条件と調理の役割

（1）食物の条件

食物を摂取する目的を考えると，食物は最低，以下のような条件を持っている必要がある。
① 栄養素や人間の体にとって有用な成分を含んでいること。
② 人間にとって害のある成分を含んでいないこと。
③ 食べておいしいと感じられること。

（2）調理の目的

食物と調理の関係を考えると，調理の目的は，以下のように整理することができる。
① 衛生的に安全な食べ物にすること。
② 栄養効果を高めること。
③ 嗜好性を高めること。
④ 外観的価値を高めること。
⑤ 食の文化を継承すること。
調理は以上の目的に合うように，調理場で，食品にいろいろな操作を加えるこ

とである。そのことによって，安全に栄養素等を摂取することや，食べることによって得られる満足感を充足すること，身体のリズムを整えること，生活に楽しみや文化的な付加価値をつけること，といった食物摂取の意義が達成される。

また，後に述べるいろいろな条件を考えて食物を組み合わせて食事を整えることも広い意味で調理に含まれる。

（3）調理と食品加工の関係

先に述べたように，食品を保存しやすくまたは調理しやすくするために，調理の前段階で行う加工を食品加工という。たとえば，小麦を小麦粉にする，大豆を豆腐にする，というようにそのまま食べる段階には至っていないが食料を食べやすいものにするために手を加える操作をいう。

しかし，現在では，すぐに食べられる段階まで加工された加工食品も多くなった。以前は生活の場で行われ，調理と考えられていた操作も，現在は大量に工場で行うことが多くなり，調理と食品加工の区別がつき難くなっている。たとえば，米を炊いて飯にする過程は，以前は代表的な調理であると考えられていたが，現在は炊飯工場も存在しレトルトや冷凍食品の形で市場に供給されている。これらの米飯は食品加工で生産された加工食品ということができる。

すぐに食べられる加工食品と調理された食べ物（料理）は，その規模は異なるが加工過程の技術的な差はほとんどないと考えられる。ただ，この両者の区別は，その食物を食べる対象を限定して作ったかどうか，生活の場に近いところで作ったか，大量に工場規模で作ったかどうかにある。家庭規模，または中規模の調理場で行う調理は喫食者が決まっており，その人々の健康や好みを考えて料理を作ることができる。食品加工の場合には，喫食する人は不特定多数であり，1人ひとりの健康や好みを考えるよりも，より多くの人が好むと思われる一般的な調味をし，より大雑把な栄養的特徴を持たせるだけになる。このような食べる人への配慮の仕方が調理と食品加工の大きく異なる点である。

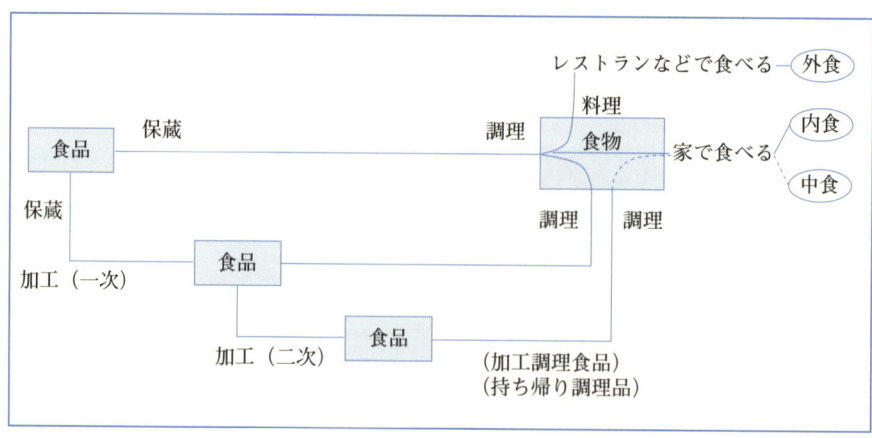

図1－2　食品加工と調理，外食・中食・内食

食品加工が発達し，調理と食品加工の境界線が曖昧になり，加工食品が溢れている現在の社会で調理が必要かどうかといった議論がある。工場生産された食物を食べていれば，個別の生活の場で行う調理がなくても食生活が成り立つという意見である。しかし，袋入りやパックされた調理済食品を購入したとしても，食べる前に温めたり，食べやすい形に切ったり，幾つかの調理品を取り合わせて皿に盛り合わせすれば，それは調理操作と考えることができる。食べ物は，食べるときの適温があり，調理の最後に行われる加熱操作や冷却操作はそれを食べる場から遠く切り離すことはできない。その点で，調理は身近で行わなくてはならず，どんなに食品工業が進歩して加工食品が増えても，調理がなくなることはない（図1－2）。

（4）食事と調理

　狭い意味の調理は，前章で述べたような目的で食品を食物に変える操作をいうが，広い意味では，調理は食事を整えるすべての過程を含む。食品の栄養的組み合わせ，料理の組み合わせを行う献立の作成は，重要な調理の一部である。また，何時どんな料理を作るかを決めることや，盛り付けやテーブルセッティングなどは，生活の文化の伝承や人の感覚に大きく関ることであり，楽しく食事をするための演出技術であるということもできる。これらも調理の一部に含めることができる。

　調理を行うことによって食事を充実させ，そのことによって，食物摂取の意義を十分に達成することができる。食事の計画を献立というが，これらの点については，次章で述べる。

（5）調理と料理

　調理と料理はほぼ同じことを意味する言葉として使われがちであるが，食品に操作を加える過程が調理であり，その結果できた食べ物が料理である。

3．調理の社会化と大量化

（1）食品加工の発展と調理の社会化

　食品工業が発展して加工食品が増え，一方，家庭生活の状態も変化して，女性の社会進出が進み，家族の形態も変化し，食事の準備のために使う時間が減少してきている状況下で，家庭の中で調理を行うことが少なくなり，加工食品を利用することや外食を利用することが増えている。これを食の外部化・社会化という。すなわち，食べ物を家庭などの生活の場で作らないで，食品工場などの大きな規模で大量生産してそれを利用することを指す。

　外食はレストランや料理店で食事をすることであるが，でき上がった食物を持ち帰って家で食事をすることも多くなり，この食事のありかたを中食という。これに対して食品から調理を行って家庭で食べることを内食といっている。

第1章 調理の意義

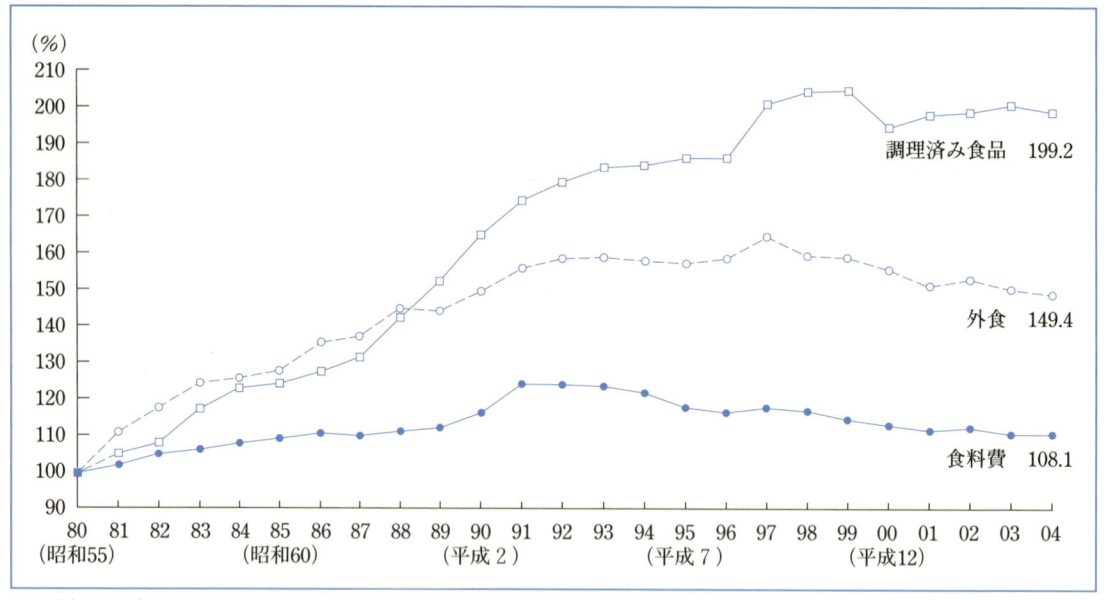

注）1980年＝100
資料）総務庁『家計調査（品目分類・全国全世帯）』

図1－3　食物関連支出金額（実質）の動向（1人当たり）

　外食や中食の増加状況は，図1－3に見られる。
　食の外部化に頼って調理操作を軽減することができるが，加工食品と身近で作った料理には，先の「調理と食品加工の関係」で述べたような違いがある。より個々人に合った質の高い食事を提供するためには，食の社会化を上手に取り入れる。すなわち，加工食品を適度に利用しながら調理と組み合わせて行くことが必要であろう。

（2）調理の必要性と二極化

　食べ物をおいしく食べるには，食べ物の適温が求められることから，調理してからの時間が問題になる。従ってどんなに加工食品が普及し，味が改善されても最後の段階の調理は，生活の場からなくなることがない。また，食の外部化と，加工食品の大量生産が進んでいるが，より質の高い食事を求める場合は，個人の健康状態や好みにあったものが要求される。
　加工食品を利用し，とくに好みや健康上の栄養素組成にこだわらない場合には，かなり多くの部分を外部化した簡単な調理で食事をすることができる。一方，材料の質や配合，味付け，更に，外観や食文化にこだわりを持ち，個人の好みを強調した食事を望む場合や，健康上摂取する栄養素の量や組み合わせに制約がある場合には，それに合わせた食事をつくることになり，調理に重きを置いた外部化されない食生活をすることになる。また，自分の好みに合った食事を整えること，自ら調理を行うことに大きな価値を見出す人もある。
　今後の食生活では，調理軽視の外部化された食生活と調理重視の内部型食生活

に二極化していくことが考えられる。更に，これは1人の人の生活のなかでも起こり，あるときは外部型に，あるときは内部型にといった選択も考えられる。

4．調理学の現状

（1）調理の科学性と文化性

　調理は，人類発生と同時に始まった古い歴史を持つ行為であり，古い時代から歴史的に受け継がれた技術である。しかし，食料または食品に加熱や切断といった操作を加えることよる変化は，科学的な裏付けを持った変化と捉えることができる。科学的にそれらの操作と変化の関係を知ることにより，理論が分からず，ただ試行錯誤して技術を習得するよりも速く確実に技術を身に付けることができる。食品加工の過程や調理の過程を理論的に解明して，経験にだけ頼るのではなく，より再現性のある加工や調理を行うことを目的として，多くの研究が行われている。これらの研究は，化学的な成分分析などに留まらず，形態や組織の観察，物理的な物性の測定，更には人間の感覚で評価する官能評価など，幅広い手法で行われている。しかし，調理にとって技術が必要なことは自明である。

　また，調理は同時に，長年人々が食べてきた食物に関連する文化でもある。ある地域に暮らす人には，その土地，気候，長い歴史を反映する食の文化がある。従って調理学に関する研究は，歴史的な研究や風土的・社会学的な面からもおこなわれている。それらの文化の上に食生活が成り立っていることも十分理解して調理を行って食物を作り，それぞれの生活に適した食事を組み立てることが大切である。

（2）調理学研究の現状

　調理の理論を実験的に確かめようとする調理科学の研究は，明治時代から始まり，医学，農学，理学などの分野で散発的に行われてきたが，その後第二次世界大戦ごろまでに，軍事関係，栄養研究所関係などに絞られ，1945（昭和20）年以降は家政学系の大学や全国の栄養士養成施設などで進められ，その後食品関連企業の研究がこれに加わった。

　これらの研究成果は，主として日本家政学会誌に発表されてきたが，1968（昭和43）年に全国の調理科学研究者が参加して，調理科学研究会が創設され，機関紙「調理科学」の発行を始めた。その後1985（昭和60）年に日本調理科学会に発展した。研究内容は，初期は調理操作に関する自然科学的な研究が多かったが，最近は食文化・食の歴史等を中心にした社会科学的な研究も増えている。学会発足以来学会誌を発行し続け，会員も最盛期には2000名を数えた。毎年，研究大会を開き，全国的な共同研究も行うなど，調理学が食生活のより一層の充実につながるよう活発に活動を続けている。また，調理科学の研究者は関連の農芸化学や食品科学工学の学会でも研究活動を行っている。

【管理栄養士国家試験予想問題】

問題1．調理について述べたものである。適切でないものはどれか選びなさい。

 a. 調理は，食品を食べ物に変える操作であるが，今後は大量に調理されることが多くなり，個別に調理することは少なくなる。

 b. 調理と加工食品の操作の原理は基本的には違わないが，その規模が異なる。

 c. 献立作成やテーブルセッティングなどは，調理の範囲には入る。

 d. 個別の調理は，食べる人の健康状態や好みを考えて作ることができるが，大量に加工する加工食品ではその配慮ができ難い。

 e. 調理操作は，技術であるので慣れることが大切であり，理論は重要ではない。

【参考文献】

1）渋川祥子他『新エスカ21　調理学』同文書院，1999

第2章

調理の変遷と食事形態

＜学習のポイント＞

1. 食生活の未来を展望するためには，現状の認識が不可欠であり，現状を把握するためには，過去に眼を向けることが必要である。
2. 日本人の祖先がどのような形で調理を始め，それがどのような変遷をへて現在に至ったかを，調理技術と食事形態の面から概観する。
3. 調理形態はここ数十年で激変した。その要因，変容，影響，さらに食物調理の原点とその歴史的経過を視野にいれて将来像を展望する。
4. 現在の食生活に定着している3大料理様式を概観する。

1．食生活と調理の変遷と食事形態

　食生活の乱れによる不健康が世界的に問題になり，日本型食生活が注目を浴びるようになって久しい。さらに最近は健康と食文化との関連も指摘され，人々の住む地域の食文化の見直しが世界各国で取りあげられるようになってきた。したがって，今後の食生活のあり方を考えるにあたっては祖先の食生活を把握しておく必要がある。ここでは，獲得できた食材と，食事文化を中心に，原始社会，古代社会，中世社会，近世社会，近代社会に分けて，調理の変遷をたどってみることにする。

> **食事文化**
> 料理を中心とする食品加工体系と食物に対する価値観と食に対する人間のふるまい方，すなわち食行動の体系に関する事柄。

（1）原始社会の調理と食事形態

1）縄文時代

　今から約1万年前に始まったといわれるこの時代は，現在の日本人の祖先と考えられる，縄文土器に代表される文化をもつ人びとの時代である。日本列島は寒冷気候が緩み，森林が繁茂し，人びとは主として竪穴住居に住み，定住性の高い生活を営み，食料は狩猟，漁労，採集などによって得ており，さらに遺蹟から発見される遺物から，動植物の種類は多く，食生活はかなり豊かであったと推定される。

　植物性食料としては約60種が全国各地の遺蹟から発見され，さらに腐りやすいため遺物としてはほとんどないが，食べたと推定できるものを加えると300種にものぼるといわれる。主なものをあげると，根菜類でやまのいも，かたくり，くずなど，種実類ではくり，くるみ，とち，はしばみ，かや，なら，しいなどがある。

　動物性食料は約200種類利用されており，貝類が多く，はまぐり，あさり，あわび，かき，さざえ，しじみなどが主なものである。漁労には釣り針，銛（もり），網など利用され，魚の種類は70種以上にもなり，あじ，あなご，いわし，うなぎ，かつお，まぐろ，さけ，さば，すずき，まだい，くろだい，こい，ふな，ます，その他近海魚などである。狩猟には弓矢を用い，獣類は約60種類で，しか，いのしし，かもしか，つきのわぐま，きつね，たぬき，あなぐま，のうさぎなどであり，肉，内臓のほか，骨髄から脳髄まで捨てる部分がないほど食べたといわれる。鳥は約15種類で，がん，かも，つる，きじなどである。

　調理法は生食のほか焼く，蒸し焼き，煮るなどがあげられる。屋外にあった炉が屋内の中央に設けられるようになり，煮炊き用の土器利用による調理法を一層発展させたものと考えられている。土器で煮沸し，水さらしすることにより，あくの強い種実類も食用可能になり，食材料の範囲も拡大されることになる。調理用具は石器や土器である。製粉やこね鉢用の石皿，製粉に用いられた磨石，固い木の実などをたたきつぶすたたき石，動物の解体用の石匙（石斧刀（せきふ））などの石器類，煮炊きや製塩に用いた土器類である。

　調味料は土器に海水を入れて煮つめて作られた塩，さんしょうの実（から味），

あまずらや乾燥果実（甘味）である。塩は調味料のほか，海産物の保存，防腐剤などにも用いられたようである。

食事構成はでんぷんを主成分とし，たんぱく質や脂肪に富む種実類，狩猟や漁労によって得られた動物性食品であり，栄養的にはかなり良好であり主食副食は分離されていない自然食時代と考えられる。

2）弥生時代

弥生時代は紀元前3・2世紀をさし，わが国でもこの時代に大陸の農耕文化の影響を受けて農耕社会が成立し，水稲を主とする農耕が始まった。したがって，狩猟や野生植物の採取は縄文時代と同様であるが，米を中心とする農耕による農産物への依存率が高くなる。

植物性食料は野生植物のほか，遺蹟からはこめ，おおむぎ，こむぎ，あわ，だいず，あずき，えんどう，そばなどの穀類，さらにうり類の種子もみられ，それらが食用にされていたことがわかる。こめの調理法は従来甑で蒸したと考えられていたが日常的には煮て飯や粥にして食べたようである。

動物性食料はいのしし，しかなどの獣，魚介類など縄文時代とほぼ同様であるが，出土する貝塚の数が減少していることから，農産物の食用が多くなっていることがわかる。

調理用具は土器と木器であり，土器には貯蔵用の壺，煮炊き用の甕，甕の底に穴をあけた甑，醸造用と思われる大型土器，食器としての高坏，鉢，皿などがある。木器では鉢，皿，高坏など，その他匙，杓，杵や臼などがある。

食事構成は栄養的にかなり良好であったとされ，穀類を主食にし，その他を副食とする主食副食分離が始まり，日本人の食事の特色を示す原点と考えられる。

（2）古代社会の調理と食事形態

1）古墳時代

食料は弥生時代からの農産物のほか，大陸から渡来した作物も加わり，種類はさらに豊かになり，農耕技術の進歩や，潅漑，鉄製農具の使用などで生産性が増し，農作物の蓄積が行われるようになり，食生活は安定した。

調理設備および用具についてみると，5世紀後半になると竪穴住居の中央にあった炉がなくなり，住居の一辺に粘土で作った竈が作られるようになり，さらに6世紀になると，朝鮮半島から素焼きの韓竈（移動式竈）が伝えられ，土釜，甑，鍋などが普及した。また大陸の窯業技術も伝えられ，硬い陶質土器の須恵器が作られるようになり，貯蔵用の大型の甕や壺類は醸造法の発達に寄与し，食物を盛る坏，盤その他の種々の食器類は調理の進歩にも影響したものと思われる。食事構成は主食・副食分離になっている。

2）奈良時代

食物については「正倉院文書」，「万葉集」その他の文献や，藤原宮跡・平城宮跡出土の木簡の研究などでかなりよく知られている。主食は米とされているが，庶民階級ではむぎ，あわなどの雑穀が用いられた。こめは強飯，日常食としての

> **雑穀**
> こめや麦以外の穀類を総称する言葉。そば，ひえ，あわ，こうりゃん，きび，もろこし，とうもろこし，はとむぎ，らいむぎなどが含まれる。

飯，病人用には粥や重湯として用いられた。

植物性食料としては，野菜類には栽培種と野生種があり種類が豊富であり，海藻類も今日用いられてるものとほとんど同様である。また，果実類はすもも，もも，うめ，かき，びわ，なし，やまもも，こうじ（みかんの一種）などがあり，木の実もいろいろ用いられた。

動物性食料については，天武天皇の4年(676年)にうし，うま，いぬ，さる，にわとりの殺生禁止令が出，天正天皇の養老5年(721年)には狩や家畜を飼うことが禁じられ，獣肉食は表向きには行なわれなくなったが，鳥類ではにわとり，きじ，かも，うずらが食用とされていた。魚貝類には変化がなかったが，加工食品が発達した。

副食物の調理加工法には煮物，羹（あつもの），茹物，和え物，焼き物，煎物，生物（貝類やうり類），干物，鮨類（現在の鮒ずしのようなもの），塩辛，漬け物などがあった。羹は各種野菜類，あずき，かもの羹があり，汁か，汁気の多い煮物と考えられる。調理用具には，今日の釜，なべ，杓子，おたま，包丁，まな板，洗いおけ，ふきんに相当するものがあった。

食事構成について，「奈良朝食生活の研究」から下級官吏の食事をみると，白米飯，みそ汁，酢の物，煮物，和え物，炒め物などがあり，食膳には飯，汁物，和え物が1皿か2皿，漬け物，塩ということになり，それにもち，だんごなどを間食したと考えられるという。また，この時代は唐風食摸倣時代ともいわれている。

3）平安時代

この時代の食物については「和名類聚抄」や「延喜式」によって知ることができるが，奈良時代と大きな変化はないが，末ごろには公家の社会で，客の前で主

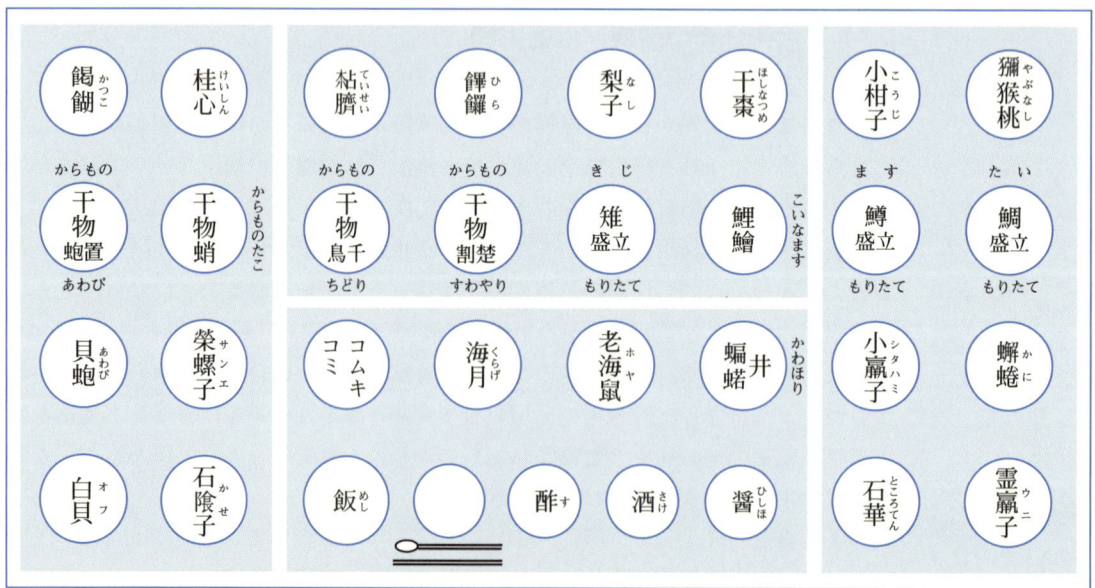

資料）栄養学・食品学・健康教育研究会『新エスカ21　調理学』同文書院，1999

図2－1　平安貴族の饗宴での正客の献立（『類聚雑要抄』）

人が鯉料理などの切り方をみせるのが，もてなしの1つとされ，供応食の形式化が進み，食生活形式化時代といわれている。

調理法についてみると，とくに魚鳥料理が進歩し，今日の日本料理の祖型はこの時代にでき上がったといわれる。図2－1は平安時代の貴族の饗宴での正客の献立を示したものであり，箸の他に匙も用いており，中国の影響がうかがわれる。一方，一般庶民の食事構成は，貴族のそれに比較するとはるかに貧しく，一汁三菜の簡単な煮物，焼き物，汁物，漬け物などであり，さらに下層の庶民は野菜や海藻を混ぜた粥が主食であったという。

（3）中世社会の調理と食事形態

1）鎌倉時代

武家中心の社会で，食生活も簡素で形式にとらわれないものであった。一方勢力の衰えた公家階級はこれまでの習慣を守って調理や飲食は内容より作法を重んじた。またこの時代には新しい仏教が起こり，中国風食品も渡来し，茶や豆腐，経山寺みそなどが伝えられた。また禅宗など仏教の普及とともに，寺院に精進料理が発展し，民間にも広まり，室町時代にはさらに内容が豊富になり，日本料理の1分野となるに至っている。

調理法について，「庭訓往来」（室町初期）に記載されている精進料理からまとめると，羹（汁物），煮染，煮物，黒煮，酢漬け，酢の物，蒸し物，甘漬け，酒煎，煎豆，納豆などである。この料理のなかに煮染，黒煮，酒煎など，加熱しながら調味したと思われるものがあり，食膳で各自が調理した古代社会の調味法からの発展がうかがわれる。寺院で作られたこれらの調理法は民間にも伝わって，仏事をはじめ日常調理にも応用されたものと考えられる。また，寺院から民間に伝わった料理に点心と茶子がある。点心は食事の間の空腹を満たすものであり，これらのうち麺類は粉食の調理法として広く普及した。茶子は喫茶時のつまみ物で茶請けにあたる。食事構成は平安時代と大きな変化はない。

2）室町時代

禅や茶を中心とする室町文化が形成された時代で，今日の日本料理の基本もこの時代に成立した。近世に渡来した食品を除けば，現在用いられている食品はほぼ出揃っている。

調理法についてみると，鎌倉初期には簡素な食生活で，形式にとらわれなかった武家階級も，公家階級の影響で次第に礼儀作法や形式を重んじるようになり，調理法の発達とともに大草流（武家社会に），進士流および四条流（公家社会に）など料理の流派が成立した。各流派はそれぞれに献立，切り方，作り方，盛り方，食べ方などを定め，奥義秘伝書を作成し，一門に伝えた。これら秘伝書に記載されている料理法は生物，汁物，煮物，煎物，焼き物，蒸物，漬け物などであるが，その内容は前代よりかなり発展している。

調味料は前代と同様のもののほか，この時代の末頃からしょうゆが作られたが普及には至らなかった。また，砂糖もあったが一部上流階級のものであった。

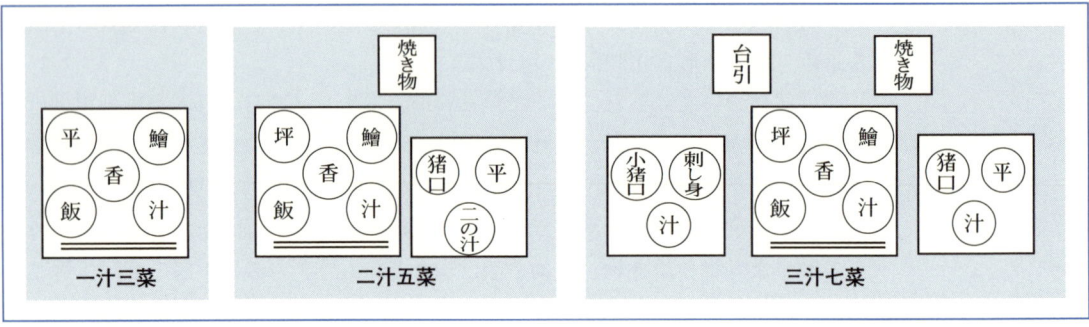

資料）吉松藤子他『調理』同文書院，2000

図2－2　本膳料理の形式

表2－1　本膳料理の献立構成と内容（二汁五菜）

構成		内容
本　膳 （一の膳）	一の汁 なます（鱠） 坪 香の物 飯	みそ仕立て。魚や魚のつみれに野菜など 魚介の酢の物，刺し身 深めの蓋つきの器に蒸し物，煮物などが盛られる 2〜3種類盛られる 白飯
二の膳 （焼き物膳）	二の汁 平 猪口 焼き物	すまし仕立て 平たい蓋つきの器に魚，肉，野菜を3〜5品彩りよく盛り合わせる 蓋つきで深め（小ぶり）の器に浸し物，和え物を盛る 正式には姿焼きを用いる

　食事構成の特徴は，本膳料理の形式が成立したことであり，その内容には一汁三菜，二汁五菜，三汁七菜などがあり，汁と菜の数で献立の程度を示している。本膳料理はいくつかの料理をのせた膳をいくつも客の前に並べるもので，本膳（一の膳），二の膳，三の膳と，多い場合は七の膳まで並べるが，本膳の飯，汁，おかず，香の物という組合せの「一汁三菜」は日本料理の基本形式となっている（図2－2，表2－1）。この時代は和食発達時代ともいわれる。一方，庶民の食生活は前代と同様に，公家や武家階級にくらべて貧しかったが，商業の発達によって都市では市が開かれ，小売店で食物を専門に作って売る職人や商人が出現し，副食物が豊富になり，庶民の食生活が発展した時代といえる。

> **一汁三菜**
> 香の物を菜の1つとして扱うときは，一汁共三菜という。別に扱うときは，一汁本三菜といって焼き物を加える。

（4）近世社会の調理と食事形態

1）安土・桃山時代

　南蛮人とよばれるポルトガル人やスペイン人の来航で，ヨーロッパの作物が渡来し，南蛮料理や菓子が伝えられた。外来作物としては，すいか，かぼちゃ，とうもろこし，とうがらし，さつまいも，じゃがいも，まるめろ，ぶっしゅかん，ぶどう，いちじくなどがある。

　調味料では，室町末頃からしょうゆが各地で作られるようになり，また砂糖も南蛮貿易で輸入量が増加したが，まだ一般庶民に普及していない。砂糖は菓子の

1．食生活と調理の変遷と食事形態

表2−2　懐石料理の献立構成と内容

構成	内　容
向付	膳の中央より向こうに置くために向付という。なますや刺し身などをすっきりと盛る。
汁	原則としてみそ仕立て。
椀盛り	季節の野菜や大豆製品など濃厚な味，薄味のものを炊き合わせ，彩りよく盛り合わせる。
焼き物	焼き物，揚げ物などを盛り，青竹箸を添えて供し，正客より取り回す。
箸洗い	小さな器に淡泊な味の吸い物。次に出される八寸をおいしく味わうために口中を清める意味や箸を清める意味もある。
強肴	酒の肴として主人のこころ入れとして献立以外にすすめる。預け鉢ともいう。
八寸	杉生地の八寸四方の器に，海・山のものを2〜3品盛る。
湯桶	こんがりと焦げた飯に熱湯を加えて塩味をつけた物，湯桶は器の名前である。
香の物	たくあんが主になり，他に季節のものを1品盛り合わせる。

材料に用いられていた。

　食事構成についてみると，この時代は茶の湯の完成した時代で，茶会の席の料理として，新しい料理の形式が誕生している。これは後に懐石料理と呼ばれる形式（表2−2）のものであり，本膳料理の形式化を廃して，膳の数を少なくし，適度な温度の料理を順に供し，季節感や食器にも心を配るものであり，以後の日本料理の主流となっている。

2）江戸時代

　産業経済が発達して一般に庶民の食生活も向上したが，士・農・工・商の階級差は固定し，農民は衣食住にも制限をうけて貧しく，町人は経済力の伸長によって食文化の繁栄をもたらし，貧富の差は大きかった。また鎖国により，それまでの外来文化を吸収して日本文化が発展したが，食文化も外来のものが取捨選択されて，現在の日本料理が集大成された。料理の形式では，前代までの本膳料理，精進料理のほか，懐石料理も江戸時代に完成し，酒宴を主体にした会席料理（図2−3，表2−3）はこの時代の末頃に始まっており，この時代は和食完成時代ともいわれ，数多くの料理書も完成している。

　食材を「料理物語」（1643〈寛永20〉年）にみると，海の魚・貝類が71種，海藻が25種，川魚が19種，鳥類が25種，獣類が7種，きのこ類が12種，青物（野草，山菜，花を含む）が86種である。

　調理法も食材と同様に概観すると，なまだれ・だし・いりざけ（調味料），汁，なます，指身・さかびて，煮物，焼き物，吸もの，料理酒，さかなに分かれており，菓子18種の作り方も記載されている。

　調味料は，江戸時代の初期には，前代以来の塩，酢，酒，みそとかつおのだしが基本であり，後期になってしょうゆ，砂糖の使用が始まるが，料理書では細かな心配

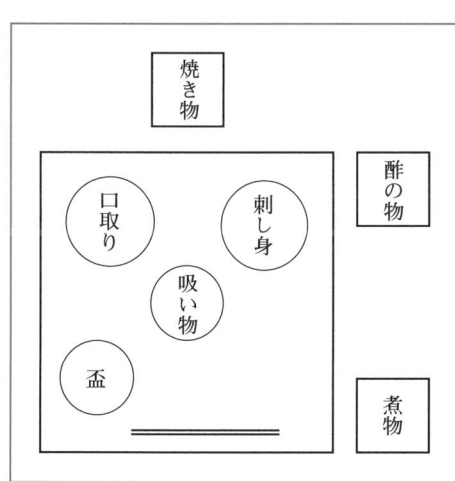

資料）吉松藤子他『調理』同文書院，2000
図2−3　会席料理の形式

表2－3　会席料理（七品献立）の献立構成と内容

構　成	内　容
口取り（前菜）	お通し，突き出し，先付ともいう。酒の肴として，珍しい山海のものを2～3種類盛る。
刺し身（向付）	お膳の向こうに置くことから名づけられた。本膳料理のなますに相当する。生の魚の刺し身や，酢の物が盛られる。
吸い物	すまし仕立て。季節のものを椀種として盛りつける。
焼き物	魚，肉などの焼き物料理。
煮物	野菜のみまたは，主に野菜で獣鳥肉類を添えた煮物。
和え物	酢の物，和え物，浸し物などを小鉢に盛る。
止め椀	みそ仕立て。飯と香の物と同時に供される。献立の完了ということで止め椀という。
水菓子	献立の他に果物や甘味が供されることがある。

りがみられる。たとえば，料理に使う酒には，諸白（こうじもこめも精白米を用いた酒），古酒（数年を経て味が濃く香もよくなった酒），どぶ（濁酒），美醂（みりん），だし酒（水のかわりに酒を用いたかつお節のだし），煎酒（古酒にかつお節と梅干しを入れて煎じた酒）などがあり，料理によって使い分けている。

　食事構成をみると，階級や経済力によって，大きな差があり，一般に都市とくらべて農村は食生活が貧しく前代とほとんど変わらなかった。主食は雑穀で，副食物はみそ汁と漬け物であり，晴の日に魚の干物など食べられればよい方であった。

（5）近代社会の調理と食事形態

1）明治時代

　文明開化の象徴となった肉食の流行と洋風料理の輸入によって従来の調理法も影響をうけたが，急激に変化することはなかった。牛肉を材料にしても調味にはしょうゆ・みそ・砂糖を用い，調理法は従来のものであり，また，パンやコーヒーの店ができてもそれは一部の人びとのもので，一般庶民の食膳は従来とあまり変化せず，明治30年ころの東京市民の食事は，朝食にみそ汁，昼食に魚，夕食に煮物や汁物をおかずにするのが普通であったという。明治44年刊行の「高等女学校家事教科書」には，中等家庭の食事例として次のようなのをあげている。

　　朝：飯　　味噌汁（豆腐），小皿（佃煮），香の物（菜漬け）
　　昼：飯　　中皿（牛肉・馬鈴薯），香の物（たくあん漬け）
　　夕：栗飯　清汁（えび・松茸），中皿（生鮭・生姜），香の物（味噌漬け・奈良漬け）

2）大正時代

　調理に大きく影響したのは，台所と食卓の変化と，栄養知識の普及であろう。このため調理の労力は大幅に削減され，栄養的な家庭料理を作ることが盛んになった。また，家族が銘々の箱膳を用いていた食事を，ちゃぶ台とよぶ食卓を一緒に囲むことによって鍋物などの調理もしやすくなり，食卓は家族団らんの場ともなった。

一方，大正の末ごろからの風潮として，でき合いのコロッケや煮豆などの惣菜を買ったり，外で食事をする機会が多くなった。そば屋やうどん屋が増加して，食堂ではカレーライス，ハヤシライス，豚カツ，親子丼などが庶民に喜ばれた。この時代は和洋食混合時代であり，後に続く時代も同様である。ちゃぶ台を囲む一般的家庭料理は洋食を取り入れたとしてもほとんどの場合伝統的和食の「一汁三菜」形式を踏襲していた。

3）昭和初期

　昭和初期までは大きな変化もなく前代とほぼ同様な食事構成，内容であったが，昭和12年頃から戦時下のきびしい食生活となり，昭和15年には米の配給制度が始まり，飲食店も次第に閉鎖されるようになった。昭和20年の終戦になってもさらに食料は欠乏し，家庭での調理は雑炊，すいとん，ふかしいもなどで，雑穀やいもも入手しにくくなると，野草，大豆粕，いもの葉も工夫して調理し食用とした。戦前のレベルに戻ったのは昭和30年代に入ってからである。

　以上のように時代を追って食事構成をたどってみると，上下の差はあるにしても，日本人の日常食の基本は，飯，汁，おかずで，おかずが香の物だけの場合もあるが，一汁何菜の形式であり，日本人の食事文化が伝承されてきたことがわかる。

2．現代の食生活と食事形態

（1）最近の数十年で大きく変化した食事

　食生活の急激な変化の要因は家庭への台所用電気機器の普及と加工食品の進歩である。まず30年代には電気冷蔵庫と電気炊飯器が普及し，インスタントラーメン（昭和33年），粉末ジュース（昭和34年）や即席カレー（昭和35年）が発売され，ついでレトルトカレー（昭和43年）・カップラーメンの発売やファーストフードの進出があり，家庭の調理に大きな影響をおよぼした。さらに，1965（昭和40）年ごろ冷凍冷蔵庫が発売され，電子レンジが家庭に進出し，冷凍食品の普及もあって，家庭の調理は簡便化される傾向が強くなった。1974（昭和49）年には下ごしらえした材料をパックにして配達する惣菜宅配業が登場し，昭和50年代からは和洋中の調理済み食品の売れ行きがのびて外食産業の隆盛とともに，家庭での調理の簡便化を助長し，一方ではテレビの料理番組が作り方だけでなく娯楽的要素を加え，郷土料理の流行とともに，調理の趣味化の傾向を強めている。

　このような経済の高度成長とともに，一般庶民の生活水準が向上するにつれて，昭和40年代からはとくに肉類，乳製品，油脂類などの摂取量が増加し，米の消費量が年々減少するようになった。これは庶民の食事構成が，①主食が米飯のみでなく，パンや麺類もかなり用いられるようになったこと，②肉類などが多くなって副食の内容が豊かになり多様化したこと，③油脂類を多く使う洋風，中華風の料理が多くなったことを示している。洋風，中華風の料理の浸透は前代にもみられたが，その普及は著しいものではなかった。

> **ファーストフード**
> ハンバーガー・フライドチキン・ラーメン・すしなどの，注文に応じて，短時間に消費者に提供される調理食品をいう。

（2）現代の食事形態と食の行方

関東地方のサラリーマン家庭の調理例では，朝食はパン，牛乳，卵料理，野菜サラダ，などの組合せで比較的簡単にすませ，昼食は家族がそれぞれ勤務先や学校，または家庭でとり，夕食に重点を置く形式が多いという。また，主婦対象の調査では，朝食献立として「菓子パン・牛乳・ヨーグルト」，「プリン・おまんじゅう」，「家族の希望によるおにぎりやサンドウイッチをコンビニで買っておく」，「トースト・野菜ジュース・サクランボ」，「モンブランケーキ・コーヒー・ほうれん草のお浸し・ミネラルウォーター」などのような例が多く，家庭の食卓から和風料理はだんだん減少し，日本人にとって基本食と考えられていた形式はほとんどみられなかったという。また，子ども対策の調査，NHKスペシャル「知っていますか・子どもたちの食事」（平成11年7月2日）では，17年前実施の調査より，朝食の「ひとり・子どもだけ」食べの増加，朝食や夕食で主食・主菜・副菜が揃っている子どもの減少，身体の不調を訴える子どもの増加，さらに家族全員で食べるよりひとりで食べたい子どもが朝食で16％，夕食で8％になり，その理由として「気がらく」「誰にも文句を言われない」「ひとりだといろんなことができるから楽しい」などがあげられ，また，夕食を自分で買って食べることが「よくある」「ときどきある」子どもが30％あるなど報告されていた。さらに，今後の動向として家庭外で調理して家庭で食べる「中食」と呼ばれる調理形態が発達し，さらに日常の食事の簡便化と晴れの日の食事の高級化が同時に進んでいくと考えられている。

したがって，最近の家庭の家事評価として，朝食抜き，孤食，個食，一品食べ，食卓の形骸化，家庭の食事づくり能力や食知識の低下，食の外部化，中食等があげられる。

これら食生活，食事構成の結果として生活習慣病の増加や若年化，きれる子ども達の増加，肥満の増加と重症化・・・・などが指摘されている。このような傾向は世界的にもみられ，その対策として，スローフード運動，日本型食事の実践，地産地消運動，フードマイレージ運動などが注目されている。

日本人は，現在，世界一の長寿記録を保持し，平均寿命の伸びは毎年続いている。日本における長寿者の食事は米や雑穀を中心とする日本型食事，すなわち，ご飯に納豆，味噌汁，梅干し，煮魚，芋や人参の煮ころがしなどで構成される一汁三菜の伝統的な日本食であり，このことが日本型食事の世界的に注目を浴びるようになった原因でもある。表2－4は長寿村として注目を集めた頃の山梨県棡原の食生活調査から得られた伝統食の特徴と，そこから得られた長寿食の指針を示したものである。調査対象となった長寿者の日常食は血管を若々しく保つための栄養素も十分とられており，老化を防止するビタミンEも多く，血液の流れをよくするビタミンAも十分に含まれ，また，貧血予防の鉄分・良質たんぱく質・ビタミンCがバランスよく摂れており，老人食として理想的な献立になっている。

私達の食事を見直し，人類最高の理想的な長寿食といわれる，和食を形成する「一汁三菜」，すなわち，日本人の食事文化の原点に立ち戻って，食の再構築を試

孤食
孤独食の意。単身赴任や1人暮らしの食事または家族がいても生活時間の違いから余儀なく1人で食事すること。
とくに子どもの場合，家族とのコミュニケーションがとれず教育上問題とされている。

個食
家族が一緒に食事を摂っても，し好などの違いから別々の料理を食べる個人本位の食事をいう。

中食
市販の弁当，惣菜やファーストフードを買ってきて，家庭で食べることをいう。

スローフード運動
ファーストフードの進出や流通改革によって味の画一化が進み，伝統的な食材や料理，地域に根ざした食文化などが消失しようとしていることに危機感を持った人々による，「食」から暮らしを全体から見なおそうとする運動。

地産地消運動
地域生産地域消費の略。自分たちの近くで作られた，生産者の顔が見える安全かつ品質のよいものを食べ，ひいては極端に低下したわが国の食料自給率向上に貢献しようとする活動。

フードマイレージ
食料輸入量に輸送距離をかけたもの（トン×キロメートル）で，この値が大きいほど食料輸入に伴う環境負担が大きいと判断される。
すなわち，地産地消を奨める数値的裏付けとなっている。

表2-4　生活習慣病を防ぎ長寿をもたらす食生活（榊原地区・食生活調査のまとめ）

（1）伝統食に秘められた先人の知恵の再確認
　①五穀文化の継承
　②いも食文化の継承
　③緑葉食文化の継承
　④発酵食文化の継承
　⑤伝統食の中に生きている食品配合の知恵の継承
　⑥身土不二，一物全体食の継承

（2）栄養学的にみた配慮
　①生涯栄養からみた年齢相応の良質たん白質の補完
　②精白食品，加工食品摂取増加に伴う不足栄養素ビタミン，ミネラル，食物センイの補完
　③多種小食により，食品のバランスをとる
　④伝統食品の調理による現代化
　⑤ストレスに対する栄養学的配慮

資料）鷹觜テル『健康長寿の食生活－足で求めた人間栄養学35年－』1996，食べもの通信社

みてみよう。

3．世界の食事形態と調理様式

（1）世界の国々にみる食事形態

　食物摂取の形態，すなわち食事形態は民族，国，地域等により異なる。それは，動植物の種類や分布，すなわち食物の材料の種類や量の供給を支配する地理的条件と，人間の祖先たちがたどってきたそれぞれの独自の歴史の歩みによって左右される。

　世界の食事文化は，主作物の分布とその食べ方により以下のように整理される。
　　①こめ
　　　東・南アジア。照葉樹林地帯が主産地とされている。粒粥がその食べ方
　　②こむぎ
　　　地中海沿岸地帯，インド，北中国。それぞれの地帯の食べ方は，パン，粒粥，ナーン，チャパティー，まんじゅう，うどんであった。広葉林地帯が原産地帯で，牧畜を伴い，その乳を利用した点が特徴である。
　　③おおむぎ
　　　北・東欧州。食べ方はパンと粗ひき粥，チベットではツアンバ。

> **ナーン**
> 薄い発酵パン。

> **チャパティー**
> 非発酵のぺた焼き。

ミレット	雑穀をいう。あわ・きび・ひえ・はとむぎなどの総称。
テフ	いね科の穀物のうち穀粒が最も小さい。粉にしてうす焼きパンにする。
トルテイヤ	とうもろこしの薄いパンケーキ。
フウフウ	固粥、やわらかめの団子。
ベイユ	揚げ物。

④ 雑　穀

インド。デカン高原ではチャパティー，北朝鮮とアフリカ中・西部は粒粥とだんご，ミレット，テフ，あわ，きびなど。

⑤ いも類

アフリカ中部地方ではフウフウ，スリランカではタロいも，南米でベイユ，粉粥。この文化は根栽型文化と称される。ヤムいも，料理用バナナなどを伴う。

⑥ とうもろこし

北・中・南アフリカ。食べ方はトルテイヤと粗びき粥。

このほか茶，コーヒー，スパイスなどは主食に準じた食事文化への影響をもっている。

（2）世界の代表的料理様式と食事文化

世界における代表的料理形式として，日本では日本料理，西洋料理および中国料理があげられる。それぞれの料理様式の特徴と，客をもてなす場合の座席の決め方について述べる。

1）日本料理の特徴と食事文化

日本料理は，米食中心で，四季おりおりの農産物や新鮮な魚介類を利用し，色や形を単純な調理法で生かした生もの中心の料理が多く，包丁さばきを重視する。刺し身，なます，すしなどの独特の料理が発達し，また，みそ・しょうゆなどのすぐれた発酵食品や，かつお節などの燻煙食品が製造され，これらが日本料理を一層特徴のあるものにした。

食器は美しい芸術的な陶磁器や漆器が用いられ，これに盛り付けられた料理は一層美しく豪華なものになった。

日本料理を様式別に分類すると，儀式と実際を兼ねた本膳料理，仏教の影響を受けてできた普茶料理・精進料理，茶の湯の隆盛に伴い千利休によって始められた茶懐石料理，酒宴向供膳形式の会席料理などがあげられる。

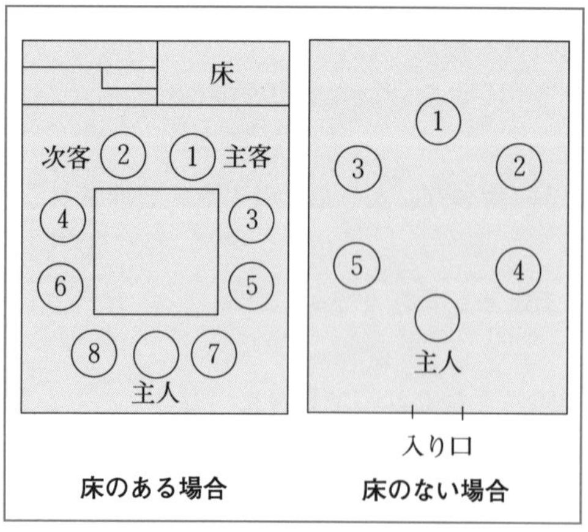

座席の決め方は，和室を用いる場合，床の間の前が正客の座になり，違い棚または床脇のある方が次席となる。以下は交互に順に座る。主人は末座につく。床の間のない場合は，入り口より遠い方が上座になる（図2－4）。

2）西洋料理の特徴と食事文化

西洋料理はフランス料理が中心となっており，種類の限られた肉をスープやソースの変化によって多様な料理にし，肉の臭いを消す香辛料を多用する。すなわち，材料は獣鳥肉が多く，乳・乳製品や油脂なども多く用い，調味料には，食品のもち味を生かすように塩を使う。さらに多くの香辛料や酒類を用い，一層風味をよくし，さらに材料や調理法にふさわしい多くのソ

資料）吉松藤子他『調理』同文書院，2000

図2－4　日本料理の場合の座席の決め方

3．世界の食事形態と調理様式

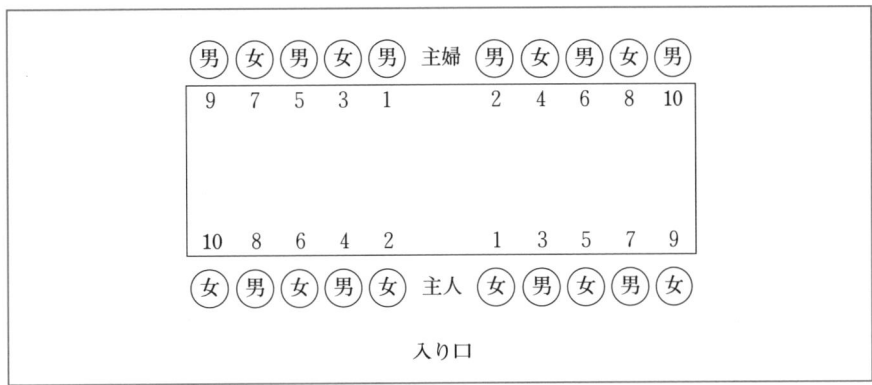

資料）島田キミエ他『調理』同文書院，2000

図2−5　西洋料理の場合の座席の決め方

ース類が工夫されている。また食事中には，その料理に調和する種々の酒類が供される。フランス料理では必ずぶどう酒が用いられる。調味料には，おもに食塩・酢・レモン汁・砂糖・バター・サラダ油・ソース・酒類などが用いられる。

座席の決め方は，部屋の入口から遠い方が上座で，男女が交互に座る（図2−5）。

3）中国料理の特徴と食事文化

中国料理はふかひれ，くらげ，なまこなど水産乾物が珍重され味付け中心の調理である。油は炒める，揚げるなどの高温加熱の基本材料でその果たす役割は大きい。香辛料としてはねぎ・しょうが・にんにくが最も多く利用される。また，でんぷんを用いることも多い。

座席には入口に遠い位置が主客の席であり，入口の近くが主人席になる。2卓以上の場合は，第1席に主客と主人が相対するようにし，第2卓に第2主客と主人代理の席を決める。1卓には6〜8人着席するのが普通である（図2−6）。

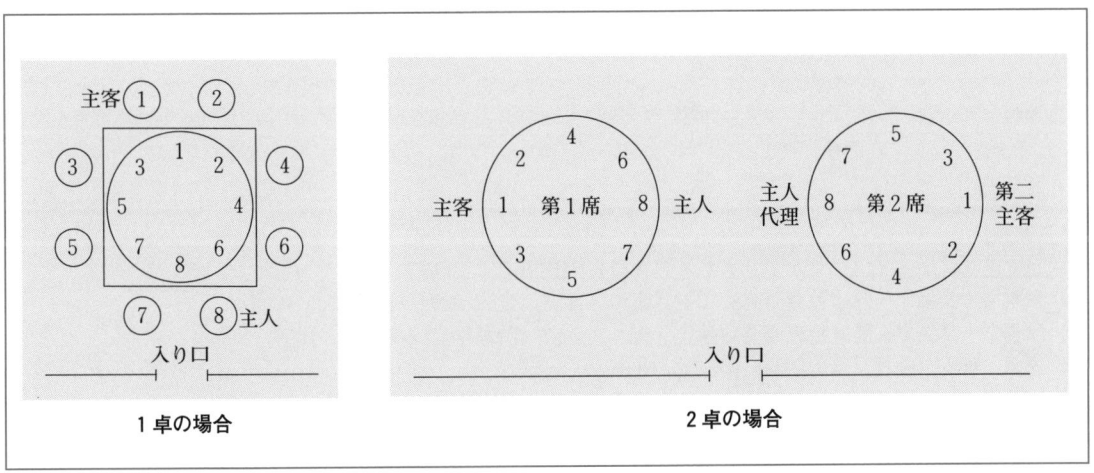

資料）山崎清子他『調理』同文書院，2000

図2−6　中国料理の場合の座席の決め方

【管理栄養士国家試験予想問題】

問題1．和洋中国三様式の調理について，下線部に入る適切な語の組合せはどれか。

日本料理は，季節の材料の色や形を生かす ［ ア ］ 調理法で ［ イ ］ 中心の料理で，包丁さばきを重視する。西洋料理は，種類の限られた肉類を ［ ウ ］ やソースの変化によって多様な料理にする。また，肉の臭いを消す ［ エ ］ を多用する。中国料理は，ふかひれ，くらげ，なまこなど ［ オ ］ 乾物が珍重され，［ カ ］ 中心の料理である。

	ア	イ	ウ	エ	オ	カ
a	単純な	なま物	スープ	香辛料	塩蔵	炒め物
b	素朴な	素材	ワイン	香草	輸入	味つけ
c	豪華な	主食	加熱法	食塩	水産	揚げ物

（1）a－c－b－a－c－b　　　　（2）b－c－a－b－a－c
（3）a－a－c－a－c－b　　　　（4）c－a－b－c－b－a
（5）b－a－c－b－a－c

問題2．調理に関する今後の傾向として，適切でないのはどれか。
　a. 若年層が新しい味を受け入れて成長し，食嗜好は社会的に変動する。
　b. 新しい調理法が開発されても，古い調理法がすべて廃れることはない。
　c. 調理技術は次第に簡便化傾向をたどり，手作り料理はやがて消滅する。
　d. 日常の食事の簡便化と晴れの日の食事の高級化とは並行して進んでいく。

【参考文献】
1）足立己幸『知っていますか子どもたちの食卓』NHK出版，2000
2）栄養学・食品学・健康教育研究会編『新エスカ21　食生活論』同文書院，1998
3）栄養学・食品学・健康教育研究会編『新エスカ21　調理学』同文書院，1999
4）遠藤，橋本，今村『食生活論』南江堂，2003
5）石毛直道監修『人類の食文化』味の素食の文化センター，1998
6）管理栄養士国家試験対策研究会編『管理栄養士国家試験　練習問題集』第一出版，2002
7）灘本，藤澤，伊藤，池内「日本栄養・食糧学会誌」第56巻第2号，p.103-107，2003
8）島田・山崎・吉松『調理』同文書院，2000
9）鷹觜テル『健康長寿の食生活』食べもの通信社，1996

…第3章…
食物の嗜好性と生体における役割

＜学習のポイント＞

1. 人間は食べ物を食べるとき，快い感覚，すなわちおいしさを感じる。食べ物は，まず"おいしい"ことが大切であり，人間は食べる楽しみとともに，おいしさを追求する努力を重ねてきた。おいしいと感じれば消化酵素の分泌が促進されて，栄養的価値も高くなるし，生活によろこびを与えることを理解する。
2. 塩味，甘味，酸味，苦味，うま味を加えて5基本味とする考え方があり，それぞれ化学物質の種類や濃度との関係を知る。
3. うま味物質の代表的なものはL-グルタミン酸ナトリウム，5'-イノシン酸ナトリウム，5'-グアニル酸ナトリウムであることを知る。
4. 味を感じることのできる最低の濃度を閾値という。閾値については，物質の生理作用に対する防衛反応が示されているともいわれ，人体にとって有害な物質が示す味に対する閾値は低く，それらの物質が体内に多量に入ることを妨げていることを理解する。
5. 辛味物質は適量であれば，嗜好性の向上，食欲の増進に効果がある。唐辛子の辛味成分カプサイシンは，体内に入ると，副腎髄質からのアドレナリンの分泌を促し，その結果，脂質の燃焼を進行させるので，肥満の予防になることを学ぶ。
6. 相乗効果とは，同種2種以上の呈味物質を混合することにより，呈味性が両者の和以上に増強されることを理解する。

第3章 食物の嗜好性と生体における役割

1. 食べ物のおいしさ

　食べ物は食欲を満たし，健康を維持するための栄養素を摂取する目的で食べるものであるが，それと同時に，人間関係を円滑にしたり，生活に潤いをもたせたりすることにもかかわりあいをもち，人間の生活の中で食べることの占める位置は大きい。

　人間は食べ物を食べるとき，快い感覚，すなわちおいしさを感じる。食べ物は，まず"おいしい"ことが大切であり，人間は食べる楽しみとともに，おいしさを追求する努力を重ねてきた。おいしいと感じれば消化酵素の分泌が促進されて，栄養的価値も高くなるし，生活によろこびを与える。ブリアー・サヴァランが「新しいご馳走の発見は人類の幸福にとって天体の発見以上のものである」（コラム参照）といっているように，食べ物の役割もおいしくなければ果たせない。おいしさの追求は，人類が存続する限り永遠のテーマである。

　図3－1はおいしさに関与する要因を分類し示したものである。"おいしさ"にかかわる要因は，このように多くの要素が存在すると考えられるが，そのなかでもとくに「化学的な味」のよいことが最も大きな要因であろう。おいしさと感覚については五味五感という言葉があるように，食べ物のもつ味は主として味覚によって感じるが，嗅覚，触覚，視覚，聴覚の五感によっても感じられる。しかし人の官能特性は複雑であり，嗜好，食習慣，空腹感，健康状態など種々の要因がおいしさの判定基準として関与し，それらが総合的に食べ物の味を左右するのである。

> **ブリアー・サヴァラン**
> (Brieeat-Savarin) (1755～1826)
> 19世紀のフランスの美食家。高名な著書『美味礼賛』のなかで，"食卓の快楽はどんな年齢，身分，生国の者にも毎日ある。ほかのいろいろな快楽に伴うこともできるし，それらがすべてなくなっても最後まで残ってわれわれを慰めてくれる"と述べている。

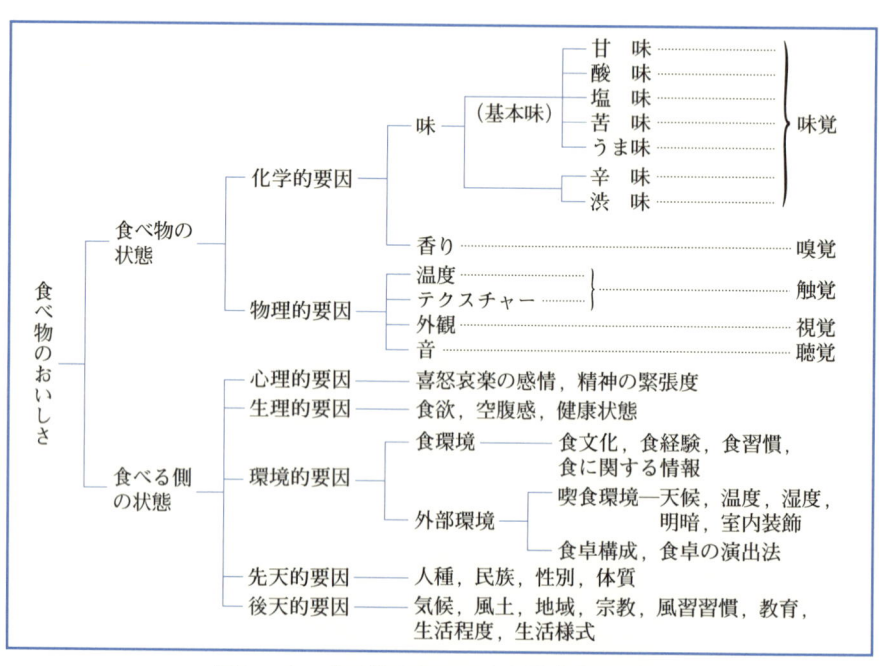

図3－1　食べ物のおいしさを形成する要因
（川端晶子・他：新栄養士課程講座―調理学，建帛社，1998）

2. 味覚の構造

　味は，物質が，口の中，主として舌に存在する感覚受容器に接触することによって起こる化学的刺激である。味を感じる感覚受容器は，味細胞と呼ばれ，主に舌粘膜に一部は口腔粘膜に存在する。

　味を感じる仕組みを図3－2に示した。舌には舌乳頭があり，その側面部に花のつぼみの形（紡錘状）をした味蕾がある。味蕾は味細胞からできており，1つの味蕾のなかに5～18個の味細胞が存在するといわれる。味蕾は味孔部分で口腔に開かれており，味細胞は，刺激を脳に送る味覚神経線維に連なっている。舌の上に呈味物質がのせられたとき，その物質は水に溶けて乳頭の側面に到達し，味孔をとおって味細胞の先端に達し，味細胞の先端にある微絨毛に接触し，呈味物質が吸着することにより，味覚刺激として味覚神経に働き，味覚神経線維をとおって大脳皮質に伝えられ味として感じられる。そのためには食べ物をよく咀嚼し，味わう行為が大切である。噛むことで唾液腺から多くの唾液が分泌され食物をしめらせ，唾液に味物質を溶解させるからである。このような刺激によって感じる味を「化学的な味」という。

> **味蕾**
> 成人で約9,000個をもち，70歳以上になると成人の半数以下になる。味蕾を作っている細胞は寿命が短く，絶えず生まれ変わっているが，生まれ変わるときに亜鉛が必要となる。亜鉛含有食品：カキ（貝），小魚，海藻，ゴマ，きな粉など。

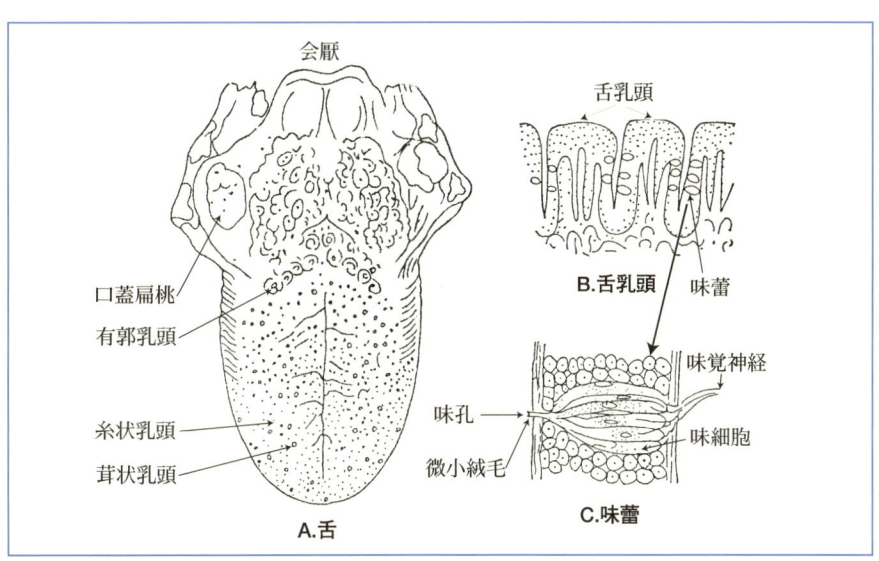

出典）河村洋二郎『味覚の科学』p.30，医歯薬出版，1974

図3－2　舌乳頭と味蕾

3. 化学的な味と生体での役割

(1) おいしさと化学的な味

　塩味，甘味，酸味，苦味の4種類を4基本味とする"味の四面体"説が1916年ヘニング（Henning H.）によって示されている。近年，この4基本味にうま味を

表3－1　塩の分類

食塩	かつて日本の塩は，海水を塩田にため，天日で乾燥させて製造されていたが，1971年にイオン交換膜法という化学的な方法に転換した。この方法でつくられる塩は，塩分99％以上に精製され，海水中のミネラル類はほとんど含まれない。結晶が小さく均一な塩である。一般的な調理用・味つけ用に使用されている。
自然塩	食塩の原料である原塩に天然にがりを加えるなどの加工をしている。原塩を真水に溶かして平釜で煮詰め，にがりを加えて再結晶させて製造するため，粒が不ぞろいで，水分が多い。漬け物に利用すると，材料になじみやすく味がまろやかで，独特のうま味が生じる。
結晶塩	原塩を溶かし，粒を大きく再結晶させたもの。ヨーロッパで一般的な岩塩に似せて，ミルで挽いて調理に使用。ドイツ風のパンの飾りにも使用する。

出典）藤沢和恵・南 廣子編著『現代調理学』p.18，医歯薬出版，2001

表3－2　食品中の食塩濃度

食品	食塩濃度（％）
汁物	0.6～1.0
煮物	1～2
食パン	1.1～1.4
バター	1.9
味つけ飯	0.6～0.8
漬物	2～10
マヨネーズ	1.8～2.3
ウスターソース	6～9
佃煮	5～10
みそ	6～13
しょうゆ	12～16

出典）藤沢和恵・南 廣子編著『現代調理学』医歯薬出版，2001

表3－3　調味料以外の食塩の作用と用途

作用	内容	用途例
微生物への作用	微生物の繁殖抑制	漬物，塩辛
たんぱく質への作用	熱凝固促進 肉たんぱく質の溶解（食塩3％以下） 小麦粉グルテン形成促進	卵，肉，魚料理一般 練り製品，ハンバーグステーキ パン，めん類
組織への作用	野菜の水分除去 細胞膜を失活させる	きゅうりもみ 漬物
酵素への作用	酸化酵素抑制 ビタミンC酸化酵素抑制	野菜・果物の褐色防止 果物・野菜のビタミンC保持
その他	葉緑素を安定させる 粘質物の除去 寒剤 イースト発酵抑制 豆腐の硬化およびすだち防止	青菜の茹で物 さといもの洗浄 家庭用アイスクリームの冷却 パン 豆腐

出典）藤沢和恵・南 廣子編著『現代調理学』医歯薬出版，2001

加えて5基本味とする考え方が提唱されている。

1）塩　味

調味の基本は塩である。塩は，精製されて純度の高い精製塩（塩化ナトリウム99.9％）と，にがりを加えて味にまろやかさを出した自然塩に大きく分類することができる（表3－1）。現在の塩は純度が高く，塩味がストレートに出やすい。とくに汁物の場合の濃度は，0.7～1.2％の低濃度で好みの範囲はわずか0.5％の範囲に入る。最初はやや控えめに塩加減し，仕上げに味をみてから調整するとよい。食塩は他の味との調和がよく，おいしさをつくる重要な役割を果たしている。表3－2に食品中の食塩濃度を示した。また，食塩には調味料以外に表3－3のような用途がある。

表3－4　糖類のα型，β型と甘味

糖の種類	甘味の強さ	結晶	溶液中の変動
ブドウ糖	$\alpha > \beta$ （1.5：1）	α	1．水に溶かすと，次第にβ型に変わり，一定のところで平衡に達する 2．水に溶かした直後が最も甘い
果　糖	$\alpha < \beta$ （1：3）	β	1．水に溶かすと，一部がα型に変わり，一定の割合で平衡を保つが温度により割合が異なる 2．高温でα型が増えるので，56℃ぐらいの溶液ではショ糖よりも甘味は弱い 3．低温のほうが甘味が強い
麦芽糖	$\alpha > \beta$	β	水に溶かすと，次第にα型に変わる
乳　糖	$\alpha < \beta$	α	水に溶かすと，次第にβ型に変わる

出典）藤沢和恵・南 廣子編著『現代調理学』p.25, 医歯薬出版, 2001

2）甘　味

代表的な甘味物質はショ糖である。その他の単糖類（ブドウ糖，果糖）や二糖類（麦芽糖）も甘味を呈するものが多く，ショ糖誘導体（パラチノースなど），糖アルコール（キシリトールなど），配糖体，アミノ酸系などの物質が利用されている（159頁「表6－32」参照）。果糖やブドウ糖はα-型とβ-型の立体異性体が存在し，型によって甘味の強さが異なる（表3－4）。

果糖（β-型の結晶）は水に溶かすと，その一部がα-型にかわり，一定の割合で平衡を保つが温度により割合が異なり，低温になるとβ-型が増え甘味が強くなる。果糖を多く含む果物は冷やして食べた方が甘く感じるのはこのためである。

ショ糖は，α-型のブドウ糖とβ-型の果糖が還元基間で結合した二糖類であるため，溶液中の甘味の強さは安定しているが，加熱すると（約140℃以上）加水分解を起こし転化糖となる。転化糖はブドウ糖と果糖の混合物であるから，甘味の強さはショ糖よりも強くなる。グラニュー糖は，ほぼ100％のショ糖であり，最もよく使用される上白糖は，ショ糖の細かい結晶に1.3％程度の転化糖が加えられたものである。

ショ糖の過剰摂取は生活習慣病や虫歯の誘発因子になりやすいため，最近では低エネルギーの甘味料の開発がさかんである。

低エネルギー甘味料としてはグルチルリチン，ステビオシド，アスパルテーム，難消化性の糖の誘導体（糖アルコール），オリゴ糖などが使用されている。これらは，腸内細菌の増殖を促すことやむし歯になりにくいことなどの機能も注目されている。また，ダイエット甘味料として肥満，糖尿病予防のために用いられることもある。グルチルリチンは甘草の根に含まれる成分で，甘味度は砂糖の100～200倍である。しょうゆや佃煮などの加工品に用いられる。アスパルテームは，アミノ酸であるアスパラギン酸とフェニールアラニンのジペプチド（アミノ酸2分子とペプチドが結合したもの）で，砂糖の200倍の甘味を有する。味の性質は比較的砂糖に近い甘味といわれており，低エネルギー甘味料として広く使われている。砂糖以外の甘味料は加工食品に利用されることが多く，調味料としては一

部の混合物として流通している。

3）酸　　味

　酸味は食物にさわやかな食味としまりを与え，塩味をまるくし，うま味をひきたて，食欲を刺激する。主な酸味料の特徴を表3－5に示す。酸味は無機酸でも有機酸でも水素イオン$[H^+]$が存在すると感じるが，一般に有機酸の方が好まれる。食物の味としては，酢酸，乳酸，リンゴ酸，酒石酸，クエン酸などがある。調味料として使用される食酢に含まれるのは主として酢酸であり，その含有量は約4％である。酸味は，そのまま単独の味として味わうことは少なく，甘味や塩味と併用され，食酢の濃度は，すし飯では飯の7～10％，酢の物やサラダは，材料

表3－5　主な酸味料の特徴

種　類	化学構造式	閾値(N)	分子量	存在(％)	酸味の特徴
酢　酸	CH_3-COOH	0.0018	60.05	食酢 (4)	刺激的臭気のある酸味
乳　酸	$CH_3-\underset{OH}{\overset{H}{C}}-COOH$	0.0016	90.08	乳酸飲料(0.5～0.9)　漬物(0.1～0.5)	渋味のある温和な酸味
コハク酸	CH_2-COOH $\|$ CH_2-COOH	0.0032	118.09	日本酒(0.18)	こくのあるうまい酸味
リンゴ酸	$HO-CH-COOH$ $\|$ CH_2-COOH	0.0016	134.09	りんご，なし(0.5～0.7)	かすかに苦味のあるそう快な酸味
酒石酸	$HO-CH-COOH$ $\|$ $HO-CH-COOH$	0.0012	150.0	ぶどう(0.5～1.0)	やや渋味のある酸味
アスコルビン酸	(構造式)		176.13	野菜，果物(0.02～0.1)	おだやかでそう快な酸味
クエン酸	CH_2-COOH $\|$ $HO-C-COOH$ $\|$ CH_2-COOH	0.0023	210.15	柑橘類(1～4)	おだやかでそう快な酸味

出典）高木和男他『調理学』p.37，教育出版センター，1998

表3－6　食品中の主な有機酸と呈味の特徴

食品名	主な有機酸	呈味の特徴
食　酢	酢　酸	刺激的臭気のある酸味
レモン　ゆず　梅干し	クエン酸	おだやかでそう快な酸味
ヨーグルト	乳　酸	渋味のある穏和な酸味
りんご	リンゴ酸	そう快な酸味とかすかな苦味
ぶどう	酒石酸	やや渋味のある酸味

出典）小俣　靖『"美味しさ"と味覚の科学』日本工業新聞社，p.46，1986

の8〜15%であることが多い。食酢は穀物を原料にした穀物酢が多く用いられるが、レモンやゆずなど柑橘類の天然果汁も食酢として使用される（表3－6）。食酢は、酸味をつけるための調味料であるが、疲労回復作用などがあり、健康食品としても注目されている。

4) 苦 味

苦味は好まれる味ではなく、このため好ましい濃度は明らかにされていない。しかし、必ずしも不必要な味ではなく、日本茶やコーヒーの味としては必須のものであるし、苦味を適度にもつにがうりや山菜なども好まれている。

5) う ま 味

食品には、それぞれ特有のうま味がある。うま味物質は、表3－7に示すように肉や魚、野菜など多くの食品に含まれており、これらは、アミノ酸、有機酸、核酸の分解物をはじめとする窒素化合物などによる味である。

うま味物質の代表的なものはL-グルタミン酸ナトリウム、5'-イノシン酸ナトリウム、5'-グアニル酸ナトリウムである。日本人は昔からこれらのうま味物質を"出し"として料理に利用してきた。L-グルタミン酸ナトリウムは、こんぶのうま味成分の本体であり、5'-イノシン酸ナトリウムはかつお節、5'-グアニル酸ナトリウムは干ししいたけのうま味成分であることがいずれも日本人によって見出された。うまみ物質の特徴を表3－8に示す。日本料理の重要なだしである

表3－7　天然食品中の呈味成分含有量

L-グルタミン酸 (mg/100g)		5'-イノシン酸 (mg/100g)		5'-グアニル酸 (mg/100g)	
利尻昆布	2,240	煮干し	863	干ししいたけ	157
チーズ	1,200	土佐節（二級）	687	まつたけ	65
一番茶	668	しらす干し	439	えのきたけ	22
あさくさのり	640	かつお	285	生しいたけ	16〜45
いわし	280	あじ	265	鯨 肉	6
生トマトジュース	260	さんま	242	豚 肉	3
マッシュルーム	180	たい	215	牛 肉	2
じゃがいも	102	さば	215	鶏 肉	2
煮干し	50	いわし	193		

出典）高木和男他『調理学』p.42, 教育出版センター, 1998

表3－8　うま味物質の特徴

分 類	うま味成分	特 徴
グルタミン酸系列	L-グルタミン酸ナトリウム (mono sodium glutamate : MSG)	1. pH7付近で最もうま味が強い 2. 酸性でもアルカリ性でもうま味は低下する 3. グルタミン酸モノナトリウム（中性）が最もうま味が強い
ヌクレオチド (核酸関連成分) 系列	5'-イノシン酸ナトリウム (IMP)	5'-イノシン酸ナトリウムとMSGとの相乗作用がある
	5'-グアニル酸ナトリウム (GMP)	5'-グアニル酸ナトリウムとMSGとの相乗作用がきわめて強い

出典）川端晶子他『調理学』p.23, 建帛社, 1990

表3−9　5つの基本味の閾値（知覚閾値）

味の種類	物質名	濃度 (M)
塩味	食塩	0.01
苦味	カフェイン	0.0007
酸味	酢酸	0.0018
甘味	ショ糖	0.028
うま味	L-グルタミン酸	0.23

出典）渋川祥子『調理科学』p.11，同文書院，1998

干ししいたけのうま味（GMP）は，こんぶのうま味（MSG）と一緒になると17倍も強くなることが分かっている。なおこのほかに，茶やキノコなどに含まれるテアニンや日本酒や貝類に含まれるコハク酸もうま味を呈することが認められている。うま味は独立した味として5基本味のひとつに認められ，"UMAMI"が国際語としても通用している。

6）5つの基本味の閾値

味を感じることのできる最低の濃度を閾値という。閾値のうち，呈味物質の濃度をだんだん強めていったとき，水と区別できる最低濃度を判別閾値といい，物質の味を感じうる最低濃度を知覚閾値という。5つの基本味を呈する代表的物質の閾値を表3−9に示す。

閾値については，物質の生理作用に対する防衛反応が示されているともいわれ，人体にとって有害な物質が示す味に対する閾値は低く，それらの物質が体内に多量に入ることを妨げているといわれている。例えば，苦味の閾値が低いのは，毒物に対する危険防止であり，酸に対して低いのは，腐敗によって生ずる酸を判別するためであると説明されている。

人間の味覚は，最も早く完成される機能で，新生児（生後4週間未満）において甘味の液体は積極的に吸い，酸味・塩味のものは吸わない，あるいは苦味のものは顔をしかめて吐き出す反応がみられる。

日本人の食生活を支えてきた多様な素材のおいしさを味わう"味覚のしつけは乳幼児期"からはじまり，人間の味覚は10歳までにつくられるといわれるが，幼児期に培われた和風食への嗜好は健康寿命をのばすことにつながる。

> **健康寿命**
> 健康寿命とは，日常生活に介護などを必要とせず，心身ともに自立した活動的な状態で生活できる期間をいう。

（2）おいしさと生体での役割

おいしさは食べたときの喜びである。この喜びは，思わずにっこりとうなずく静的な喜びであるが，おいしい味は副交感神経の活動を高め，摂食行動を誘発するとともに，唾液や胃液，膵液などの消化液分泌を促進し，消化管運動を亢進させるのである。さらにおいしいものを食べると免疫能が高まること[1]が知られており，がん細胞に対して免疫効果をもつNK細胞の活性が上昇したり，唾液中の免疫活性が上昇するといわれている[1]。まずいものを食べるとコルチゾールなどのストレスホルモンが出ることに比べれば，おいしく食べることは健康の維持増進すなわち健康づくりのための基本条件である。

4．その他の味の性質と役割

5つの基本味の他に，渋味，辛味，えぐ味などがあり，表3−10にその例を示す。これらの味は物理的な刺激でもあり，味蕾だけでなく口腔中の他の粘膜でも感じるので，厳密な意味での化学味には入らない。

4．その他の味の性質と役割

表3－10　基本味以外の味

味	食物または刺激物	物質名
渋味	渋柿, 茶など	タンニン酸 没食子酸 カテキン酸
辛味	カレー コショウ トウガラシ サンショウ ショウガ ダイコン	ウコン ピペリン カプサイシン サンショオール ジンゲロン アリールカラシ油
えぐ味	タケノコ タロイモ	ホモゲンチジン酸 シュウ酸
金属味	重金属	重金属イオン
電気性味覚	陽極性直流通電	陽イオン

出典）山本 隆『脳と味覚』p.23, 共立出版, 1996

（1）渋　味

渋柿を口にしたとき経験するような舌の粘膜を収斂させることによって起こる感覚である。強い場合は不快となるが，淡い渋味は，苦味に近く，他の味と混ざって独特の風味を作る。渋味の本体はタンニン系の物質で，茶のカテキン，ぶどう酒のガロタンニン，コーヒーのクロロゲン酸などがあり，これらの渋味は欠くことのできない要素である。

（2）辛　味

辛味物質は香気を伴うものが多く，適量であれば，嗜好性の向上，食欲の増進に効果がある。唐辛子，辛子，こしょうなどは辛味をもつ代表的物質である。唐辛子の辛味成分カプサイシンは，体に入ると，副腎髄質からのアドレナリンの分泌を促し，その結果，脂質の燃焼を進行させるので，肥満の予防になるとされる。

> **辛子の辛味**
> 粉辛子を練るときは，酵素が作用しやすいように，40℃くらいのぬるま湯で時間をかけて練るほど辛味が増す。

（3）え ぐ 味

渋味と苦味を複合したような不快な味で，舌やのどを刺激する。一般にアクと呼ばれ調理ではアク抜きの対象となる。その成分としてホモゲンチジン酸，シュウ酸などがある。

（4）金　属　味

缶詰の缶の味，スプーンを歯で傷つけたときや研ぎたての刃物で切った物に感じられる味のことである。

（5）アルカリ味

食品は，一般に弱酸性のものが多いが，卵白，こんにゃく，中華めんなどpHの高いものもある。食品自身がアルカリ性を示すものを食べたときに感じるぼけ

たような味である。

　他にも，食品に油脂が加わると風味がまろやかになる。これは，食品の呈味物質は一般に水溶性なので，油脂が加わることにより味細胞への接触が阻害され，そのために閾値が上昇するためと考えられる。また，グリコーゲンやある種のアミノ酸など，それ自身には特別な味はないが，それらが存在することによって味に深みが加わったり，風味がでたりすることがあり，このようなことを味わいに「こくがある」と表現される。

5．味の相互作用

　食物は，基本味や呈味物質を単独な味として感じることは少なく，数種の呈味物質の混合物として味わうことが多い。2種以上の呈味物質が混在すると，味の複雑な相互作用が起こり，食味に変化が生じる。調味操作はこの効果の応用である。味の相互作用の例を表3－11に示す。

（1）相乗効果

　同種の味をもつ2種以上の呈味物質を混合することにより，呈味性が両者の和以上に増強されることをいう。グルタミン酸ナトリウムとイノシン酸ナトリウムとの相乗効果を図3－3に示す。IMPの比率が10％までは味の強さが急上昇し，IMPとMSGを各々50％にすると，単独のときの約7.5倍になる様子を示している。

（2）対比効果

　少量の異なる呈味物質を加えることにより，主なる味が強まることをいう。あんやしるこに少量の食塩を加えると甘味が強くなるのは，この例である。

表3－11　味の相互作用

分　類	味の組合せ	効　果	例
相乗効果	うま味（MSG＋IMP）* 甘味（ショ糖＋サッカリン）	うま味が強くなる 甘味が強くなる	昆布とかつお節の混合だし 砂糖に少量のサッカリンを加える
対比効果	甘味（主）＋塩味 うま味（主）＋塩味	甘味を強める うま味を強める	しるこに少量の食塩を加える だし汁に少量の食塩を加える
抑制効果	苦味（主）＋甘味 塩味（主）＋酸味 酸味（主）＋{塩味 甘味} 塩味（主）＋うま味	苦味を弱める 塩味を弱める 酸味を弱める 塩味を弱める	コーヒーに砂糖を加える 漬物に少量の食酢を加える 酢の物に食塩，砂糖を加える しょうゆ，塩辛
変調効果	先に味わった呈味物質の影響で，後に味わう食べ物の味が異なって感じられる現象		濃厚な食塩水を味わった直後の水は甘く感じる
順応効果	ある強さの呈味物質を長時間味わっていると，閾値が上昇する現象		甘いケーキを続けて食べると，甘味の感度が鈍る

＊MSG：L-グルタミン酸ナトリウム，IMP：5'-イノシン酸ナトリウム

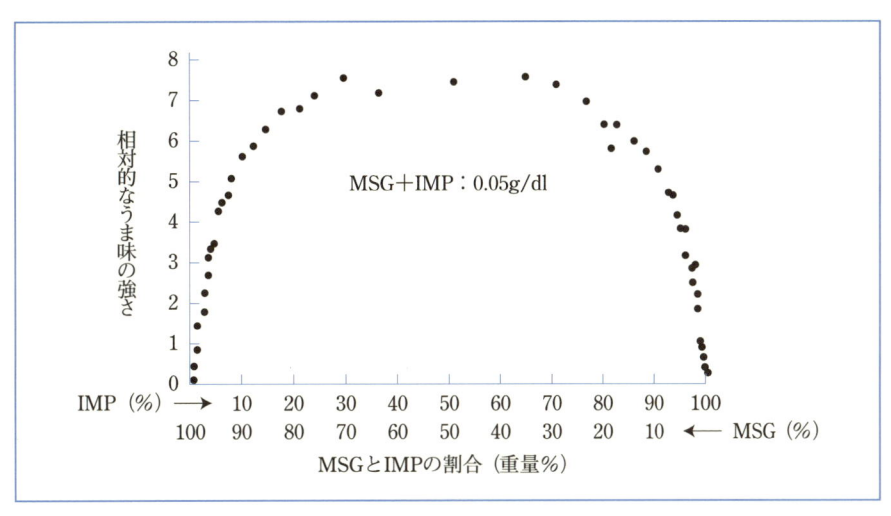

出典）Yamaguchi, S.：J. Food sci., 32, 426, 1967

図3－3　イノシン酸ナトリウムとグルタミン酸ナトリウムの相乗効果

（3）抑制効果

2種類の呈味物質を混ぜたとき，一方の味が他方により抑えられることをいう。コーヒーに砂糖を加えると苦味が抑えられ，夏みかんに砂糖をつけると，酸味が弱められる。

（4）変調効果

2種類の呈味物質を続けて味わうと，先にとった味の影響で，後からとる味が質的に異なって感じられる現象で，コーヒーを飲んだ後の水は甘く，するめの後にみかんを食べると苦く感じるなどがある。

（5）順応効果

同じ味を長く味わっていると，その味に対する閾値が上がる現象である。あめをなめてジュースを飲むと，水っぽく感じるなどがその例である。味効きを重ねるとこの効果により味を感じなくなってくるので，味効きの際は少数回で判断する必要がある。

6．おいしさに影響するその他の要因

おいしさは，主として味覚によって感じるが，五味五感という言葉があるように，嗅覚，触覚，視覚，聴覚によっても感じられる。さらに嗜好，健康状態，空腹感，食習慣など心理的，生理的，環境的要因など種々の因子がおいしさに関与し，これらが相互に関連しあって総合的に食物のおいしさを評価している。

表3－12　寒天ゼリーにおける硬さと甘味の嗜好関係

破断力(g)	砂糖濃度（％）		20	30	40	50	60	70
	0～500	好んだ人数(％)	26	36	18	14	7	—
	501～1300		13	24	29	25	9	—
	1301～3700		—	13	23	29	30	5

注）砂糖濃度が高くなると硬さが大になり，硬さを寒天濃度だけでは区分できないので木屋式硬度計によって破断力を測定し，その硬さ（破断力）によって区分したもの
出典）松元・風間『家政学雑誌』16, 388, 1965

表3－13　ゲルの種類による硬さとうま味の関係
（化学調味料0.07％，食塩0.5％）

ゲル原料の種類と濃度（％）				うま味を強く感じた人数
寒　天	0.5			18 ***
	1.0			2
コーンスターチ	5.0			17 **
	10.0			3
寒　天	0.5	コーンスターチ	3.0	17 **
	0.5		7.0	3
卵　白	50.0			15 *
	80.0			5

注）　＊：5％の危険率で有意差あり
　　＊＊：1％の危険率で有意差あり
　　＊＊＊：0.1％の危険率で有意差あり
出典）坂口・松元『家政学雑誌』20, 24, 1969

（1）テクスチャー（texture）

　食物を口に入れたときの硬い，もろい，ぽろぽろするなどさまざまに表現される口中感覚の総称をテクスチャーという。テクスチャーは，味と並んで食物のおいしさに大きく関係し，同じ濃度の呈味成分を含んでいても，テクスチャーによって味の感じ方は変わってくる。例えば，飲み物としては適当なジュースを，そのままゼリーにすると，味がうすく感じられる。これは，液体であれば，呈味物質の味細胞への接触は容易であるが，固体の場合は，その中の呈味成分が，唾液に溶けたり，食物の汁がしみ出したりして味蕾に到達し，味細胞と接触することになるので味を感じにくくなるためである。また，同じ固体でも硬さによって味の感じ方が異なる。寒天ゼリーの硬さと甘味による嗜好関係についてみると（表3－12），軟らかいゼリーでは甘味の少ないものが，硬いゼリーでは甘味の強いものが好まれている。うま味についても，軟らかい方が味を強く感じている（表3－13）。このようにテクスチャーは味に影響するので，軟らかい食品と同じように味を感じるためには，硬い食品は味を濃くすることが必要である。

（2）温　度

　味覚感度は呈味物質の温度によって影響を受ける。酸味は温度による変化がほとんどなく，甘味は体温付近で最も強く感じ，塩味と苦味は温度が低い方が強く感じる（図3－4）。
　コーヒーが冷めると苦く感じたり，冷めたスープが塩辛く感じるのはこのためである。冷製スープなどは，温度が高いうちに塩味をつけるなら薄味に仕上げる。冷やしたジュースや炭酸飲料などは，多量の糖分が添加されているにもかかわらず，低温のため甘味を感じにくく，清涼飲料水の多飲は糖分の過剰摂取になりやすい。
　食物にはそれぞれ飲み頃，食べ頃の温度があり（表3－14），一般に体温±25～30℃が適温であるといわれ，冷たいもので5～10℃前後，温かいもので60～

6．おいしさに影響するその他の要因

図3－4　味覚の感度と温度との関係（Hahn）

- 食塩（塩辛さ）　1＝0.0005％
- ズルチン（甘さ）　1＝0.0001％
- 塩酸（酸っぱさ）　1＝$\frac{1}{200}$N
- 硫酸キニーネ（苦さ）　1＝0.00005％

食塩は温度が低くなるほど感じやすく，甘味は35℃付近で最も感じやすく，酸味は温度によって変わらない。

出典）佐藤昌康『調理と物理・生理』p.141，朝倉書店，1972

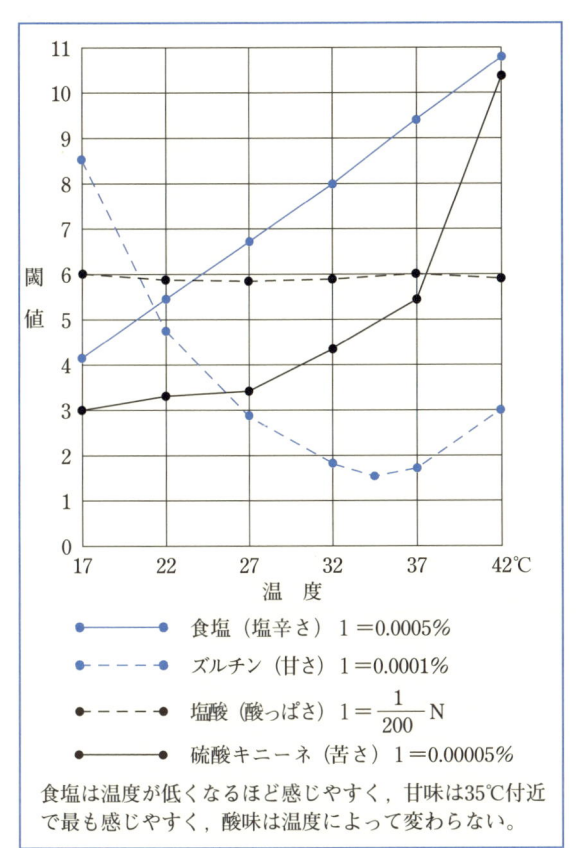

表3－14　各食物の飲食適温度

種　類	適　温
サイダー	5℃
冷　水	10
ビール	10
温めた牛乳	40
酒のかん	50～60
湯豆腐 茶わん蒸し	60～65
一般飲物 スープ 紅　茶 コーヒー	60～65
か　ゆ	37～42
酢の物	20～25
冷やっこ	15～17

注）一般に体温±25～30℃が適温
出典）山崎清子他『新版 調理と理論』
　　　p.529，同文書院，2003

65℃前後とされている。これは一般細菌の繁殖が抑制される温度に近い。また暑い季節には冷たいものを，寒い季節には温かいものを欲しくなるなど外部環境も関与している。

（3）外　　観

見た目に美しく，おいしそうであるという色，形，大きさ，つやなど食器を含めた外観からくる食物の第一印象は，嗜好的価値を左右する重要な要因のひとつである。

1）色彩と食欲

天然の食品は，さまざまな色素を含み特有の色を呈している（表3－15）。新鮮なうちは鮮やかであるが，時間の経過や調理中に，酸化，酵素作用，pHの変化などにより変色がおこるのでそれぞれの食品を嗜好性にあう色彩に保持，または変化させることが必要である。

表3－15　天然色素の成分と所在

色	化学的分類	所　在
緑　　色	クロロフィル系	緑黄野菜
黄―橙―赤	カロチノイド系	にんじん，かぼちゃ，卵黄，とうがらし，トマト，さけ，ます，かに類
黄―橙―赤	フラボノイド系	柑橘類，たまねぎの外皮，大豆，れんこん，ごぼう
赤　―　紫	アントシアン系	いちご，なす，レッドキャベツ，さくらんぼ，ぶどう，あんず，しそ，黒豆
赤―暗赤色	ミオグロビン(Mb) ヘモグロビン(Hb)	畜肉，まぐろ，魚の血合肉 血液

出典）浦上智子『調理科学』p.46，理工学社，1977

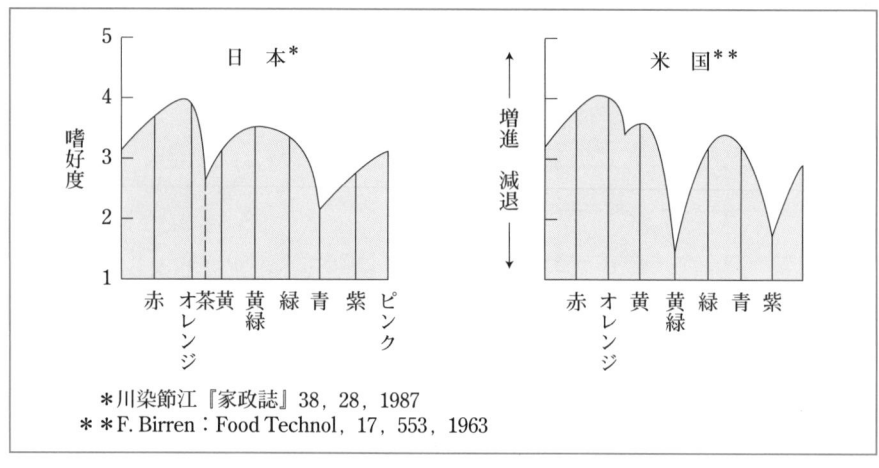

第3章　食物の嗜好性と生体における役割

```
＊川染節江『家政誌』38, 28, 1987
＊＊F. Birren：Food Technol, 17, 553, 1963
```

図3－5　食品の色に対する嗜好度の日米比較

　人間は一般に赤，黄，オレンジ色など暖色といわれる色に食欲を感じるといわれる。明るい暖色は，自律神経を刺激して食欲や消化作用を活発化し，反対に，寒色系の地味な色は，食欲を減退するとされる。トマトやにんじんなどの赤色は，補色効果で緑色の野菜を引き立てるので，いっそう食欲を増す。食物の色と食欲との関係は，民族によっても異なり，日本とアメリカの食品の色に対する嗜好度を比較すると（図3－5），両国とも赤，オレンジには高い嗜好度を示すが，日本では青がアメリカでは黄緑が好まれない。また，色彩については，料理だけでなく，盛りつける食器，テーブルクロス，床や壁，照明器具などの色も重要な要素であり，好ましい選択はおいしさを増幅する。

2）形態と食欲

　食物の形や盛りつけは，嗜好性や食欲に影響を及ぼす。食品の飾り切りは，調

表3－16　主なマスキング材料の使用法

マスキング材料	使われる料理	使用方法
バニラ	洋菓子類	卵の臭みを消すために生地に混ぜて焼いたり，ゾルに混ぜて冷やしゲルにする。
オレガノ	イタリア料理	肉や魚の臭みを消すためにトマトとともに入れて煮込む。
ローリエ	洋風煮込み料理	肉や魚の臭みを消すために煮込みのときに入れる。スープストックをとる際にも使用。
さんしょう（実，葉）	和風・中国風煮魚	魚や卵の臭みを消すために途中で入れる。
土しょうが	和風・中国風の肉・魚料理	肉や魚の臭みを消すために煮魚の途中で入れたり，肉や魚の揚げ物の下処理時に入れる。
ナツメグ	洋風挽肉料理	肉の臭みを消すために材料に混ぜ込む。
にんにく	肉・内臓料理	肉や内臓の生臭みを消すためにみじん切りや，すりおろして加える。
ホースラディッシュ	ローストビーフ	肉の生臭みを消すためにおろして添える。
からし	ソース，酢みそ	肉や魚の生臭みを消すために洋風料理ではソースに使われたり，和風料理では刺し身につける酢みそなどに入れる。
わさび	刺し身	魚の生臭みを消すためにおろして刺し身につける。

出典）金谷昭子他『食べ物と健康　調理学』p.203, 医歯薬出版, 2004

表3－17　食品材料のもつ特徴的な香りの成分

主な料理	食品材料名	特徴的な香りの主成分
和風料理	さんしょう	α－ピネン，ゲラニオール，シトロネラール
	しょうが	フェランドレン，ジンゲロール，ジンジベレン
	しそ	ペリラアルデヒド，リモネン，リナロール
	よもぎ	1,8－シネオール，α,β－ツヨン
	ふき	1－ノネン，フキノン
	しゅんぎく	α,β－ピネン，カンフェン，ミルセン
	みつば	ミルセン，α,β－ピネン，リモネン
	ゆず	β－エレメン，ネロリドール
	緑茶	シス－3－ヘキセノール，シス－3－ヘキサン酸ヘキセニル
	まつたけ	1－オクテン－3－オール，桂皮酸メチル
	桜の葉（塩漬け）	β－フェニルエチルアルコール，アニス酸メチル
洋風料理	たまねぎ	ジプロピルジスルフィド，ジプロピルトリスルフィド
	セロリ	β－セリネン，リモネン，3－ブチルフタライド
	パセリ	ミリスチシン，アピオール
	月桂樹	1,8－シネオール，α,β－ピネン，リナロール
	こしょう	α,β－ピネン，フェランドレン，リモネン
	オレガノ	チモール，カルバクロール
	ナツメグ	α－ピネン，オイゲノール，ミリスチシン
	レモン	β－ピネン，シトラール，リモネン
	シナモン	シナミックアルデヒド，シナロール
	バニラ	バニリン，バニリルエチルエーテル
	コーヒー	2－フルフリルチオール，2－エチル－3,5－ジメチルピラジン
中国風料理	ねぎ	ジプロピルジスルフィド，ジプロピルトリスルフィド
	にんにく	ジアリルジスルフィド，ジアリルトリスルフィド
	八角	アネトール，メチルチャビコール，リモネン
	ういきょう	アネトール，フェンコン，リモネン
	ジャスミン	酢酸ベンジル，ジャスモン，ジャスミンラクトン
	ごま油	硫化水素，メタンチオール

出典）亀岡　弘・古川　靖『香りと暮らし』p.6～124，裳華房，1994

味料を付着しやすくしたり，食べやすくするばかりでなく，外観が美しくなり食欲を高める。また，魚を串で整えたり，盛りつけを工夫することでも嗜好性が高まる。食品の形は，習慣的に伝承される要素が多く，おせち料理には，縁起がよいとされる形の，末広にんじん，亀甲しいたけなどがある。とくに，日本料理では見た目の美しさが大切な要素となっている。

（4）音

せんべいやたくあんを食べるときの音，肉を焼く音，ビールをコップに注ぐ音など，食物の咀嚼音，食する前の諸操作による音などは，おいしさを引き立たせ，食欲をそそる音でもある。これらの音から連想される食物の味やテクスチャーが，おいしさを高めるのに役立つと考えられる。

（5）香　り

香りは，非常に微量でも感知されるために，食物を口に入れる前にその食物に対する嗜好性を左右し，味覚に影響を及ぼす大切な要素である。吸い物椀のふたをとったときの香気，うなぎの蒲焼きや焼き魚の好ましい焦げの香りは，食欲をそそる。また，食品は，それぞれが固有の香りをもち，その香りが好き嫌いを左右する要素にもなっている。調理においては，食品のもつ"良い香り"を生かした調理法や，好ましくない香りを消去したり，香辛料や香草を利用して良い香りを付加するなどの工夫がなされる（表3－16）。香りは味と異なり，調理によって食品特有の香りを発生する場合が多い。食品材料のもつ特徴的な香りの成分を表3－17に示す。

（6）そ の 他

食物のおいしさは，喫食者の心理状態，健康状態，食べるときの雰囲気などに

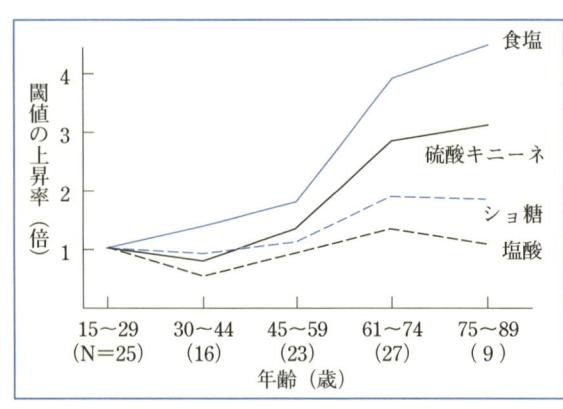

図3-6　年齢による味覚感度の変化
出典）佐藤昌康『調理と物理・生理』p.141, 朝倉書店, 1972

よって影響を受け，民族，地域，個人の生育環境によっても異なってくる。

1）心理的・生理的要因

おいしさには，喫食者の喜怒哀楽の感情など心理状態が影響する。精神的な不安やストレスがあると，食物の味を左右するだけでなく，消化吸収にまで影響を与える。また，体調が悪いときの食欲不振など，健康状態によっても影響を受ける。味に対する感覚は，個人差が大きいが，年齢によって変化する（図3-6）。これは，加齢とともに味蕾の数が減少し，味に対する感受性が低下するためである。とくに塩味に対する感度が，50歳代後半から急激に減少するので，高齢者が塩辛いものを好む傾向となる。

2）環境的要因

世界のさまざまな地域では，歴史と文化に培われながら，最適な食べ方が発達したが，風土，民族，宗教などにより，食物の嗜好性に特徴がみられる。伝承された食文化の中で，それぞれの地域に固有な食習慣があり，食習慣は人間形成に大きな影響力をもつといえる。また，室内装飾，照明，雰囲気などの食卓環境や気候は，食物の嗜好性に影響を与える。むし暑い夏でも，程よい冷房のある，心地よい食堂に入ると，急に食欲が出るなど，もてなしを含めた食事の雰囲気は，食物の嗜好性を高める。日常食の食卓は，最も大切であり，明るく清潔な食卓を演出するよう心がけ，家族の1日の疲れをいやし，明日への活力が生み出されるようにしたい。食卓を囲む雰囲気は食べ物のおいしさを左右する要因にもなるので，楽しい食事を演出する配慮が必要である。

7．官能評価

官能評価とは、人間の感覚を用いて食品の品質特性や嗜好特性を評価し、結果を統計的手法により解析して、より客観的、普遍的な判断を得ようとするものである。官能評価には、味の強さやにおいの強さなど試料の品質特性を評価・識別する分析型官能評価と、味の好みやにおいの好み、テクスチャーの好みなど試料の嗜好性を評価する嗜好型官能評価とがある。

（1）官能評価の実施法

1）パネルの選定

官能評価を行うために選ばれた検査員の集団をパネルという。パネルの選定基準としては、健康であること、食物に対する偏見がないことなどが挙げられ、年齢は18～50歳が適当であり、人数は10～30人位が一般的である。正しい評価を

するには、パネルの選定が重要であり、分析型官能評価では客観的判断が行えるような専門家や訓練を受けたパネル、嗜好型官能評価では主観的判断が行えるパネルが求められる。分析型官能評価の場合、評価法を訓練したパネルでは、試料が同じ硬さなら全員が同じような硬さであると評価するが、嗜好型官能評価の場合、試料が同じ硬さであっても、好きな人もいれば嫌いな人もあり、全員が同じ評価をするとは限らない。

2）実施環境と時間

人の判断は環境により生理的にも心理的にも影響をうけやすいので、温度（18～20℃）、湿度（50～60％）、照明などを一定にし、室内の換気をよくし、静かで落ち着いた雰囲気で検査に専念できるような環境にする。試料の温度、盛りつけ、提供法など、いずれも条件を一定にするために細かく配慮する。検査時間は、パネラーの食事の直後はさけ、午前10～12時、午後2～3時が適当である。

3）官能評価用紙

評価用紙は、官能評価の質問の意味がよく理解され、妥当な解答が得られるように、慎重に作成する。質問の用語は誰にでも理解できることが大切である。食品の品質特性の強さや好ましさの程度を測定するのに評価尺度が用いられる。

（2）官能評価の主な手法

1）2点比較法（Pair test）

2種の試料AとBを与え、味の強い方、好ましい方など設問に該当する方を選択させる方法である。試料間に客観的な差異（正解）があるときは片側検定を行い（表3－18, a-1：2点識別試験法）、客観的な差異がない場合は両側検定を行う（表3－18, a-2：2点嗜好試験法）。

2）3点識別試験法（Triangle test）

2種の試料AとBを（A, A, B）または（A, B, B）のように2つは同一である3個の試料を1組にして提示し、この中から異なる1個、または同じ2個を選択させる方法である。2種類の試料間に差があるか、またはパネルにその識別能力があるかを調べる。（表3－18, b：3点識別試験法）

3）順位法（Ranking test）

3種以上の試料を与え、その特性または嗜好について順位をつけさせる方法である（表3－19）。

表3－18　2点比較法および3点識別試験法の検定表

n	a-1 有意水準		a-2 有意水準		b 有意水準	
	5%	1%	5%	1%	5%	1%
10	9	10	9	10	7	8
11	9	10	10	11	7	8
12	10	11	10	11	8	9
13	10	12	11	12	8	9
14	11	12	12	13	9	10
15	12	13	12	13	9	10
16	12	14	13	14	10	11
17	13	14	13	15	10	11
18	13	15	14	15	10	12
19	14	15	15	16	11	12
20	15	16	15	17	11	13
21	15	17	16	17	12	13
22	16	17	17	18	12	14
23	16	18	17	19	13	14
24	17	19	18	19	13	14
25	18	19	18	20	13	15
26	18	20	19	20	14	15
27	19	20	20	21	14	16
28	19	21	20	22	15	16
29	20	22	21	22	15	17
30	20	22	21	23	16	17

n：繰返し数（パネル数）。
a-1：正解数が表の値以上のとき有意差ありと判断する。
a-2：選ばれた度数の大きいほうが表の値以上のとき有意差ありと判断する。
b：正解数が表の値以上のとき有意差ありと判断する。
資料）木戸詔子・池田ひろ『調理学』、化学同人

4) 評点法（Scoring method）

パネル自身の経験に基づいて、試料の特性の強さや好ましさについて数値尺度（表3－7）を用いて評価させる方法である。

5) SD法（Semantic differential）

試料のイメージや食物を味わった時の印象を形容詞の対からなる多数の尺度によって評価させる方法である。評価平均点を求めてプロットすることで試料のプロフィールが描かれる。

表3－19 順位法の検定表

t\n	有意水準5%				有意水準1%			
	3	4	5	6	3	4	5	6
10	11	15	20	24	13	18	23	28
11	11	16	21	26	14	19	24	30
12	12	17	22	27	15	20	26	31
13	12	18	23	28	15	21	27	32
14	13	18	24	29	16	22	28	34
15	13	19	24	30	16	22	28	35
16	14	19	25	31	17	23	30	36
17	14	20	26	32	17	24	31	37
18	15	20	26	32	18	25	31	38
19	15	21	27	33	18	25	32	39
20	15	21	28	34	19	26	33	40
21	16	22	28	35	19	27	34	41
22	16	22	29	36	20	27	35	42
23	16	23	30	37	20	28	35	43
24	17	23	30	37	21	28	36	44
25	17	24	31	38	21	29	37	45
26	17	24	32	39	22	29	38	46
27	18	25	32	40	22	30	38	47
28	18	25	33	40	22	31	39	48
29	18	26	33	41	23	31	40	48
30	19	26	34	42	23	32	40	49

t：試料数，n：繰返し数（パネル数）。
【検定方法】2つの試料iとjの順位合計の差$|R_i-R_j|$が表の値以上のとき，試料iとjのあいだに有意差ありと判断する。
資料）木戸詔子・池田ひろ『調理学』，化学同人

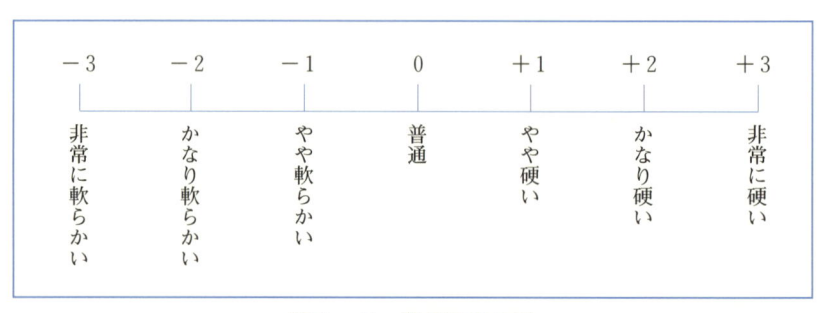

```
  -3    -2    -1    0    +1    +2    +3
  |─────|─────|─────|─────|─────|─────|
 非常  かなり  やや  普通  やや  かなり  非常
 に   軟ら   軟ら       硬い  硬い   に
 軟ら   かい   かい             硬い
 かい
```

図3－7 数値尺度の例

【管理栄養士国家試験予想問題】

問題1．味覚に関する記述である．正しいのはどれか．

  a．辛味は5種の基本味のひとつである．

  b．新生児には味の識別能がない．

  c．食塩の塩味はNa^+とCl^-への解離によって生じる．

  d．酢酸には酸味があるがリンゴ酸にはない．

  e．食酢に含まれる酢酸の含有量は約6％である．

【参考文献】

1) 山本　隆『Ajico News』No.206，2002
2) ブリアー・サヴァラン，関根・戸部訳『美味礼讃（上・下）』岩波書店，1967
3) 渋川祥子『調理科学』同文書院，1998
4) 藤沢和恵・南　廣子『現代調理学』医歯薬出版，2001
5) 高木和夫他『調理学』教育出版センター，1998
6) 小俣　靖『"美味しさ"と味覚の科学』日本工業新聞社，1986
7) 川端晶子他『調理学』建帛社，1990
8) 山本　隆『Ajico News』味の素，No.206，2002
9) 山崎清子・島田キミエ・渋川祥子・下村道子『新版　調理と理論』同文書院，2003
10) 金谷昭子他『食べ物と健康　調理学』p.203，医歯薬出版，2004
11) 亀岡　弘・古川　靖『香りと暮らし』p.6-124，裳華房，1994
12) 佐藤昌康『調理と物理・生理』朝倉書店，1972
13) 浦上智子『調理科学』理工学社，1977
14) 木戸詔子・池田ひろ『調理学』化学同人，2004

第4章

食事設計と栄養

<学習のポイント>

1. 人は,健康の保持・増進,および疾病の予防のために,食べ物を摂取する。そのためには個々人にあった適切な栄養を摂取することが大切である。その指標としての栄養必要量と食品群別摂取量について理解する。
2. 食事は,喫食する人のQOL(Quality of life 生活の質)を高めるものでなければならない。そこで,食文化や食習慣に配慮した,栄養バランスのとれた日常の食事の献立作成について学ぶ。
3. 献立作成や喫食者の栄養評価のために利用される食品成分表について理解する。
4. 個人の適性な栄養素摂取のために,献立の計画・実行・評価を通して栄養のバランスの大切さを理解するとともに,「食生活指針」,「食事バランスガイド」を実践するための献立のたて方を学ぶ。

1. 食事設計の意義

健康で心豊かに充実した生活を送るためには，毎日の食事が最も大切である。そのためには日々の食事の献立を考え，食材を購入し調理する人の役割は非常に大きい。

現在は食をとりまく社会環境も多様化し，家庭でも加工食品や既製品の利用の機会が多くなり，手づくりの味が伝承されにくい現状にある。また，食卓の環境も変化し，家族の団欒や人との交流を深める習慣も失われつつある。

食事は安全であることが最も重要であり，次に，食べる人の栄養素を過不足なく満たすことが必要である。さらに，食べておいしく，嗜好を満足させる食事であることが求められる。それらの目的達成には食事計画が必要である。

日本人の食事のとり方は，栄養的には平均して栄養必要量を満たしているが，個々人でみると栄養素の過不足が指摘され，生活習慣病が増加してきている。食事計画は正しい食生活への指針である。食べる人に最も適した栄養素の供給のためには，バランスの良い食材料を用いて料理の組み合わせを考えた食事設計が必要であり，このことは健康を保持・増進し，心豊かな人生を送るための基本でもある。また，これは生活習慣病予防の観点からも必要である。したがって，食事計画を立てる際には，喫食者の生活環境，健康状態，嗜好，年齢，性別なども充分考慮することが大切である。

2. 献立作成

豊かで食事の目的をはたす食生活のためには，日常食，特別食または行事食の献立が必要である。献立を作成する場合には，対象者の栄養必要量や嗜好，食習慣，経済などを総合的に考えることが重要である。

(1) 献立作成の条件

1) 対象者の食生活の把握

対象者の年齢，性別，嗜好，健康状態，食行動および食習慣などを把握することは，献立作成にとって，最も大切な要素である。

2) 栄養必要量―食事摂取基準を基本に―

健康な個人または集団を対象として，国民の健康の維持・増進，エネルギー・栄養素欠乏症の予防，生活習慣の予防，過剰摂取による健康障害の予防を目的として，エネルギー及び各栄養素の摂取量の基準を示した「日本人の食事摂取基準(2005年版)」が厚生労働省から公表された。使用期間は，2005年4月から2010年3月までの5年間である（表4－1，表4－2）。

2．献立作成

表4－1　エネルギーの食事摂取基準：推定エネルギー必要量（kcal/日）

年齢	男性 身体活動レベル Ⅰ	男性 身体活動レベル Ⅱ	男性 身体活動レベル Ⅲ	女性 身体活動レベル Ⅰ	女性 身体活動レベル Ⅱ	女性 身体活動レベル Ⅲ
0～5（月）　母乳栄養児	−	600	−	−	550	−
人工乳栄養児	−	650	−	−	600	−
6～11（月）	−	700	−	−	650	−
1～ 2（歳）	−	1,050	−	−	950	−
3～ 5（歳）	−	1,400	−	−	1,250	−
6～ 7（歳）	−	1,650	−	−	1,450	−
8～ 9（歳）	−	1,950	2,200	−	1,800	2,000
10～11（歳）	−	2,300	2,550	−	2,150	2,400
12～14（歳）	2,350	2,650	2,950	2,050	2,300	2,600
15～17（歳）	2,350	2,750	3,150	1,900	2,200	2,550
18～29（歳）	2,300	2,650	3,050	1,750	2,050	2,350
30～49（歳）	2,250	2,650	3,050	1,700	2,000	2,300
50～69（歳）	2,050	2,400	2,750	1,650	1,950	2,200
70以上（歳）[1]	1,600	1,850	2,100	1,350	1,550	1,750
妊　婦　　初期（付加量）				＋50	＋50	＋50
中期（付加量）				＋250	＋250	＋250
末期（付加量）				＋500	＋500	＋500
授乳婦　　　（付加量）				＋450	＋450	＋450

[1] 成人では，推定エネルギー必要量＝基礎代謝（kcal/日）×身体活動レベルとして算定した。18～69歳では，身体活動レベルはそれぞれⅠ＝1.50，Ⅱ＝1.75，Ⅲ＝2.00としたが，70歳以上では，それぞれⅠ＝1.30，Ⅱ＝1.50，Ⅲ＝1.70とした。50～69歳と70歳以上で推定エネルギー必要量に乖離があるように見えるのはこの理由によるところが大きい。

資料）厚生労働省策定　日本人の食事摂取基準（2005年版）

表4－2　身体活動レベル別にみた活動内容と活動時間の代表例（15～69歳）[1]

		低い（Ⅰ）	ふつう（Ⅱ）	高い（Ⅲ）
身体活動レベル[2]		1.50 (1.40～1.60)	1.75 (1.60～1.90)	2.00 (1.90～2.20)
日常生活の内容		生活の大部分が座位で，静的な活動が中心の場合	座位中心の仕事だが，職場内での移動や立位での作業・接客等，あるいは通勤・買物・家事，軽いスポーツ等のいずれかを含む場合	移動や立位の多い仕事への従事者。あるいは，スポーツなど余暇における活発な運動習慣をもっている場合
個々の活動の分類（時間/日）[3]	睡眠（1.0）	8	7～8	7
	座位または立位の静的な活動 (1.5：1.1～1.9)	13～14	11～12	10
	ゆっくりした歩行や家事など低強度の活動 (2.5：2.0～2.9)	1～2	3	3～4
	長時間持続可能な運動・労働など中強度の活動 (4.5：3.0～5.9)	1	2	3
	頻繁に休みが必要な運動・労働など高強度の活動 (7.0：6.0以上)	0	0	0～1

[1] Blackを参考に，特に身体活動レベル（PAL）に及ぼす職業の影響が大きいことを考慮して作成。
[2] 代表値。（　）内はおよその範囲。
[3] （　）内は，activity factor（Af：各身体活動における単位時間当たりの強度を示す値。基礎代謝の倍数で表す）（代表値：下限～上限）。

資料）厚生労働省策定　日本人の食事摂取基準（2005年版）

第4章　食事設計と栄養

表4－3　18～69歳の食品構成（2,000kcal）

栄養素等摂取量平均値	摂取量(g)	エネルギー(kcal)	タンパク質(g)	脂質(g)	炭水化物(g)	食塩相当量(g)	カリウム(mg)	カルシウム(mg)	鉄(mg)	ビタミンA(μgRE)	ビタミンB_1(mg)	ビタミンB_2(mg)	ビタミンC(mg)
穀類	470.0	830.3	15.96	4.57	174.2	0.97	179.0	43.9	0.99	4.0	0.171	0.114	0.05
いも類	60.0	40.1	0.70	0.06	9.5	0.01	184.6	11.6	0.26	0.3	0.031	0.013	7.86
砂糖・甘味料類	5.0	18.8	0.00	0.00	4.9	0.00	0.9	0.2	0.01	0.0	0.000	0.000	0.01
種実類	5.0	25.0	0.88	2.01	1.2	0.00	26.9	24.9	0.25	0.3	0.016	0.009	0.15
野菜類（計）	400.0	96.3	4.24	0.71	21.3	0.10	768.5	128.3	1.52	808.5	0.137	0.133	52.18
緑黄色野菜	140.0	40.1	2.06	0.31	8.6	0.04	366.3	62.0	0.83	782.9	0.065	0.085	26.86
その他の野菜	260.0	56.2	2.17	0.39	12.7	0.06	402.2	66.3	0.69	25.6	0.072	0.049	25.32
果実類	150.0	86.9	0.79	0.28	22.6	0.00	250.7	14.1	0.22	85.8	0.067	0.032	44.88
きのこ類	20.0	3.9	0.49	0.05	1.4	0.01	47.1	0.5	0.10	0.0	0.022	0.029	0.03
海藻類	15.0	3.5	0.44	0.06	1.2	0.22	66.7	14.5	0.30	29.4	0.008	0.019	1.12
主タンパク質類(計)	305.0	495.6	45.67	30.36	5.6	1.55	630.3	157.6	3.81	205.4	0.397	0.570	5.54
豆類	60.0	72.1	5.35	4.42	2.7	0.04	126.1	71.9	1.00	0.0	0.045	0.057	0.00
魚介類	100.0	149.6	19.16	6.45	2.3	0.98	276.3	52.8	1.07	41.6	0.089	0.156	1.12
肉類	90.0	190.5	14.11	13.92	0.5	0.35	156.8	4.8	0.74	84.9	0.230	0.136	4.43
卵類	55.0	83.4	7.05	5.56	0.2	0.19	71.0	28.2	1.00	78.8	0.033	0.221	0.00
乳類	200.0	151.7	7.53	7.86	12.4	0.34	298.0	246.3	0.11	73.3	0.074	0.304	1.48
油脂類	10.0	88.3	0.01	9.58	0.0	0.03	0.5	0.2	0.00	11.7	0.000	0.001	0.00
菓子類	25.0	84.2	1.56	2.91	12.9	0.12	42.1	12.8	0.23	16.1	0.019	0.033	0.76
嗜好飲料類	450.0	66.3	0.80	0.08	6.5	0.05	127.4	15.7	0.36	1.5	0.012	0.111	10.09
調味料・香辛料類	80.0	87.3	3.46	4.15	8.7	6.06	155.0	23.8	0.86	6.4	0.034	0.056	0.39
合計		2,078.4	82.5	62.7	282.3	9.5	2,777.7	694.5	9.0	1,242.6	1.0	1.4	124.5

資料）日本人の食事摂取基準（2005年版）の活用

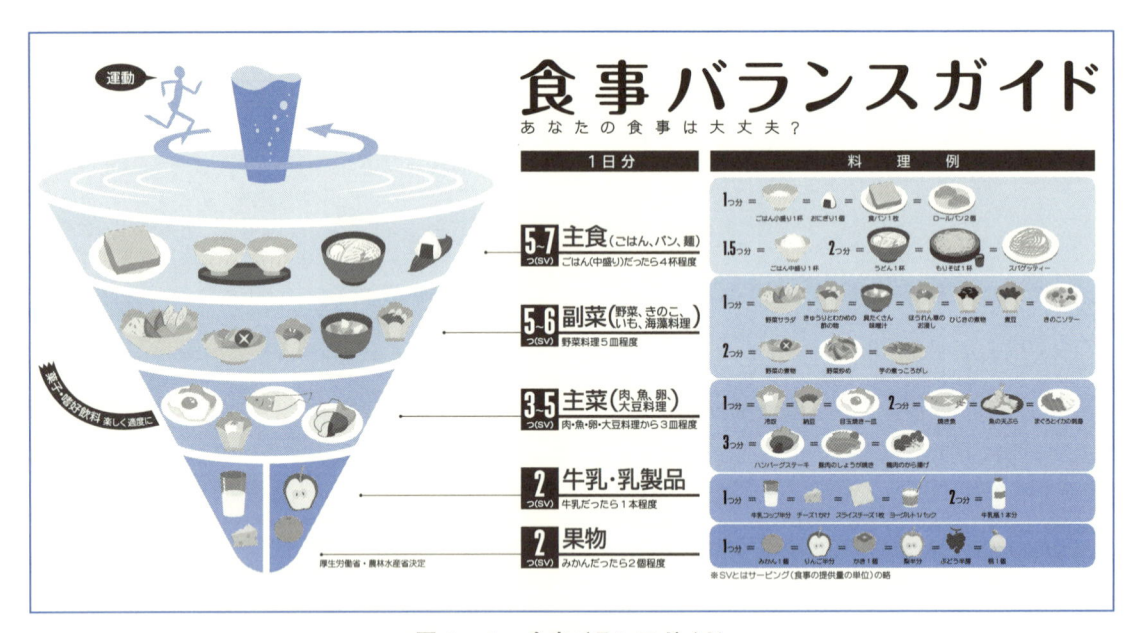

図4－1　食事バランスガイド

3）食事摂取基準に対応した食品構成

栄養必要量（食事摂取基準）を満たすために，どのような食品をどれくらいとったらよいかの目安が必要である（表4－3）。

献立作成にあたっては，日本型食生活のために，2000年（平成12）3月に「健

康づくりのための食生活指針」(表4-4)が示されているが，その内容を十分に考慮する必要がある。

さらに，2005年(平成17) 6月には厚生労働省と農林水産省は生活習慣病予防などのために，食生活指針を具体的な行動に結びつけるものとして「食事バランスガイド」を作成し発表している。これは，1日に必要な食事の摂取量とメニューが1目で分かるようになっており，大まかな食事の目安が料理の絵で把握できるようになっている(図4-1)。

表4-4 食生活指針

1. **食事を楽しみましょう**
   - 心とからだにおいしい食事を，味わって食べましょう
   - 毎日の食事で，健康寿命をのばしましょう
   - 家族の団らんや人との交流を大切に，また，食事づくりに参加しましょう
2. **1日の食事のリズムから，健やかな生活リズムを**
   - 朝食で，いきいきした1日を始めましょう
   - 夜食や間食はとりすぎないようにしましょう
   - 飲酒はほどほどにしましょう
3. **主食，主菜，副菜を基本に，食事のバランスを**
   - 多様な食品を組み合わせましょう
   - 調理方法が偏らないようにしましょう
   - 手作りと外食や加工食品・調理食品を上手に組み合わせましょう
4. **ごはんなどの穀類をしっかりと**
   - 穀類を毎日とって，糖質からのエネルギー摂取を適正に保ちましょう
   - 日本の気候・風土に適している米などの穀類を利用しましょう
5. **野菜・果物，牛乳・乳製品，豆類，魚なども組み合わせて**
   - たっぷり野菜と毎日の果物で，ビタミン，ミネラル，食物繊維をとりましょう
   - 牛乳・乳製品，緑黄色野菜，豆類，小魚などで，カルシウムを十分とりましょう
6. **食塩や脂肪は控えめに**
   - 塩辛い食品を控えめに，食塩は1日10g未満にしましょう
   - 脂肪のとりすぎをやめ，動物，植物，魚由来の脂肪をバランスよくとりましょう
   - 栄養成分表示を見て，食品や外食を選ぶ習慣を身につけましょう
7. **適正体重を知り，日々の活動に見合った食事を**
   - 太ってきたかなと感じたら，体重を量りましょう
   - 普段から意識して身体を動かすようにしましょう
   - 美しさは健康から。無理な減量はやめましょう
   - しっかりかんで，ゆっくり食べましょう
8. **食文化や地域の産物を活かし，ときには新しい料理も**
   - 地域の産物や旬の素材を使うとともに，行事食を取り入れながら，自然の恵みや四季の変化を楽しみましょう
   - 食文化を大切にして，日々の食生活に活かしましょう
   - 食材に関する知識や料理技術を身につけましょう
   - ときには新しい料理を作ってみましょう
9. **調理や保存を上手にして無駄や廃棄を少なく**
   - 買いすぎ，作りすぎに注意して，食べ残しのない適量を心がけましょう
   - 賞味期限や消費期限を考えて利用しましょう
   - 定期的に冷蔵庫の中身や家庭内の食材を点検し，献立を工夫して食べましょう
10. **自分の食生活を見直してみましょう**
    - 自分の健康目標をつくり，食生活を点検する習慣をもちましょう
    - 家族や仲間と，食生活を考えたり，話し合ったりしてみましょう
    - 学校や家庭で食生活の正しい理解や望ましい習慣を身につけましょう
    - 子どものころから，食生活を大切にしましょう

2000(平成12)年3月　文部省・厚生省・農林水産省決定

4）食品成分表の理解

①五訂増補日本食品成分表

食事設計をするためには，適切な栄養素量の算出が必要であり，その算出には食品成分表が用いられる。一般家庭における日常食，学校給食・病院給食などの給食管理などで，献立を作成したり，作成した献立の栄養価の計算をする場合に，食品成分表が使用される。五訂増補食品成分表収載の食品は1,878品目で，それは18食品群に分類され，その成分値は可食部100g当たりの数値で示されている。

食品成分表は，国民の健康保持・増進，食料の安定供給確保の計画の策定などのために，食品の成分に関する基礎データを提供することを目的として，文部科学省科学技術・学術審議会資源調査分科会が公表している。

日本食品標準成分表は，1950（昭和25）年に初めて公表され，5回の改訂を行った五訂日本食品成分表を増補した五訂増補日本食品標準成分表が2005年に刊行された。

②成分表の活用

食品成分表には素材としての食品および「調理した食品」が収載され、18の食品群に分類されている。その食品群の配列は植物性食品、動物性食品、加工食品の順となっており、収載食品に5桁の食品番号がつけられ、初めの2桁の数字は食品群（18群）を表し、次の3桁の数字は小分類または細分を表している。

ほとんどの食品はいろいろな調理操作を経て摂取されることが多く、調理操作によって食品中の成分の溶出や変化が起こったり、食品の重量が変わったりすることがある。この場合の食品重量の変化を重量変化率として示している。また、栄養価計算を行う場合は次式により、調理された食品全重量に対する成分量を求めることができる。

$$\text{調理された食品全重量に対する成分量} = \text{調理した食品の成分値} \times \frac{\text{調理前の可食部重量(g)}}{100(g)} \times \frac{\text{重量変化率(\%)}}{100}$$

調理に使用する食材は廃棄部分を含めて算出されており、食品の廃棄部位は備考欄に示されている。また、次式より廃棄部分を含めた原材料重量を求めることができる。

$$\text{廃棄部を含めた原材料重量(g)} = \frac{\text{調理前の可食部重量(g)} \times 100}{100 - \text{廃棄率(\%)}}$$

5）食品購入

献立に使用する食材は数千種類と多い。生鮮食品などは季節や入荷量，天候などの影響も受けるが，流通の発達している日本の現状では，経済的に可能であれば，希望にそったものを入手することが可能になることが多い。とくに生鮮食品を生もの調理に利用する場合は，鮮度に十分注意するなど食材の鮮度を考慮した

食品成分表
食品の成分に関する基礎データを提供することを目的としている。
1950（昭和25）年に初めて公表後，1982年に四訂日本食品標準成分表が刊行された。さらに，四訂日本食品標準成分表のフォローアップ調査とした。
1986年：改訂日本食品アミノ酸組成表
1989年：日本食品脂溶性成分表
1991年：日本食品無機質成分表
1992年：日本食品食物繊維成分表
1993年：日本食品ビタミンD成分表
1995年：日本食品ビタミンK，B_6，B_{12}成分表
2000年：五訂日本食品標準成分表
2005年：五訂増補日本食品標準成分表

献立を立てる必要がある。

　食品の購入には、安全性、保存期間、賞味期限などを考慮して計画的に取り組むことが大切である。具体的には、食品の種類、家庭の冷蔵庫の大きさや貯蔵する場所、家族構成、食料品店が近くにあるかなどである。近年は、共働き家庭が増加していることから、食品の購入は1週間単位でまとめて購入する傾向も多くなってきている。

　購入した食品は、とくに生鮮食品の場合、鮮度を保ち栄養効率よく料理に使用することができるように、各々の食品に応じた保存をすることが重要である。魚や肉などは冷蔵庫のパーシャル（−3℃前後）で保存したり、生鮮野菜は野菜室に立てて保存すると良いといわれている。加工食品は、表示された保存法や賞味期限を見て保存すると良い。穀物についても、衛生的配慮のもとに、保存されることが大切である。

6）経済性

　安全でおいしい食事を考える要素として、収入に対する食費の問題を抜きにすることはできない。経済状況がきびしい現状では、家庭の収入に応じた食費のなかで、栄養のバランスを考慮のうえ、市場価格などの情報収集をして、効率よく食品を購入することが大切である。

7）調理時間と調理作業

　おいしい食事を作るためには、調理する場所、調理設備、調理時間、労力が必要である。調理はこれらを総合的に活用して効率良く行われなければならない。

　調理者が単身者の場合は、作業手順を考え、無駄な手順を省くことにより時間短縮を計ることができる。家族の協力が得られる場合には、作業を分担することで作業効率を高めることができる。日常的に時間のとれない調理者は、食品の下処理後冷凍保存をするなどで、調理時間の短縮を計ることができ、食卓を豊かにすることができる。

8）衛生管理と食卓環境・料理のおいしさ

　調理者には安全で衛生管理に配慮したうえで、食材を生かした料理のおいしさに重点をおいて調理することが求められる。さらに食べる側にとっては、盛りつけや食器のセッティングなど、食卓の環境が整っていることが、心理的に満たされることにつながり、満足感が得られるものである。清潔で明るい食卓の演出は食事計画の中でも大切な要素である。

　食欲をそそり食べておいしい料理は、食事への満足感を高めるものである。食物の味の好みは個々人によって異なるが、「おいしい」と感じて食べる背景には多くの要因が複雑にからみあっている。また、日常は「おいしい」と感じているものでも、その時の健康状態や心理状態によって異なってくる。食べ物の好みは、一般的に幼少の頃からの食経験、食習慣が背景になっている場合が多い。したがって家庭での子どもの頃からの食習慣が大切である。

3. 献立作成の実際

(1) 献立作成の手順

1) 喫食者の必要栄養量が満たされている

栄養必要量からみた食品構成は，1日単位として示されている。献立も1日単位で考えることで，栄養バランスがとりやすく，献立の重複をさけ食卓にうるおいを与え，喫食者の満足感が得られやすい。

2) 主食，主菜，副菜がそろっていて，1日3食，朝・昼・夜のバランスが適切である

献立は主食を決めることで，主菜が決めやすくなる。主食の主材料は穀物で，主に米，パン，めん類が用いられる。1食に必要なエネルギー量の約1/2を主食でまかなうことが目安となる。主菜は副食の中心となるもので，主材料は魚，肉，卵，大豆製品などである。主材料に数種類の食品を組み合わせる調理法としては，生，煮る，焼くなどがあるが，主食との調和が大切である。また，主菜の次には主菜と調和した副菜を考える。副菜の主材料は，野菜類，いも類である。これらは，主菜に不足しがちなビタミン，ミネラル，食物繊維の摂取に役立つものである。また，これらの材料は素材の色を効率よく利用して，盛りつけの色彩に変化をあたえることができ，食卓に楽しさを与えるのに役立つ。副菜のほか，水分の多いものとしては汁物や飲みもの，デザートを加えることで一層食卓が豊かになる。

3) 喫食者の嗜好が考慮された，満足感のある料理の組み合わせである

喫食者の嗜好を重視しながら，健

表4-5　18-69歳の食品構成(2,000kcal)

食品群	摂取量(g)
穀類	470
いも類	60
砂糖・甘味料類	5
種実類	5
緑黄色野菜	140
その他の野菜	260
果実類	150
きのこ類	20
海藻類	15
豆類	60
魚介類	100
肉類	90
卵類	55
乳類	200
油脂類	10
菓子類	25
嗜好飲料	450
調味料・香辛料	80

表4-6　献立例

	献立名	食品名	分量
朝食	パン	ロールパン	90g
		ジャム	20g
	野菜サラダ	ブロッコリー	50g
		きゅうり	30g
		キャベツ	20g
		トマト	50g
		ゆで卵	1/2個
		ノンオイルドレッシング	10g
	スープ	きのこ	5g
		生ワカメ	5g
		にんじん	10g
		固形コンソメ	1/2個
	牛乳	牛乳	200cc
昼食	スパゲティミートソース	スパゲティ	80g
		ひき肉	40g
		たまねぎ	50g
		にんじん	20g
		なす	50g
		油	10cc
	ハムと野菜のピーナツ風味	ハム	20g
		シーチキン	20g
		たまねぎ	10g
		コーン	10g
		レタス	20g
		ノンオイルドレッシング	10g
		ピーナツ	5g
	フルーツヨーグルト	ヨーグルト	100g
		リンゴ	40g
		キウイ	30g
間食	ホットケーキ	小麦粉	50g
		卵	1/2個
		バター	10g
		はちみつ	5g
	紅茶	紅茶	5g
夕食	白飯	米	80g
	タラちり鍋	タラ	70g
		鶏肉	30g
		かまぼこ	30g
		白菜	60g
		にんじん	10g
		豆腐	60g
		ねぎ	20g
		まいたけ	20g
		生ワカメ	10g
		ぽん酢	30cc
	さつまいものレモン煮	さつまいも	60g
		レモン	10g
		砂糖	8g
		ごま	1g
	果物	みかん	80g

康への配慮も充分考えた内容が大切である。

4）季節感や経済性が配慮されている

新鮮な食材を献立に利用することは，栄養面からも効果的である。一般的に旬の食材は経済的にも入手しやすいことが多い。

5）食材の扱いや調理が衛生的に配慮されている

献立作成にあたっては，食材の状態（鮮度など）や成分によって，適した扱いをすることで，食中毒予防の効果がある。とくに生ものは温度管理が重要である。

6）味，調理法が重複せず，合理的に調理できる組み合わせである

喫食者にとって，調理法に変化があり，さらに味が重複しないことは，心理的にも満たされる。現在は加工食品，既製品も多く入手できる環境にあるが，工夫次第で加工食品などを生かした料理の組み合わせをすることにより，調理時間の短縮を計ることもできる。

（2）日常食の献立

日常食の献立を作成するには食品構成（表4-5）を利用することで，簡便でかつ栄養素をバランスよく摂取することが可能になる。日常の20歳代1日の献立例を表4-6に示した。

さらに，献立作成や摂取食品の把握を簡便にするために18食品群を栄養成分の似ているものに分類した食品群が考案され，活用されている。その主なものは，三色食品群，4つの食品群，六つの基礎食品群である。これらの基礎食品の組み合わせ

表4-7　三色食品群

赤　群	黄　群	緑　群
魚・肉・豆類・乳・卵	穀物・砂糖・油脂・いも類	緑色野菜・淡色野菜・海藻・きのこ
たんぱく質/脂質/ビタミンB/カルシウム	炭水化物/ビタミンA，D/ビタミンB_1/脂質	カロテン/ビタミンC/カルシウム/ヨード
血や肉をつくるもの	力や体温となるもの	からだの調子をよくするもの

表4-8　4つの食品群

1日20点の基本パターン（生活活動強度Ⅱ　女子18～29歳）			
第1群	第2群	第3群	第4群
栄養を完全にする	肉や血をつくる	からだの調子をよくする	力や体温となる
良質たんぱく質，脂質，ビタミンA，ビタミンB_1，B_2，カルシウム	良質たんぱく質，脂質，カルシウム，ビタミンA，ビタミンB_2	ビタミンA，カロテン，ビタミンC，ミネラル，繊維	糖質，たんぱく質，脂質
乳・乳製品　2点 卵　　　　　1点	魚介・肉　　2点 豆・豆製品　1点	野菜*　1点 いも　1点 果物　1点	穀物　8点 砂糖　1点 油脂　2点

＊緑黄色野菜・淡色野菜・きのこ類・海藻類を含む
資料）『食品成分表　2003年版』女子栄養大学出版

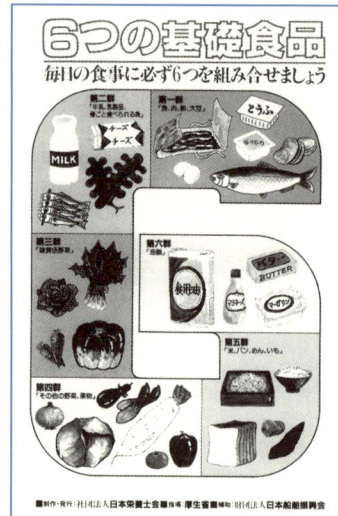

群	栄養素	食品	働き
1群	たんぱく質 脂肪，ビタミンB_2	魚・肉・卵・大豆・大豆製品	骨や筋肉などをつくる エネルギー源となる
2群	無機質（カルシウム） たんぱく質，ビタミンB_2	牛乳・乳製品・海藻・小魚類	骨・歯をつくる からだの各機能を調節
3群	カロテン 無機質，ビタミンC	緑黄色野菜	皮膚や粘膜の保護 からだの各機能を調節
4群	ビタミンC 無機質	淡色野菜・果物	からだの各機能を調節
5群	炭水化物 ビタミンB_1	穀類・いも類・砂糖	エネルギー源となる からだの各機能を調節
6群	脂肪 ビタミンA，ビタミンD	油脂類・脂肪の多い食品	エネルギー源となる

図4-2　六つの基礎食品群

により，栄養必要量に見合う献立を簡単につくることができる（表4-7，表4-8，図4-2）。

4．供応食の献立

　核家族化が定着し高齢化が進み，1人暮し世帯が増加している日本では，家庭に人を招いて食事をする機会が減少してきている。しかし，食事を通して他者との心の交流の場を得ることは，食べることの重要な目的でもある。客を招いて食事をすることにも大きな役割がある。
　どのような目的で客を招くかによって，食事の献立は変わってくるが，予算，調理時間などを考慮して，主食を決め無理のない組み合わせを考える必要がある。

表4-9　西洋料理の献立構成と内容

構成	フランス語	英語	内容
前菜	Hors d'oeuvre	Appetizer	食欲増進のために食事の前に供される
スープ	Potage	Soup	食事の初めに必ず供される。澄んだもの，クリームタイプがある つぎに供される料理との調和に配慮する
魚料理	Poisson	Fish	魚介類がさまざまな調理法で供される
肉料理	Entr'ee	Meat	肉類の料理で献立のクライマックスとなる。数種の野菜を添える
蒸し焼き料理	Roti	Roast	主として鶏肉の蒸し焼き料理に野菜を添える。省略されることが多い
野菜料理	Le'gumes	Vegetable	野菜料理として供されることもあるが，付け合わせとして温野菜が供されることが多いので，サラダとして生野菜が主に供される
甘味料理	Entremets	Dessert	食後の菓子。温菓（スフレ，プディングなど），冷菓（ババロアなど），氷菓（アイスクリーム，シャーベットなど）
果物	Fruit	Fruit	季節の果物
コーヒー	Café	Coffee	デミタスコーヒー（普通のカップの2分の1の大きさ）

4．供応食の献立

表4-10　中国料理の献立構成と内容

構成	調理法	内　容
前菜	冷葷	冷たい前菜で，偶数の品数で4種類くらいが普通である
	熱葷	揚げ物，炒めものが多いが小さい器に盛り合わせる
大菜	炒菜	炒め物料理。動物性食品と野菜を使用し，強火で調理する 栄養バランスよく経済的である
	炸菜	揚げ物料理（から揚げ，素揚げ，衣揚げなど）
	蒸菜	蒸し物料理（強火短時間と中火長時間で蒸すもの，器のままチョンロンで蒸すものもある。うま味が逃げない）
	溜菜	あんかけ料理。水溶片栗粉でとろみをつけるため，料理が滑らかで，冷めにくい
	煨菜	煮込み料理。とろ火で時間をかけて煮込む紅煨（しょうゆ味）など
	烤菜	直火焼き料理。鴨や小豚の丸焼きなどがある
	拌菜	酢の物，和え物料理。材料はゆでたり，炒めたり，生のものを使用する
	湯菜	スープ料理。澄んだスープ，とろみを付けたスープなどがある
点心	塩味 甘味	塩味（鹹点心）：麺，飯，粉を用いた料理と甘味（甜点心）：包子がある。軽い食事となる 菓子やデザート

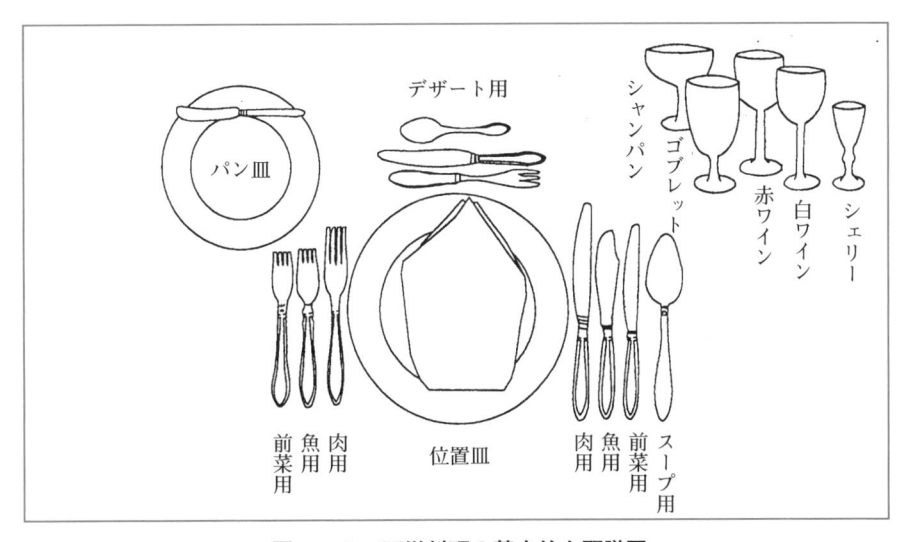

図4-3　西洋料理の基本的な配膳図

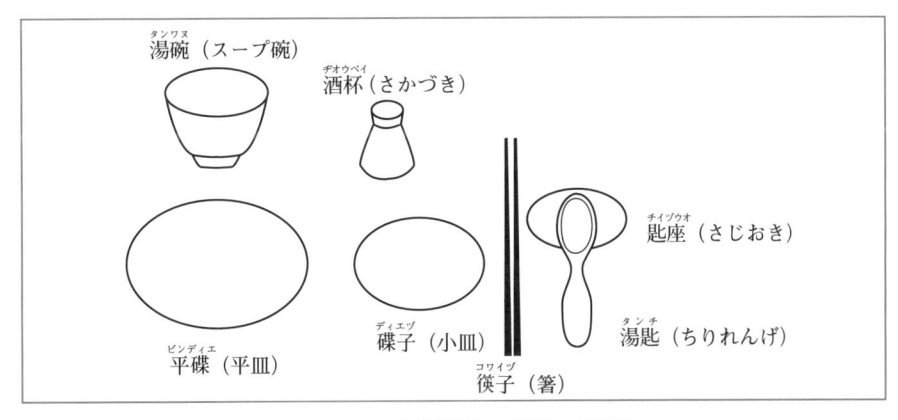

図4-4　中国料理の一般的な配置図

5. 行 事 食

表4－11 日本の行事食

年中行事	料理例
正　月	雑煮，田づくり，黒豆，かずのこ，その他のおせち料理
節　分	炒り豆，のり巻き，いわし
初　午	いなりずし
ひな節句	ひしもち，ひなあられ，白酒，はまぐり，ばらずし
端午の節句	ちまき，かしわもち，たいかぶと煮
七　夕	そうめん
お　盆	ずいき，高野豆腐，しいたけなど精進煮
お月見	月見だんご，さといも，くり，枝豆
お彼岸	おはぎ（ぼたもち），彼岸だんご，精進料理
冬　至	かぼちゃ，ゆず
大晦日	年越しそば

資料）金谷昭子他編『調理学』医歯薬出版，1990

日常食の「ケの食事」に対して，「ハレの食事」として行事食がある。しかし，近年は家庭で四季折々の行事食を作る機会が減少してきている。日本の伝統の行事食はいろいろなものがあるが（表4－11），生活様式の変化といつでも食べ物が購入できる社会状況の影響もあり，行事食が忘れられつつあるのが現状である。行事食は地域の豊かな文化遺産でもある。家庭のみでなく，社会の中でも行事食を見直し，食文化として伝承していってほしいものである。

【管理栄養士国家試験予想問題】

問題1．献立構成に関する記述である。誤っているのはどれか。

 a. 給与栄養量は日差を考慮して7から10日間の平均値で評価し，各栄養素の変動は±10％程度であるのがよい。

 b. 食事計画に基づいた料理の組合せは，主食，主菜，副菜のバランスも大切であるが，毎日嗜好にあった献立を考える方が，栄養的に偏りが少ない。

 c. 献立は，調理作業の効率化も視野に入れて調理法や作業手順なども明確に記載するのがよい。

 d. 日常の家庭の食事は中食化や高級化が進んでいる。

 e. 献立は，栄養量の充足や適正なPFC比・食材料費，味や盛りつけなどのほか，喫食者の満足度が高められることが大切である。

問題2．食事摂取基準と食事バランスガイドについての記述である。正しいものを2つ選びなさい。

 a．食事摂取基準は健康な個人または集団を対象として，国民の健康の維持・増進，エネルギー・栄養素欠乏症の予防，糖尿病の予防，過剰摂取による健康障害の予防を目的として，エネルギーおよび各栄養素の摂取量の基準を示したものである。

 b．生活習慣病の一次予防を特に重視し，これに対応するために，「目標量」という新しい指標を導入した。

 c．対象者には，何らかの軽度な疾患を有していても自由な日常生活を営み，当該疾患に特有の食事指導，食事療法，食事制限が適用されたり，推奨されたりしていない者を含む。

 d．摂取源は，食事として経口摂取されるもの（健康増進の目的で摂取されるサプリメント等は含まない）に含まれるエネルギーと栄養素。

 e．食事バランスガイドのコマのイラストの1番上の料理例は主菜である。

【参考文献】
1) 第一出版編集部編『日本人の食事摂取基準（2005年版）』第一出版，2005
2) 山本茂・由田克士編『日本人の食事摂取基準（2005年版）の活用』第一出版，2005
3) 金谷昭子他『調理学』医歯薬出版，1990
4) 文部科学省科学技術・学術審議会資源調査分科会編『五訂増補　日本食品標準成分表』独立行政法人 国立印刷局，2005

第 5 章

調理操作

＜学習のポイント＞

　食材を調理しておいしい食物にするためには，適切な調理操作が求められる。この章では調理操作を非加熱調理操作と加熱調理操作に分けて解説する。

1．非加熱調理操作は，下ごしらえや中間的な操作から仕上げまでの過程における複数の操作をいう。この章では非加熱調理操作にかかわる手法（技術）の基本的な理論を習得し，操作の過程において生じる食品の形状，組織，物性，成分などの変化を理解する。さまざまな法則性を見い出し，科学的に解明することにより，再現性のよい調理操作の理論と技術を身につけ，実際の調理に応用，展開できるようにする。

2．加熱調理操作は調理の中心的役割をもつ調理操作である。この章では加熱調理操作の分類（湿式加熱，乾式加熱，誘電加熱，誘導加熱），種類（ゆでる，煮る，蒸す，炊く，焼く，炒める，揚げる，電子レンジ加熱，電磁調理器加熱），それらの目的，特徴，方法について理論づけ，調理器具の機能，新しい調理器（電子レンジ，電磁調理器）の加熱の原理，鍋の材質を理解し，料理に合った器具を選び，食材の特性に合わせて加熱調理が適切に行えるように調理理論を学ぶ。

第5章 調理操作

1. 調理操作の分類

　調理操作とは，食品材料の栄養効率を高め，おいしく，しかも衛生上安全に食べ物を調整することを目的として，それらの調理過程に加えられる種々の操作をいう。

　食品を洗い，程よく水分を調整し，形よく適切に刃を入れることにより，食べやすさ，瑞々しさ，歯切れのよさが増し，おいしさが高められる。そして食品を加熱することにより，適度の軟らかさとなり食べやすく，しかも消化吸収がよくなる。さらに，食べ物をよりおいしくするために，調味料を加えて味を整える。これらの操作のなかで，食品は物理的，化学的，組織的な変化を受け，新しい味やテクスチャーが作りだされる。このように，調理操作は食べ物のおいしさや栄養面に大きく影響している（34頁「（1）テクスチャー」を参照）。

　これまでの科学的に解明された調理の理論を理解し，多くの知識を身につけ，理論に基づいた科学的な操作を行うことにより，再現性のある調理操作が可能となるのである。

　これらの操作を大別すると，非加熱調理操作（機械的調理操作），加熱調理操作，調味操作に分類される。

表5-1　調理操作の分類

分　類	種　　類	
非加熱調理操作	計量 洗浄 浸漬 切砕 粉砕・磨砕 混合・攪拌 圧搾・ろ過 冷却・冷蔵・冷凍 解凍	重量　容量　体積　温度　時間 洗う もどす　さらす　浸す 切る　削る　むく　そぐ 砕く　すりおろす　裏ごす　つぶす 混ぜる　こねる　ねる　和える　泡立てる 押す　絞る　握る　漉す 冷ます　冷やす　凍らせる 解凍
加熱調理操作	湿式加熱 乾式加熱 誘電誘導加熱	ゆでる　煮る　蒸す　炊く 焼く　炒める　揚げる
調味操作	うま味成分抽出 調味	だしをとる 浸透　拡散　まぶす

2. 非加熱調理操作

（1）計　量

　調理をおいしく，無駄なく行うためには，各々の操作過程を正確に捉え，標準化することが必要であり，その基本となるのが計量である。食品材料の重量や容量を計測し，その量に応じた調味料を割り出し計量する。さらに，操作過程での

重量の変化，調理温度，加熱時間などを計測することにより，効率的でしかも再現性のある調理を行うことが可能となる。

① 重量計器　秤（はかり）には自動秤，台秤，上皿天秤，電子天秤などがある。測定の前に，秤量（測定可能の最大量）と感量（測定可能の最小量）を確認して用いる。

② 容量計器　計量カップ（200ml），メジャーカップ（500ml，1,000ml），計量スプーン（大さじ15ml，小さじ5 ml）が用いられる。重量計器ほど正確ではないが，簡便である。

③ 温 度 計　棒状温度計（アルコール温度計　水銀温度計），熱電対温度計サーミスターなどがある。

④ 時　　計　作業場所の見やすい壁面に時計を掛ける。さらにタイマー（タイムスイッチ）を利用して調理時間を管理する。

（2）洗　　浄

洗浄とは，食物として食べるうえで不都合なものを除くことであり，調理の最初に行われる基本的な操作である。

〔目　的〕

① 有害物や汚物を除去する。（有害細菌，農薬，土砂，ごみ，昆虫卵など）

② 悪臭のある部分を除去する。（臓物，血液）

③ 不消化部分を除去する。（骨，皮，筋，種）

④ 不快味を除去する。（苦み，えぐみ，塩辛み）

〔洗 浄 水〕

洗浄水は基本的には真水であるが，その他に冷水，温湯，熱湯，食塩水（1～3％），酢水（5～10％），洗剤水（0.2～0.5％）を用いる。特に洗剤を使う場合は，使用後の水洗いにより洗剤が食品に残留しないよう，使用濃度に留意する。食品の種類や状態，目的に応じて，洗浄水を使い分けるようにする。

〔各食品の洗い方〕

1）魚 介 類

魚類は冷たい流水で丸洗いし，体表面に付着している有害微生物や魚臭を除く。次にうろこ，えら，内臓を取りのぞき，流水で血液をていねいに洗い流す。切り身にした後はうま味成分が流出するので洗わない。貝類は，海水とほぼ同濃度の食塩水（2～3％）につけ，暗いところに置いて砂をはかせたのち，貝の表面をこすり洗いする。貝のむき身はざるに入れ，2～3％の食塩水中で振り洗いをして，汚れや臭みを除いたのち真水洗いをする。かきはこの方法のほかに，大根おろしをまぶして汚れやぬめりをおろしに吸着させ，その後おろしを洗い流す方法もある。たこ，あわび，なまこなど摩擦による組織の損傷の少ない魚介類は，食塩をつけてよくこすり，表皮のぬめりや付着物を取りのぞく。

2）食 肉 類

肉の切り身はほとんど洗うことはない。内臓や鶏骨は臭み抜き，血抜きのため

流水につけながら洗う。酢水につけて洗うと臭みがぬけやすい。

3）野菜類

根菜類，いも類は土や泥を落としてから流水でこすり洗いをする。皮つきのまま食べる果菜類，果実類は，表皮に農薬が付着しているので，洗剤液中でていねいにこすり洗いをする。葉菜類は購入後束をほどいて水揚げをし，葉が充分に開いてから，葉や茎の間に流水を注ぎこみ，振り洗いをする。

4）白米

米の洗い方と食味の関係や水溶性成分の流出については，多くの研究報告がある。強く洗うと，こめは砕けやすくなり，ビタミン，ミネラルの溶出はさけられない。しかし，ぬか臭がなく，光沢があり，おいしい炊き上がりの飯にするには，とぎ洗いを3回おこない，白いにごりがなくなるまで水を換えながら洗い流した方がよい。近年，糠層を取りのぞいた洗う必要のない無洗米が市販されている。これは光沢があり，おいしく炊き上がるので，今後の普及が期待される。

5）豆類

乾燥した豆類は水を加えてかき混ぜ，そのまま短時間放置すると虫食いやしいなは浮き，石や砂は沈む。比重の違いを利用してゆすり洗いをする。

（3）浸漬

浸漬とは，食品を水または各種浸漬液につけることにより，水分または溶液の浸透と食品成分の溶出が起こる現象を利用した操作で，食品の風味，テクスチャー，香りを改善し，嗜好性を高める。食品の種類や状態に合わせて浸漬液を選択し，適切な濃度，温度，浸漬時間に留意し，最適条件で行わねばならない。不適切な浸漬は栄養成分やうま味成分の損失をともない，形状およびテクスチャーを損ねることもある。調理における浸漬の目的と主な食品を表5－2に示した。

1）吸水・膨潤

穀類，豆類の乾燥食品や動植物性の乾物は，加熱前に充分吸水，膨潤させて用いる。米は，常温では30～60分の水浸漬が必要であり，充分に吸水することにより，熱伝導がよくなり，でんぷんの糊化が早められる。干ししいたけや貝柱，干しえびは水浸するとうま味成分が溶出するので，もどし汁はだし汁として利用したい。使用まで時間がある時は，冷水で，しかも低温（冷蔵庫内で）で戻した方が，うま味成分の溶出が少ない。寒天やゼラチンは吸水，膨潤することにより均一に溶解しやすくなる。大豆は種皮や組織が硬く，吸水，膨潤に長時間を要する。大豆たんぱく質のグリシニンは中性塩溶液に可溶であることを利用して，1％食塩水に5～8時間浸漬し，80％以上の吸水状態で加熱すると，加熱時の軟化が早い。0.3％の重曹水を用いると，大豆のたんぱく質は早く軟化するが，ビタミンB_1の損失が大きく，味は悪くなる。小豆は種皮が厚く硬いので吸水に10時間以上を要し，特に夏期は浸漬液が変質しやすい。さらに皮と子葉部の膨潤度が異なるため胴割れを起こしやすい。これらのことから，小豆は浸漬せずにそのまま加熱する。

無洗米
精米の過程で米の表面に付着するぬか層を除去した米で，洗米せずに用いることができる。とぐ手間が省けることが最大の利点であり，さらにとぎ汁がでないため台所排水による環境汚染防止の点からも評価されている。ぬかの除去法にはBG（Bran Grind）法，ブラッシング法，遠心分離機で洗米しながら糠粉層を剥離する方法などがある。

しいな（粃，秕）
殻ばかりで実のない籾（もみ）。また，果実，種子が実らないでしなびたものをいう。しいなし，しいなせ，しいら，しいだともいう。

表5－2　調理における浸漬の目的と主な食品

目的	浸漬液	主な食品
吸水・膨潤	水 水または温水 食塩水（1％）	米 植物性乾燥食品（干ししいたけ　切干大根　高野豆腐　かんぴょう　海草　寒天） 動物性乾燥食品（貝柱　干しえび　干し魚　干しなまこ　干し鮑　ゼラチン） 大豆
不要成分の除去 塩出し 血抜き あく抜き 脱臭	水 食塩水（1％） 食塩水（3％） 酢水（1～3％） 重曹水（0.2％以下） 灰汁（灰10％の上澄液） 米のとぎ汁・ぬか水（10％） 牛乳	不味成分（えぐ味　渋み　苦み）を含む食品 臓物類 塩蔵食品 貝類の砂出し ごぼう　れんこん　うど 大豆　わらび　ぜんまい わらび　ぜんまい 干し魚　かずのこ　たけのこ レバー　魚
褐変防止	水 食塩水（1％） 酢水（1～3％） 砂糖水（10％） レモン汁	じゃがいも　なす 果物　いも類 ごぼう　れんこん　うど 果物 バナナ
うま味成分の溶出	水または沸騰水	こんぶ　煮干し　かつお節　鶏骨　豚骨
調味液の浸透	食塩（1～3％） 調味料	下処理として立て塩につける　即席漬け 魚肉・食肉の下味つけ おひたし　煮豆　マリネ 青煮（さやえんどう　さやいんげん） 白煮（うど　れんこん）
テクスチャーの改善・向上	冷水 重曹水(0.2％以下) 明礬水（1％）	生食用野菜　さしみのけん　ゆでた麺類 大豆　わらび　ぜんまい さつまいも　くり　ゆり根
鮮度保持 保存性の向上	水 水 食塩水（3～30％） 高濃度の砂糖水 高濃度の酢水 酒 油	野菜類 餅 塩蔵食品 果物・くりなどのシロップ漬け ピクルス　しめ鯖 果実酒 魚介オイル漬け

いずれの場合においても，浸漬液の温度が高いほど吸水は早く進み，成分の溶出は多くなる。食品の組織や成分に変化を起こさない程度に浸漬液の温度を管理し，効率的な浸漬を行う必要がある。

2）不要成分の除去

食品に含まれる不味成分（えぐ味，苦み，渋み，余分の塩分）や不要部分（血液，砂，土），不快臭などを除くために，食品に合わせて種々の浸漬液を用いる。あく成分（アルカリ性無機塩類，アルカロイド，有機塩類，ポリフェノールなど）は水溶性のものが多いので水につけることが基本であるが，食品によっては酢水，灰汁，米のとぎ汁，ぬか汁などにつけてあく成分を溶出させる。

あくの強い山菜は重曹水や灰汁にさらすと組織が軟化し，あく成分が出やすく，

> **あく**
> あくとは，えぐ味，苦み，渋み，などの呈味成分（ホモゲンチジン酸，シュウ酸，タンニン，無機塩類など）のほか，調理上好ましくない成分（悪臭成分，褐変成分，有毒成分など）を総称したものである。

鮮やかな緑色を保つ。身欠きにしんや棒だらなどの干し魚は，脂肪の酸化によって遊離脂肪酸が生じ独特の渋みを持つことがあるが，灰汁などアルカリ性の液に浸漬すると遊離脂肪酸がケン化されて渋みを除去することができる。塩蔵食品から余分の塩分を除く場合は，真水に浸漬するよりは1％の食塩水に浸し，徐々に塩分を溶出させてうま味の損失を防ぐようにする。不快臭をもつ魚類やレバーは牛乳に10分程度浸すと，生臭みが除かれる。これは，牛乳中にコロイド粒子として分散しているカゼインミセルや脂肪球が不快臭を吸着することを利用している。

あく抜き操作により嗜好性は向上するが，一方で有効な水溶性成分の溶出も多くなる。食品の風味，特徴を失わないよう留意する。

3）褐変防止

野菜や果物，いも類の中には皮をむいたり切った後，そのまま空気中に放置すると褐色に変色するものがある。これは食品中に含まれるポリフェノール物質が，酸化酵素（ポリフェノールオキシダーゼ）の作用をうけて酸化され，褐色の物質（メラニン）を生成するためである。したがって，褐変現象を抑制するには，① 酵素および基質の除去，② 酵素作用の抑制または失活，③ 酸素を遮断する方法をとるとよい。つまり，ポリフェノール物質，酸化酵素はどちらも水溶性であるため，浸水することにより褐変化を防ぐことができる。また，酵素の作用は酸性下（pH 3～4）で抑制または失活するので，酢水につけるのもよい。食塩水も酵素作用を抑制する。高濃度の砂糖水やシロップには酸素が溶け込みにくいので，果物はシロップにつけるとよい。一度褐変したものは還元剤（アスコルビン酸）を加えると褐変は消失し，もとにもどる。

4）うま味成分の溶出

低温でうま味のでるこんぶや煮干し，削ったかつおぶしを水に浸漬してとるつけだし汁や水だし汁は，くせがなく上品な味わいが得られる。また，あらかじめ水に浸漬してから加熱してだしをとると，うま味が出やすい。

5）調味液の浸透

野菜を色よく仕上げたり，魚肉や食肉などに味を浸透させるために各種調味液に浸漬する。緑色野菜や白色野菜は醤油を用いた調味液で加熱を続けると色が悪くなるので，1％食塩水でゆでた後冷水にとり，別に用意した冷たい調味液に浸漬する。青煮，白煮がこの例である。臭みのある魚肉や食肉は香味野菜を加えた調味液に20～30分浸し，味を浸透させてから用いる。

焼き物や揚げ物に用いる魚類や食肉類は加熱前に，浸し物，青煮，白煮やマリネは加熱後に各種調味液につけて味をしみこませる。

6）テクスチャーの改善・向上

生食用に切った野菜やさしみのけんは，冷水中に浸けると浸透圧によって細胞内に水が入り，パリッとして歯切れがよくなる。また花ラディッシュやよりうど，いかり防風のように，皮の有無や部位による水分の浸透の差により形が変化し，外観を楽しむことができる。ゆでた麺類を冷水にとり，表面のでんぷんを洗い流すと歯切れがよくなり，テクスチャーが改善される。浸漬液に重曹水を用いると

カゼインミセル [casein micelle]
乳たんぱく質の80％を占めるカゼインはカルシウムと結合し，さらに，カゼインのリン酸基どおしが結合してミセルを形成し，牛乳中で球状コロイド粒子として存在している形態のもの。直径30～300nmで，カゼインカルシウム-リン酸カルシウム複合体がその主成分である。

繊維は軟化しやすくなり，明礬水（みょうばんすい）を用いると繊維は硬化し，加熱時の煮崩れを防止する。

7）保存性の向上

水または食塩水，砂糖水，酢水，酒，油などに浸漬することにより，空気を遮断し，かびの発生を防ぎ，食品の保存性を高める。また浸漬中に調味料の浸透，物性の変化，乳酸発酵などがおこり，特有の風味が生じる。

（4）切　　砕

切砕とは，食品を食べやすい形，大きさに整え，嗜好性を高める操作で，下ごしらえから仕上げに至るまですべての段階で切り方がおいしさに影響する。調理操作のなかで切砕はとくに技術を要するもので，正しい包丁の持ち方，正しい姿勢を身につけ，そして常に包丁の手入れをしておくことが大切である。

切砕の目的は以下のようにまとめられる。

1）不可食部分の除去

食べられない部分や，難消化性で食用には不向きな部分を取り除く。

2）食べやすくする

形や大きさ，厚さを整えて食べやすくし，好ましい食感にする。硬い食品は繊維に直角に切ると早く軟化する。しかし，切り口表面はざらつきがあり，舌ざわりはよくない。繊維に平行に切ると煮崩れしにくく，適度の硬さが残る。目的に応じて繊維の方向を変えて切る必要がある。

3）火の通りをよくする

切ることにより表面積が拡大されるため，熱の伝導時間が短縮される。食品を小さく切ると，火の通りが早く，味がつきやすいが，成分の溶出が著しく，加熱中の煮崩れが生じやすい。食品の持ち味を生かすには，大切りの方がよいが，加熱時間は長くなる。大切り材料の加熱時間を短くするためには，隠し包丁といい，材料の裏側に目立たないように切り目を入れる方法（隠し包丁）をとる。

4）調味料の浸透をよくする

調味料の浸透は，材料の表面積が大きいほど速く浸透する。表面積は切断面が多いほど大きくなる。乱切り，斜め切りは表面積を大きくする切り方で，味の浸透は速いが，煮え方が不均一で煮崩れしやすい。菊花かぶや茶せんなすは調味料の浸透をよくするとともに外観を美しく整える。いかやこんにゃくのように味のつきにくい食品では，表面積を大きくする工夫をする。いかは松笠や布目，かのこに切り目をいれたり，こんにゃくは手綱や蛇腹に切ったり，手でちぎって凹凸を多くしたりする。

5）外観を整える

盛り付けを美しく仕上げるために，面取りをして煮崩れを防いだり，ねじり梅，矢羽，花れんこん，末広，蛇の目，松葉切りなどの飾り切りをして形にアクセントをつけることにより，食膳が優雅にしかも華やかになる。

第5章 調理操作

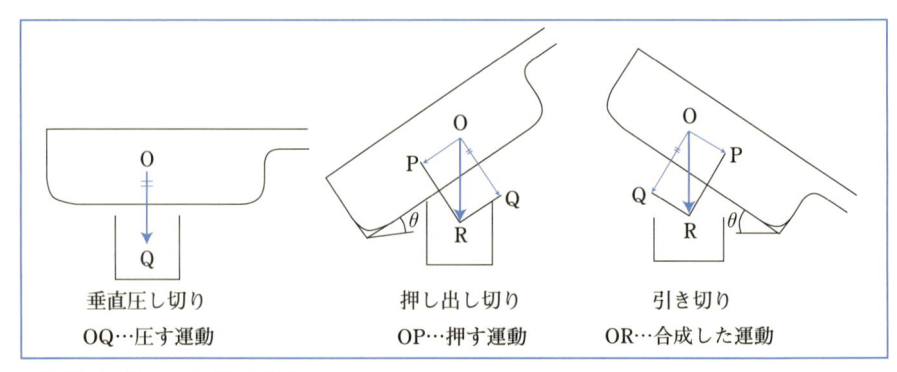

資料）岡村多か子『家政誌』32, 7, 1981

図5−1　包丁の運動方向

〔切り方〕

　包丁の動かし方による基本的な切り方（図5−1）には垂直圧し切り，押し出し切り，引き切りがある。押し出し切り，引き切りは，包丁の押しあるいは引く運動（OP）と，刃に垂直な運動（OQ）を合成した運動（OR）で，2要素の力が加わるため，垂直圧し切りよりも，容易に切ることができる。切り方の例としては，豆腐のように軟らかいものは垂直圧し切りで，繊維の多い野菜類は押し出し切りで，さしみは引き切りで切ると切りやすく，切り口も美しい。食品材料の性状に応じて押し出し切りや引き切りの操作を組み合わせる。

〔包丁の持ち方〕

　図5−2に包丁の持ち方を示した。包丁をてこと考えると，包丁を支える親指，人差し指の部分がてこの支点（B），材料に刃が当たる部分が作用点（A），包丁の柄に小指が当たる部分が力点（C）となる。

- 卓刀式…人差し指を包丁の峰（背）に軽く乗せて持つ（刃先でものを切る場合）
- 支柱式…人差し指を包丁の平（腹）に軽く添えて持つ（刃元でものを切る場合）
- 全握式…柄をしっかり握って持つ（力を入れて押し切る，たたき切る場合）

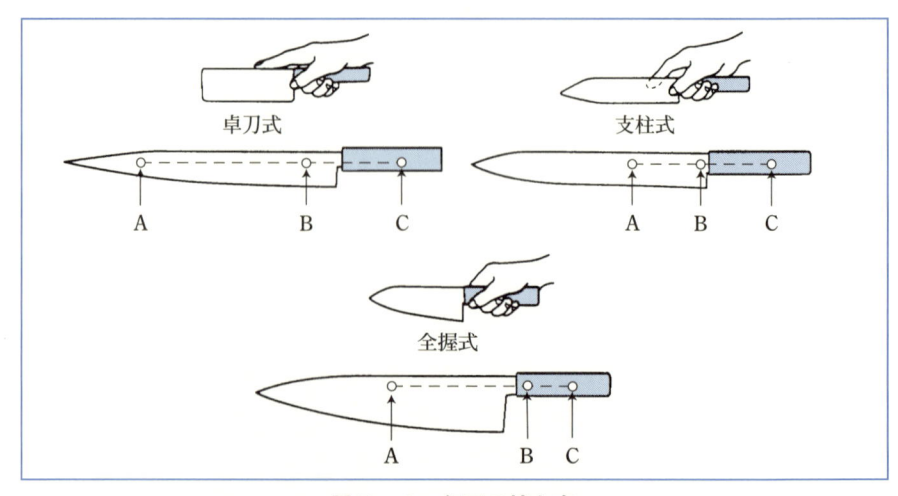

図5−2　包丁の持ち方

（5）粉砕・磨砕

一般に水分の少ない食品に外力を加え，細かく砕いて粉末状にすることを粉砕といい，水分の多い食品の場合はする，おろす，すりつぶす，裏ごすなどの操作を加えて，粘稠性のあるペースト状にすることを磨砕という。

目的，方法は以下のようにまとめられる。

〔目　的〕
① テクスチャーの変化（保水性　粘着性　弾力性）により，嗜好性が増す。
② 味や香りを増強する。
③ 消化吸収をよくする。

表5－3に調理における粉砕，磨砕の目的と調理例を示した。

〔方　法〕
① コーヒーやこしょうなどの食品は，使用直前に粉砕し，香りや味を効果的に用いる。
② だいこんおろし，りんごおろし，たけのこのすりおろしなどは，素材の特性や調理の目的に合わせておろし金の目を選択する。
③ 魚肉は包丁でたたいてテクスチャーを改良する。また，魚肉の1～2％の食塩を加えてすり混ぜると保水性や粘着性が増し，かまぼこやつみれのこしが強くなる。
④ わさびは目の細かいおろし器で"の"の字を書くようにゆっくりおろし，さらにたたくことにより，組織を磨砕し酵素が活性化して，強い香りと辛さが得られる。

表5－3　調理における粉砕，磨砕の目的と調理例

	目的	調理例	留意点
粉砕	組織の細分 香りの増強 消化率の増加	コーヒー こしょう，山椒 きな粉	成分を浸出しやすくする 芳香が強くなる
磨砕	組織の破壊	だいこんおろし にんじんおろし りんごおろし， たたきごぼう れんこん，たけのこの すりおろし団子	組織の破壊により酵素が活性化し，褐変現象がおこるので，食酢，レモン汁，食塩を用いて調理する
	粘着性の増加	ミンチ 魚肉すり身	食塩の添加により粘着性が増す
	物性の変化	みそ，とうふ	粒子が細かくなると，口当たりがなめらかになる
	芳香，風味の変化	すりごま，ピーナッツペースト	煎った直後にする
	辛味の増加	わさびおろし 練り辛子	ゆっくりすりおろすと酵素ミロシナーゼが活性化する ぬるま湯で練るとミロシナーゼが活性化する
	消化率増加	やまといもとろろ	アミラーゼの働きを助長する

（6）混合・撹拌

　混合とは，混ぜる，こねる，和えるなどの操作をいい，味や材料の均一化，加熱温度や放熱温度の均一化を図る。乳化を目的としたかき混ぜ操作や卵黄・卵白に空気を混ぜる泡立て操作を撹拌という。粘弾性の増強など物理的性状の変化・向上を目的として行われるこね操作を混捏という。表5-4に調理における混合・撹拌の目的とその例を示した。

（7）圧搾・ろ過

　圧搾には，押す，にぎる，絞るなどの操作があり，成形，脱水，液汁の搾取などの目的で行われる。ろ過はこす操作で，水分を含んだ食品の固形部分と液体部分の分離，材料の混合状態の均一化，組織の破壊による性状の変化などの目的で行われる。

1）押す・にぎる

　押し寿司，にぎり寿司，巻き寿司など圧力をかけて成形のために行う操作や，漬物のように重石を乗せて材料を押しつけ，漬かりを早め，食感をよくする操作がある。いずれも押し加減，にぎり加減，重石の加減がおいしさを左右する。

2）絞　　る

　水分の多いものの水気を絞ったり，液と固体を分けたい時に行う操作である。ゆでた葉菜を手で絞る，果実のジュースを絞る，もどした高野豆腐，酢の物，おひたしを軽く絞って水分を除くなどの例がある。

表5-4　調理における混合・撹拌の目的と例

目　的		例	留　意　点
材料の均一化		すし飯（飯，合わせ酢，具） 炊き込みご飯 肉だんご，ハンバーグ（材料，副材料，調味料） あえ物（材料，あえ衣） 天ぷらの衣（水，卵，粉） ドレッシング（油，酢，調味料）	合わせ酢を浸透させ，光沢，はりをだす 炊飯直前に調味料を混合する かき混ぜながら材料を混合する 同一温度で供食時に混ぜる 粘りをださないように混ぜる 使用時によく撹拌し，乳化させる
味の均一化		あえ物，塩もみ	材料の脱水を抑え，味を浸透させる
温度の均一化	加熱	ルウ（油脂，小麦粉） 炒り卵，卵そぼろ 炒め物	撹拌しながら加熱し，粘度を調節する 撹拌しながら加熱し，凝固状態を均一にする 煽りながら加熱し，熱伝導を均一にする
	放熱	泡雪かん，水ようかんなどの寄せ物（寒天液，メレンゲ） （寒天液，あん）	比重差のあるものを均一に凝固させる場合は，凝固温度近くまで撹拌しながら冷却する
物理的性状の変化	乳化	マヨネーズ（卵黄，油脂，酢）	最初に加える油の量，混入速度に注意する
	泡立て	メレンゲ（卵白，砂糖） ホイップクリーム アイスクリーム	起泡性を促進させ，砂糖を加えて安定にする
	ドウ形成	パンや麺の生地	グルテン形成の促進をはかる
	粘弾性の増強	かまぼこの生地	混ぜながら粘りをだし，空気を含ませる

2. 非加熱調理操作

3）こす・ふるう

コーヒーやお茶，だし汁など抽出された液体部分を分離するためにフィルター，茶こし，こし器を使ってこし分けたり，よく溶きほぐした卵液を均一にするためにこし器を通したりする。乾物，粉類の場合はふるうといい，製菓に用いる小麦粉や砂糖の前処理として欠かせない。小麦粉をふるうことによって粉の間に空気を含み，製品をソフトな感触に仕上げることができる。

4）裏 ご す

こし器の表（網）にのせた食品に力を加えて押しつぶし，こし器を通す操作で，こす操作につぶす操作が同時に加わる。食品を均一にしたり，不要な部分を除くために行う。加熱したいも類，かぼちゃ，卵，豆腐など，またフルーツソースを作るための果実の裏ごしなどがこの例である。いも類は熱いうちに裏ごししていも全体を細胞単位に分離させる。いもは冷めると，細胞間膜のペクチンの粘性が高くなり，細胞単位に分離しにくくなる。さらに，強い力をかけて裏ごしすると細胞膜が破れ，糊化でんぷんが流出して粘りを生じる。細胞を損傷させることなくじゃがいもを裏ごしするには，かける力の大きさや方向，へらの角度，所要時間などが要因となる。

（8）冷却・冷蔵・冷凍 （177頁「図7－2」参照）

食品の温度を常温以下に低下させる操作で，冷たい感触を得る，保存性の向上，食品物性の改善，色や味，香りの向上などの目的で，食品の温度を下げる。

1）冷 却

冷却とは，食品を冷水や氷水，冷蔵庫で0～10℃に冷やすことで，食品の水分は氷結しない状態をいう。この温度帯では，細胞呼吸や細菌の繁殖を完全に抑制することはできないため，長期保存には耐えられない。

冷却することにより，寄せ物調理におけるゲル化の促進，食品材料の保存性の向上，性状や成分変化の抑制，色彩（特に緑色），味，香りをよくするなどの効果がある。

2）冷 蔵

冷蔵とは，食品を氷結点以上のある低い温度まで冷却し，そのままの状態で貯蔵することをいう。家庭用の冷蔵庫では0～5℃で冷蔵するのが一般的であるが，食品によっては低温障害を起こすものもあるので，適切な保存温度を選択する必要がある。主として野菜，果実などは0～2℃の冷蔵（cooling）で，食肉，魚介類，牛乳などは2～－2℃の氷温冷蔵（chilling）で貯蔵する。

冷蔵することにより，酵素活性や微生物の繁殖を抑制して鮮度，味を低下させずに長期間貯蔵することができる。

3）冷 凍

冷凍とは，凍結点（食品中の水"自由水"が氷になる温度）以下の温度で凍結し，その状態のまま貯蔵することをいい，一般には－18℃以下の貯蔵を意味する。凍結させることにより微生物の発育阻止，自己消化の抑制（酵素活性の抑制）に

氷温冷蔵［chilling］
2℃以下から食品が凍り始める直前までの温度領域で生鮮食品の貯蔵を行なう。チルド温度帯（5～－5℃）で流通されている食品をチルド食品という。チルド食品は凍結しない程度に保存することが原則であるが，広義には部分凍結（パーシャルフリージング）をも含めている。

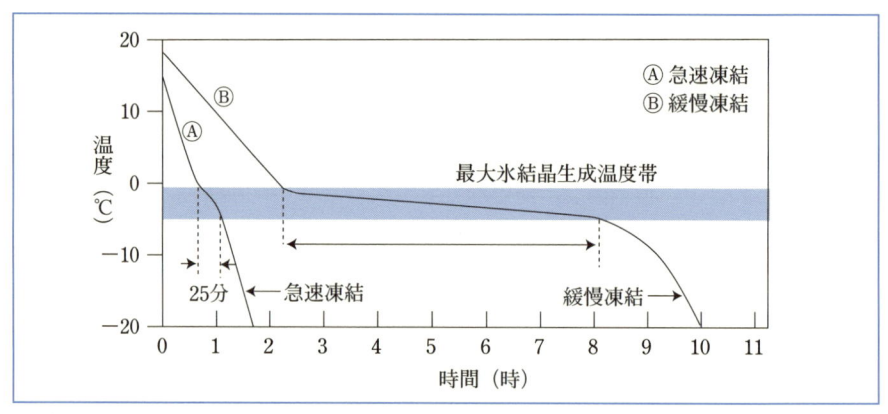

第5章 調理操作

注）図の凍結時間は，凍結される食品の種類，形態，大きさなどにより，また凍結方法によって異なる。ここに示した時間は一つの例である。
資料）加藤舜郎『食品冷凍の理論と応用』

図5-3　急速凍結ならびに緩慢凍結の冷凍曲線の比較

よる鮮度の維持ができる。

　凍結の方法に急速凍結と緩慢凍結がある。急速凍結は，冷却力が大きい場合，その食品の品温が低下する過程で，最大氷結晶生成温度帯（食品中の水分の80％以上が氷結する温度帯で通常の場合−1℃〜−5℃である）を短時間（30分以内）で通過するような方法で凍結が行われる。急速凍結した食品は氷の結晶が小さく，組織の損なわれ方が少ない。従って，凍結前に近い状態に解凍することができる。一方，緩慢凍結は冷却力が小さい場合，比較的高い温度で冷凍するため，最大氷結晶生成温度帯を通過するのに長い時間が必要となる。緩慢凍結した食品は氷結晶の成長が著しく，氷の結晶が大きくなるため食品組織が損なわれ，解凍時にドリップ現象（液汁が流出すること）が生じて品質が劣化する。図5-3に急速凍結，緩慢凍結の冷凍曲線を，図5-4の写真①，②，③にそれぞれの凍結方法による氷結晶の状態を示した。

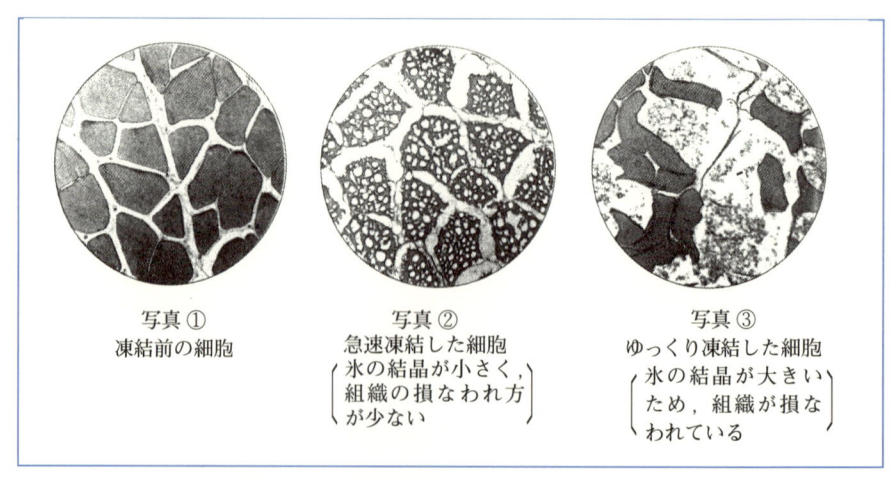

写真①
凍結前の細胞

写真②
急速凍結した細胞
（氷の結晶が小さく，組織の損なわれ方が少ない）

写真③
ゆっくり凍結した細胞
（氷の結晶が大きいため，組織が損なわれている）

資料）（社）日本冷凍食品協会『冷凍食品取扱マニュアル』p.4, 1998

図5-4　凍結方法による氷結晶の状態

表5-5 冷凍食品品目別貯蔵温度と品質保持期間との関係

品　目	貯蔵温度 －18℃（0°F）保持期間（月）	－23℃（－10°F）保持期間（月）
魚類		
多脂肪のもの	8	12
少脂肪のもの	12	16
えび類		
いせえび（ロブスター）	10	12
生えび（シュリンプ）	12	18
肉類		
ローストビーフ	18	24
羊肉	16	18
ローストポーク	10	15
家禽類		
ローストチキン類	10	15
野菜類		
アスパラガス	12	18
いんげん，さやいんげん	12	18
軸付きコーン	10	14
にんじん	20	36以上
グリーンピース	16	24以上
かぼちゃ類	24	36以上
ほうれん草	16	24以上
果実類		
あんず	18	24
スライスした桃	18	24
スライスしたいちご	18	24

資料）アメリカにおけるT-T・T研究者バン・アースデル，コプレー，オルソン共著『冷凍食品の品質と安定性』
（社）日本冷凍食品協会『冷凍食品取扱マニュアル』p.7, 1998

ドリップ [drip]
冷凍した食品を解凍するとき分離流出する液汁。食品の凍結と貯蔵によって，食品中の水分が組織の破壊などを伴って分離し，解凍時に流出するもので，ドリップ量，ドリップ中の成分の組成はその冷凍食品の品質を左右する。

ブランチング [blanching]
果実，野菜などの加工中にポリフェノールオキシダーゼによる褐変，あるいはビタミンC酸化酵素によるビタミンCの分解などを抑制するために，加工操作の最初に普通調理の70～80％の加熱をしてこれらの酵素を不活性化することをブランチングという。殺菌の効果もあり，加工中の微生物による変敗防止も兼ねる。

市販の冷凍食品は急速凍結方法で作られ，流通各段階で－18℃以下に保たれる。食品の種類により多少の差はあるが，8～24か月の保存が可能である。表5-5に冷凍食品の品質保持期間を示した。

（9）解　　凍

解凍とは，凍結している食品中の氷結晶を融かし，凍結前の状態に復元（もどす）することをいう。

〔よい解凍とは〕

① 解凍ムラが生じないこと
② 風味，テクスチャー，栄養成分，外観などの変化がすくないこと
③ ドリップの流出をできるだけ少なくすること
④ なるべく短時間で解凍すること
　・最大氷結晶生成温度帯をなるべく速く通過させるように解凍すること
⑤ 「生もの」の冷凍食品の解凍は，最終品温を0℃～5℃にとどめること

〔解凍方法の種類〕

解凍方法の種類と適応する冷凍食品の例を表5-6に示した。

解凍方法は解凍に要する時間によって，緩慢解凍と急速解凍に大別される。

緩慢解凍は，生の魚や肉などの素材的な冷凍食品や果実類，菓子類に適する。調理するまで時間がある場合は，できるだけ低い温度でゆっくり解凍する方が，もどり過ぎもさけられ，衛生的にも安全である。

しかし，たんぱく質変性に関わる0～5℃の温度帯をゆっくり通過するためドリップの流出が多くなる。

急速解凍は，調理冷凍食品類や冷凍野菜類に適する。冷凍野菜類は凍ったまま直接加熱して急速に解凍するのが原則である。ただし，凍結する前に普通調理の70～80％程度の加熱処理（ブランチング）を施してあるので，解凍調理する場合は加熱し過ぎにならないよう注意することが必要である。

いずれの解凍方法も長所，短所があり，対応する食品も限られる。渋川らは，よりよい解凍方法として，電子レンジ解凍を加熱むらが起こらない程度に行い，あとは流水解凍や自然解凍を行う。

つまり，急速解凍と緩慢解凍の組み合せ解凍が，ドリップ量が少なく，品質をよりよく保つと報告している。

表5－6　解凍方法の種類と適応する冷凍食品の例

解凍の種類		解凍方法	解凍機器	解凍温度	適応する冷凍食品の例
緩慢解凍	生鮮解凍（凍結品を一度生鮮状態にもどした後調理するもの）	○低温解凍 ○自然解凍 ○液体中解凍 ○砕氷中解凍	冷蔵庫 室内 水槽 水槽	5℃以下 室温 水温 0℃前後	魚肉，畜肉，鳥肉，菓子類，果実，茶わん蒸し 魚肉，畜肉，鳥肉
急速解凍	加熱解凍（冷凍食品を煮熟または油ちょう食品に仕上げる解凍と調理を同時に行う）	○熱空気解凍	自然対流式オーブン，コンベクションオーブン，輻射式オーブン，オーブントースター	電気，ガスなどによる外部加熱150～300℃（高温）	グラタン，ピザ，ハンバーグ，コロール，ロースト品，コーン，油ちょう済食品類
		○スチーム解凍（蒸気中解凍）	コンベクションスチーマー，蒸し器	同上 80～120℃ （中温）	しゅうまい，ぎょうざ，まんじゅう，茶わん蒸し，真空包装食品（スープ，シチュー，カレー，コーン）
		○ボイル解凍（熱湯中解凍）	湯煎器	同上 80～120℃ （中温）	（袋のまま）真空包装食品のミートボール，酢ぶた，うなぎかば焼きなど（袋から出して）豆類，コーン，ロールキャベツ，めん類
		○油ちょう解凍（熱油中解凍）	オートフライヤー，揚げ鍋	同上 150～180℃ （高温）	フライ，コロッケ，天ぷら，唐揚げ，ぎょうざ，しゅうまい，フレンチフライポテト
		○熱板解凍	ホットプレート（熱板），フライパン	同上 150～300℃ （高温）	ハンバーグ，ぎょうざ，ピザ，ピラフ
	電気解凍（生鮮解凍と加熱解凍の2面に利用される）	電子レンジ（マイクロ波解凍）	電子レンジ	低温または中温	生鮮品，各種煮熟食品，真空包装食品，米飯類，各種調理食品
	加圧空気解凍〔主として生鮮解凍〕	加圧空気解凍	加圧空気解凍器		大量の魚肉，畜肉

資料）日本冷凍食品協会『冷凍食品取扱マニュアル』p.21，1998

3．加熱調理操作

　加熱操作は洗う，切るなどの副次的調理操作に対して複雑で主要な中心的調理操作である。

　食品にほどこされる調理法は生もの調理と加熱調理に大別され，加熱された食品の状態は生とは外観，風味，舌ざわりが異なる。

　加熱調理は湿式加熱，乾式加熱，誘電誘導加熱に分類される。熱の伝達（移動）は「放射」，「伝導」，「対流」の3つの形態があり，これらが単独で，あるいは組み合わされて，熱源から食品材料へと熱を伝えている（図5－5，図5－6）。熱源と食品の間には熱を伝える媒体（空気，水，油など）が存在する。また，各種の熱源から出るエネルギーはいろいろな方法で食品に伝達されるが，従来の方法と発熱法を異にする電子レンジ利用，電磁調理器利用の加熱調理もさかんにおこなわれている。表5－7に加熱調理操作の種類と特徴を示す。

3. 加熱調理操作

（1）加熱調理の目的

加熱によっておこる食品の変化は，① 微生物や寄生虫卵，寄生虫を殺菌，死滅させ，衛生的に安全な食物にし，腐敗を防ぐ，② 消化吸収率および栄養効率を高めるなどがある。成分変化として，③ でんぷんの糊化，④ たんぱく質の熱変性，⑤ 脂肪の融解および分解，⑥ ビタミン，ミネラルの溶出，⑦ 水分の減少または増加，⑧ 水や油脂に溶けやすい成分の溶出，⑨ 旨味成分の交わりおよび調味料の浸透などがある。また物性変化として，⑩ 食品のテクスチャーの変化，⑪ 組織の軟化，⑫ 酵素を失活させ，食品の変質を防ぐ，⑬ 風味および物性の変化により，嗜好性を向上させるなどがある。

これらの加熱による変化を利用して安全でおいしい食物にすることが目的であり，それぞれに適合した加熱条件を整えることが大切である。

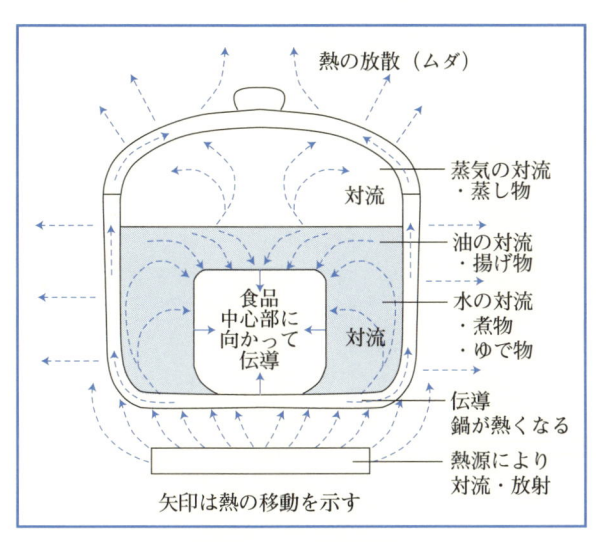

図5－5　熱の移動

表5－7　加熱調理操作の種類

加熱法		熱を伝える媒体	主たる伝熱法	温度（℃）	調理	
					主たる調理名	類似の調理名
外部加熱法	湿式加熱 ゆでる	水	対流	100	ゆで物	汁物
	煮る	水（調味液）	対流	100	煮物	煮込み 鍋物
	蒸す	水（蒸気）	対流（凝縮）	最高100 食品により85〜90	蒸し物	蒸し煮
	炊く	水	対流	100	炊飯	
	乾式加熱 焼く　直火	（空気）	放射（輻射）	200〜300	焼き物	炒り煮 蒸し焼き
	間接	金属板など	伝導	200〜300		
	オーブン	空気，金属板など	対流，伝導，放射	130〜280		
	炒める	油，金属板など	伝導	150〜200	炒め物	炒め焼き 炒め煮
	揚げる	油	対流	150〜190 食品により120以上	揚げ物	揚げ煮
	電磁誘導加熱 煮る 蒸す 焼く（間接） 揚げる	磁力線に変換させた電気エネルギーをまずなべ底に与え，発熱はなべ底自身で行わせる ［電気（磁力）エネルギー→なべ底→熱エネルギー］			① 長時間とろ火の加熱調理 ② 蒸し物 ③ 直火以外の焼き物 ④ 揚げ物では油の温度を安定化しやすい	
内部加熱法	誘電加熱 煮る 蒸す 焼く	2,450±50MHzのマイクロ波を照射し，分子の回転摩擦が熱運動のエネルギーとなり，食品の内部温度を上げ，その結果，加熱される			① 加熱・再加熱調理（煮物，蒸し物，焼き物） ② 下ごしらえとしての加熱調理 ③ 解凍調理	

資料）川端晶子編『調理学』p.94，学建書院，1997

第5章　調理操作

伝　導
伝導は固体，液体，気体の高温部から低温部へ移動する。物質固有の熱伝導率の大きいものは一般に金属類で，調理器具類では短時間で温度上昇が得られる。食品内部の熱の伝わりはあまり速くなく水より少し低い率である。

対　流
液体や気体などの流れに伴って移動する。流体の内部に高温，低温の差ができると高温部分の比重が小さくなり，比重の大きい低温部分との差により重力が作用し，小さいものが上部に移動する。大きい低温部分がそこへ流れ込み，これとともに熱の移動が起こり，熱伝導が行われる。

放射（輻射）
物体から放射された電磁波がほかの物体に吸収されて移動する。物質が運動エネルギーを放射線として発し，ほかの物質はこれを反射，吸収，通過させ，この吸収されたエネルギーが温度の上昇となる。

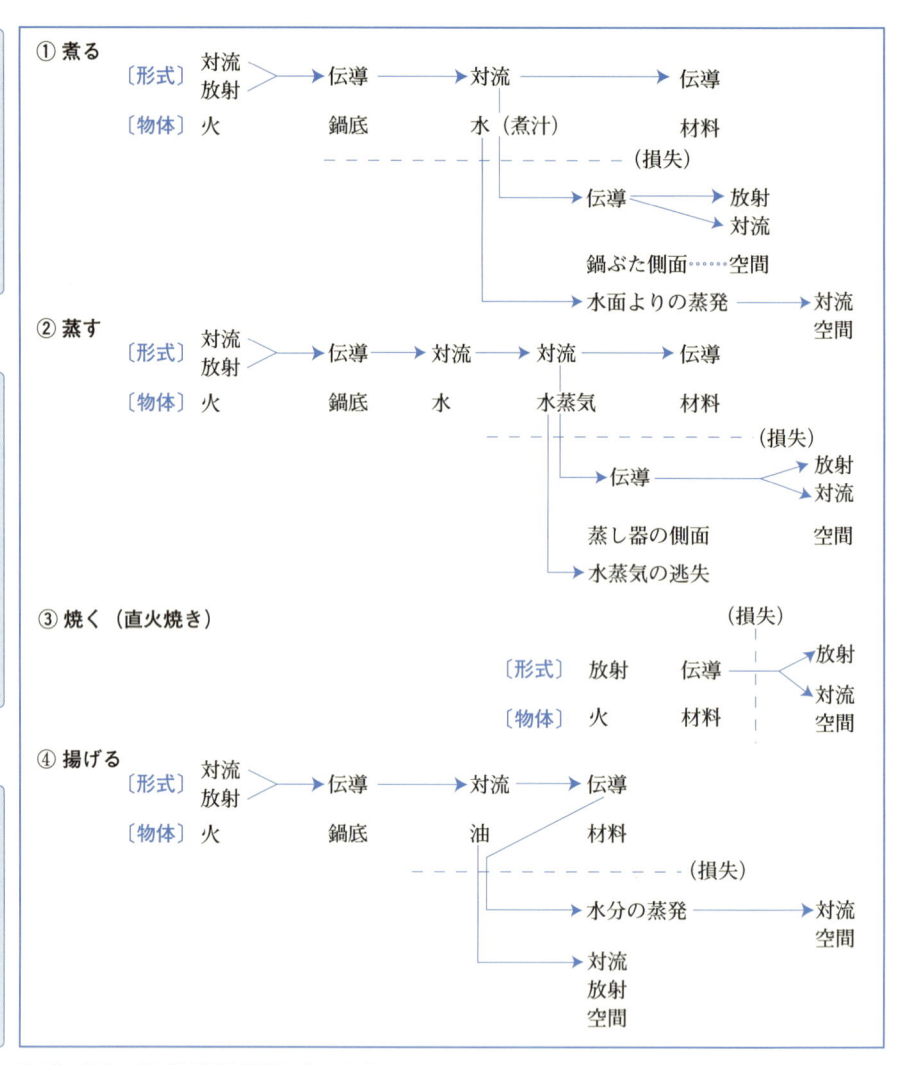

① 煮る
〔形式〕対流・放射 → 伝導 → 対流 → 伝導
〔物体〕火　　鍋底　　水（煮汁）　材料
　　　　　　　　　　　　　　　　　（損失）
　　　　　　　　　　　　　　伝導 → 放射
　　　　　　　　　　　　　　　　　　対流
　　　　　　　　　　　　　鍋ぶた側面……空間
　　　　　　　　　　　　　水面よりの蒸発 → 対流・空間

② 蒸す
〔形式〕対流・放射 → 伝導 → 対流 → 対流 → 伝導
〔物体〕火　鍋底　水　水蒸気　材料
　　　　　　　　　　　　　　　　（損失）
　　　　　　　　　　　　　伝導 → 放射
　　　　　　　　　　　　　　　　　対流
　　　　　　　　　　　　蒸し器の側面　空間
　　　　　　　　　　　　水蒸気の逃失

③ 焼く（直火焼き）
　　　　　　　　　　　　　　　　　　（損失）
〔形式〕放射　伝導 → 放射
　　　　　　　　　　　　対流
〔物体〕火　材料　　　　空間

④ 揚げる
〔形式〕対流・放射 → 伝導 → 対流 → 伝導
〔物体〕火　鍋底　油　材料
　　　　　　　　　　　　　　　（損失）
　　　　　　　　　　水分の蒸発 → 対流・空間
　　　　　　　　　　対流・放射・空間

資料）高木和男『新版調理学』柴田書店，1964

図5－6　熱の移動形式

（2）加熱操作の種類

1）湿式加熱

熱媒体として水または水蒸気を使用して，食品を加熱する方法であり，加熱温度は100℃以下である（圧力鍋使用の場合は110～120℃）。

①ゆでる

沸騰水中で食品を加熱することで熱の伝達は主として対流による。ゆでた後そのまま食される場合と下ごしらえの予備操作として行なわれる場合がある。ゆでる目的や食品の特性に応じて食品のゆで効果を上げるために水に添加物を加えることがある。

【目　的】

表5－8を参照。

3．加熱調理操作

【特　徴】
1．調理温度は100℃程度で，利用範囲が広い。
2．熱は水の対流によって伝えられるが，水量が多いため，均一に加熱される。
3．大量の水でゆで，ゆで水を捨てるため，水溶性ビタミンの損失が多い。
4．調味料の浸透時間が不要なため加熱時間は一般に短く，食品の形がくずれることが少ない。

②　煮　　る

煮る操作は食品を煮汁のなかで加熱することである。熱の伝達は主として対流によるもので，加熱と同時に調味することができ，日常もっとも多く利用されている調理法である。

> **クロロフィル**
> クロロフィルは緑色植物に含まれる緑色色素で長時間加熱に弱い。酸性の液中で加熱すると分子中のMgがとれてフェオフィチンに変化し黄褐色となり，アルカリ性では安定したクロロフィリンとなって鮮明な緑色になる。

表5－8　ゆでる操作の分類と方法

ゆで水の種類 （添加物の使用量の目安）	適用食品	目的と方法
①水から入れる	いも，にんじん，豆，卵，だいこん	・いもは煮くずれ防止のため，水からゆでる（マッシュポテト） ・組織が硬く色の変化のないもの ・小豆以外は吸水後ゆでる ・小豆は渋切りしてから再びゆでる
②沸騰水に入れる	めん類，魚，貝，肉，緑色野菜，卵	・乾めんはたっぷりの湯で相互に付着しないようにゆでる（差し水することがある） ・魚，貝，肉は熱湯にくぐらせ表面のたんぱく質を変化させ，うま味を残す ・緑色野菜は投入時の温度降下を防ぐため大量の湯を用い高温のままゆでると美しい緑色になる
③沸騰水に食塩を加える（0.5％〜1.0％）	緑色野菜，いも，かに，魚，卵，マカロニ，スパゲッティ	・緑色野菜は鮮緑色になる ・さといものぬめりを除去する ・たんぱく質の凝固促進（魚，落とし卵） ・うま味を引き出す（かに） ・触感を高める（マカロニ，スパゲッティ）
④沸騰水に食酢を加える（0.5％〜3％）	カリフラワー，うど，ごぼう，れんこん，ずいき，レッドキャベツ，黄菊，卵	・フラボノイド色素を含むものを白く仕上げる ・酵素的褐変を防ぐ ・れんこんは歯ざわりをよくする ・魚臭のアミン類が酸と結合するので，臭みが消える ・アントシャン色素が赤色を鮮やかにする ・魚肉類の保水性が増し，過度の熱凝固を防ぐ
⑤沸騰水に重曹または木灰を加える（重曹0.3％〜0.5％，木灰2〜3％または10％の上澄液）	わらび，よもぎ，ふき，ぜんまいなどの山菜類	・クロロフィルがアルカリで安定したクロロフィリンとなり，鮮緑色になる ・山菜類の組織を軟化し，あくを抜くとともに美しい緑色にする
⑥水にぬか（または米のとぎ汁）を加える（ぬかは材料の10％）	たけのこ，だいこんなどえぐ味のある野菜	・材料の表面にでんぷん粒子が付着し酸化を防ぐため白色にゆで上がる ・ぬかの中のアミラーゼやセルラーゼによって軟化される ・たけのこはゆで上がったらゆで水ごと放冷する（湯どめ）
⑦焼きみょうばんを加える（0.5％）	さといも，くり	・組織の軟化を防ぎ，煮くずれを防止する ・ゆで水のふきこぼれを防ぐ（さといも）
⑧でんぷんまたは小麦粉を加える（1％以上）	カリフラワー	・材料の表面をでんぷん粒子がおおい酸化を防ぐため白色を保つ ・口当たりをよくし味をまろやかにする

> **渋切り**
> 小豆を煮るとき，ゆでる途中で，いったんゆで水を捨て，小豆に含まれるタンニン，サポニンなどのあく成分を除くこと。

【目　的】
1．風味および物性の変化により，嗜好性を向上させる。
2．食品の水溶性成分を溶出させる。
3．呈味成分を煮汁中へ溶出させる。
4．加熱しながら調味する。
5．食品の長期保存を可能にする（佃煮，甘露煮など）。

【特　徴】
1．加熱温度は100℃であり（圧力鍋使用の場合，110～120℃），煮汁の対流により加熱される。
2．食品の適用範囲が広い。
3．温度管理が容易である。
4．調味が容易である。加熱中に味をつけることができ，長時間煮ることで味がまろやかになる。
5．食品間の味の交わりが容易であるため，特有のうま味を作り出すことができる。

【要　点】
　表5－9は煮物の分類と方法をまとめたものである。
　煮物には多くの種類があり，煮方に応じて食品の種類に適合した，切り方，煮汁の分量，火加減，調味の仕方，鍋の種類などを考慮する必要がある。

表5－9　煮る操作の分類と方法

分類	種類	適用食品	目的と方法
手法別	煮つけ	魚	煮汁を煮立て，短時間煮る
	煮しめ	いも，野菜類	煮汁がなくなるまで煮て，味をなじませる
	うま煮	野菜，魚介，鶏肉，乾物	野菜や魚介類，肉類を取り合わせる
	照り煮	いか，魚介，小魚	しょうゆ，みりん，砂糖など調味し，照りを出す
	煮浸し	葉菜類，川魚	さっと煮た材料に，改めて煮汁をはり，浸す
	含め煮	いも，くり，根菜類，豆類	薄味のたっぷりの煮汁でゆっくり煮て味を含ませる
	煮込み	野菜，練り物	煮だし汁と調味料でおでんのようにゆっくり煮る
	いり煮	卵，ひき肉，豆腐，おから	調味して撹拌しながら水分を蒸発させて煮る
	佃煮	小魚，貝類，海藻類，野菜	調味を濃くして保存性を高めたもの
調味料別	みそ煮	さば，いわし，豚肉	みそ，砂糖，みりんで調味した煮汁で煮る
	しょうゆ煮	野菜，赤身の魚	しょうゆ味が主で，適宜砂糖，みりんを加える
	酢煮	れんこん，うど，ごぼう	煮汁に酢を入れて，生臭みをとり，白く仕上げる
	砂糖煮	さつまいも，果物，豆類	甘味を主とした煮物で形をくずさず，甘味を煮含める
	あめ煮	こい，ふな	甘辛く煮て，水あめで，照りを出す
	甘露煮	くり，あゆ，ふな，はぜ	砂糖や水あめで，甘く，照りよく煮詰める
食品の色別	白煮	れんこん，うど，いか，ゆり根	素材の白い色を美しく煮る
	青煮	ふき，さやえんどう，いんげん	素材の緑色を美しく仕上げるように煮る
	色煮	なす，にんじん	素材の持ち色を生かして，より鮮明に煮る
	ひすい煮	さやえんどう	宝石のひすいのように美しい緑色に仕上げる
その他	揚げ煮	魚，なす，豆腐	材料を揚げてから煮汁で煮る（かれいの揚げ煮）
	炒め煮	根菜類，鶏肉，魚，野菜，乾物	炒めながら煮汁を加えて煮る（いり鶏，きんぴら）
	焼き煮	魚	材料を焼いてから煮汁で煮る

煮汁の量は一般に水分の多い食品は少量で，水分の少ない食品は多量の煮汁で煮る。

一般に魚介類や野菜類は材料中の水分が多いため短時間で煮えるので少なめの煮汁で煮る。煮汁から出ている部分に調味料を浸透させるために，ときどき煮汁をかけたり，落としぶたや紙ぶたを用いたりして，熱や調味料を均等にいきわたらせなければならない。いも類や根菜類はかぶる程度の煮汁で煮始め，適量に仕上げて煮汁に浸漬して味を拡散させる。

煮しめやおでんのように長時間煮て味つけするものや乾物類の煮汁は多めに用いる。

> **落としぶた**
> 煮汁の少ない状態で煮物を作るとき，木製のふた，和紙，アルミホイル，セロファンなど鍋の直径より小さめのものを使って，煮汁の蒸発を防ぎ，味を均一にし，煮くずれを防止する。

火加減は煮物のでき上がり状態や味に影響をあたえる。一般には沸騰するまでは強火にして，その後は沸騰が続く程度の火力に調節する。鍋は火力が平均して柔らかくあたる厚めのものを用い，材料や煮方によって，浅鍋か深鍋などの使い分けをする。

切り方は材料のもつうま味を生かし，水溶性成分の溶出を最小限におさえるような切り方をする。小さく切りすぎると煮くずれしやすく，材料の煮えやすさ，調味料の浸透や味の交流のしやすさ，食べやすさ，盛りつけたときの美しさなどを考慮して大きさと形を決める。大切りの場合に用いられるかくし包丁とか，煮くずれを防ぎ美しい形にするために面とりという切り方もある。

調味は同じ食品でも鮮度によって調味料の使用量が異なるが，一般的な煮物の味つけは塩味1～2％，甘味は5％，だし汁は材料重量の50％（煮汁を用いる場合，80％）程度が基準となる。調味料の加える順序は浸透しにくい分子量の大きいものから先に入れる。酢は揮発しやすいため，また，しょうゆやみそは風味が失われないように後で加える。調味方法は煮汁に調味料を加えた中で煮る場合とだしで煮てから調味する場合がある。煮魚では調味料を加え沸騰したところへ魚を入れて煮る。いも類や根菜類などの煮物は材料がやわらかくなってから，さとう，塩，しょうゆの順で加えることが多い。中国料理様式では食塩，しょうゆ，さとう，食酢のほか豆板醤のような特有の調味料が用いられるが，西洋料理様式では食塩と胡椒が主に用いられる。

③ 蒸 す

蒸す操作は水蒸気の潜熱（540cal/g）と蒸気の対流によって食品を加熱することである。

> **潜熱**
> 物質の状態変化（融解，蒸発，凍結など）のため使われる熱量であり，蒸し物では100℃の水が100℃の蒸気になるために与えられる熱量（540kcal/g）である。食品に接したときにその熱量を食品に与え，気体から液体となる。

【目　的】
1．膨化させる（まんじゅう，蒸しパン）。
2．卵液をゲル化させる（卵豆腐，茶碗蒸し，プディングなど）。
3．食品の脂肪を溶出させる（うなぎの油抜き）。
4．でんぷん性食品を糊化させる（強飯，さつまいもなど）

【特　徴】
1．加熱温度は100℃以下である（特定な温度範囲のものは85～90℃である）。
2．温度管理は比較的容易である（特定な温度を得るのは多少困難である）。

第5章 調理操作

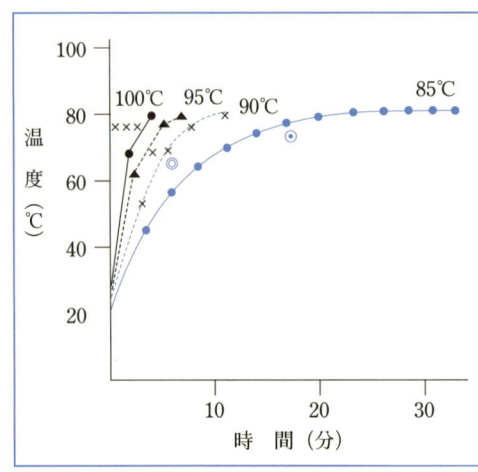

```
① 85℃, 90℃, 95℃, 100℃は蒸板直上付近の温度。
② 温度変化の測定位置は蒸し茶わん内の中央で, 内底面より1.5cm上である。
③ ゲルのかたさはカードメーターにより200gのスプリングを用い, ヨーグルト用感圧軸が試料の表面を破ったときの重量目盛りである。数字の小さいほど柔らかい。
```

外　観	ゲルのかたさ
⊙ きわめて良好	6 g
◎ 良　好	8 g
× ややわるい	13 g
××× きわめてわるい	18 g

資料）山崎・島田　他『調理と理論』p.333, 同文書院, 2003

図5－7　卵豆腐の加熱温度の影響

3. 長時間の加熱が可能である（充分な蒸気の補給があれば）。
4. 材料の風味を保つことができる（食品に含まれる不味成分は除去しにくいため, くせのない淡白な食品に適している）。
5. 形が崩れにくい。
6. 蒸し水がなくならない限り, 焦げる心配がない。
7. 脂肪を多く含む食品は, 蒸すことにより組織が軟化し, 脂肪は溶出する。（中心部まで徐々に加熱されるので, 加熱に長時間を要する）。栄養素の損失が少ない。
8. 調味が困難である。

【要　点】

　温度管理は火力の調節と蒸し器の蓋の隅切りによって行う。蒸気が十分出るまでは強火で加熱し, 蒸し器内の温度が上昇してから材料を入れる。その後必要な温度を保つようにしながら火加減し, 蒸気量を調節する。蒸し水の量は容器の60〜70％, 高さの2／3程度にする。入れすぎると沸騰時に中敷の上の食品に触れ, 水っぽくなる。途中, 水を補給するときは熱湯を追加する。

　火加減は高温で蒸すもの, 強飯（途中ふり水しながら蒸す）, まんじゅう,

> **蒸し器**
> 日本式のせいろう, 中国式の蒸籠（ヂョンロン）および金属製の蒸し器がある。いずれも下部に蒸し水を入れ, その上に食品をのせる中敷があり, 上部にふたがある。

表5－10　蒸し物の蒸し温度による分類

蒸し温度	適用調理例
高温（100℃）を保ちながら加熱する	いも類, まんじゅう類, だんご, かしわもち, 蒸しパン類, 冷や飯, 魚介類, 肉類, 野菜類（かぼちゃ型蒸し, なす）, 冷凍食品
振り水を必要とするもの	こわ飯, かたくなった冷や飯やまんじゅう, パン類, もち類
特定の温度範囲（80〜90℃）で加熱する（火力を弱くしたり, ふたをずらせて温度を調節する）	茶わん蒸し, 卵豆腐, カスタードプディングなど希釈卵液の料理, 山かけ蒸し, しんじょ蒸しなど膨張しすぎるもの

3. 加熱調理操作

表5－11　焼く操作の分類と方法

分類	種類	適用食品	目的と方法
直火焼き	串焼き	魚, 肉 (バーベキュ, 焼きとり)	魚の塩焼き, 照り焼きなど, 姿, 形を保つ焼き方
	網焼き	魚, 肉, 野菜, もち	一般の焼き魚, もちやせんべいを直火で焼く
	つるし焼き	あひる, 鶏	烤鴨子（カオヤーヅ）(あひるの丸焼きなど大きな食品を焼く)
	機械焼き	パン, 魚, 肉	トースター, ロースター, グリルを用いて焼く
間接焼き	鍋焼き 鉄板焼き	牛肉, 卵, 肉や野菜, お好み焼き, 焼きそばの具材	ビーフステーキ, ハンバーグステーキ, 卵焼き, ホットケーキ, 肉や野菜の炒め物など厚手の鍋の鉄板を用いて焼く
	オーブン焼き (自然対流式, 強制対流式)	比較的大きな肉や魚, パン, クッキー, ケーキに用いる材料	ローストチキン, ローストビーフ, パン, クッキー, ケーキ, グラタンなどオーブンの中で熱い空気の対流によって加熱する
	包み焼き	魚介, きのこ	アルミホイル, 和紙, 硫酸紙などに包んで焼く
	いり焼き	ごま, ぎんなん, 豆	ほうろくやフライパンで撹拌しながら加熱する
	石焼き	くり, さつまいも	石や砂を用いて間接的に加熱する（甘栗, 焼きいも）

蒸しパン, いも類などは食品の表面が100℃になるまで強火で蒸し, 高温を持続させる。特定の温度範囲で蒸すもの, 茶碗蒸し, 卵豆腐, プディングなどの希釈卵の蒸しものは85～90℃を保つように火加減するとともに隅切りにより温度を調整する。蒸しもの調理の分類は加熱温度によって行われている（表5－10）。

蒸し時間の計り方は材料を入れ再び蒸し器の小穴から蒸気が出たとき計り始める。仕上がり時間は材料および調理方法によって異なる。

④ 炊　く

煮る操作と蒸す操作が組み合わされたもので, 熱の伝達は対流によって行われる。一般に炊くとは炊飯を意味し米を浸漬し, 吸水させた後一定の水を加え加熱して, 仕上り時にはほとんど水がなくなるという米独特の加熱法である（地方によっては煮ることを炊くということもある）。

【目　的】
1. 米でんぷんを糊化させ, 適度な粘りと硬さをもつ食味のよい飯に炊き上げる。
2. 組織を軟化させ, 消化をよくする。

【特　徴】
1. 加熱温度は100℃以内で, 熱の伝達は対流による。
2. 米の浸漬時間, 加水量および加熱法が条件に適合しないと美味なる飯が得られない。
3. 炊き水に調味した炊飯は米が糊化しにくく, 焦げやすい。

2）乾式加熱

熱源から放射熱, 鉄板やフライパンなどの伝導熱, 油の対流熱を利用して食品を加熱する方法を乾式加熱という。湿式加熱よりも高温で加熱する。

> **放射熱（輻射熱）**
> 赤外線など電磁波のエネルギーが食品などの物体に吸収されて熱に変わること。炭火は放射熱が多いので焼き魚に適する。

第５章　調理操作

① 焼　　く

直火焼きと間接焼きに大別される（表5−11）。

直火焼きは熱源からの放射熱で網や金串などの支持体を用いて食品を直接焼く方法である。間接焼きは熱した鉄板や鍋，オーブンなど用いて食品を間接的に加熱する方法である（図5−8）。

【目　的】
1．食品の表面のテクスチャーを改善するとともに焦げ色と風味を与える。
2．脱水して味を濃縮する。
3．膨化させる（パンを焼く）。
4．高温加熱による殺菌効果を得る。

【特　徴】
1．加熱温度は150〜300℃くらいで，他の調理操作にくらべてもっとも高い。
2．直火焼きは放射熱で，間接焼きは伝導が主でオーブンなどは対流，放射も利用される。
3．加熱温度の熱勾配が大きい。
4．温度管理はむずかしい。直火焼きは温度の上昇に限りがないので好適温度をつくり，一定に保つのがむずかしい。間接焼きは直火焼きより容易である。
5．直火焼きは熱が放散し熱効率が悪い。間接焼きは直火焼きほどではない。
6．高温加熱により水分が減少し味が濃縮され，焦げの風味と香味が得られる。
7．焼き方の種類が多いので食品の利用範囲が広い。直火焼きは長時間の加熱が不可能なため食品は限定されている。

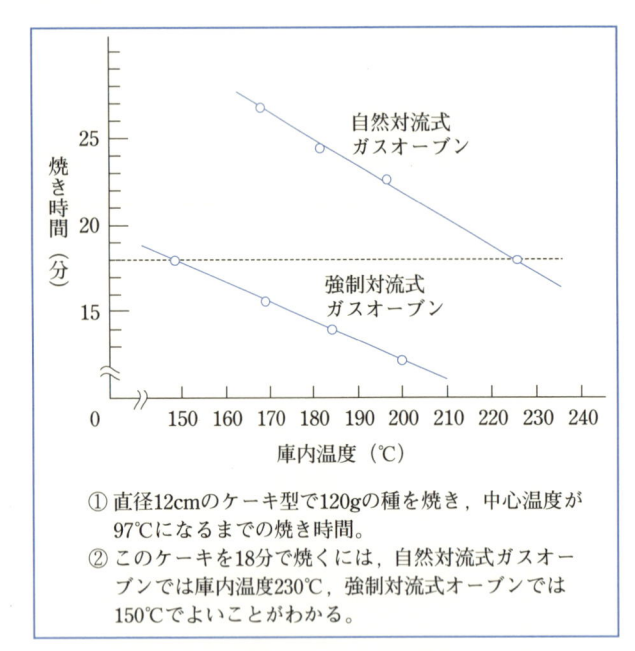

① 直径12cmのケーキ型で120gの種を焼き，中心温度が97℃になるまでの焼き時間。
② このケーキを18分で焼くには，自然対流式ガスオーブンでは庫内温度230℃，強制対流式オーブンでは150℃でよいことがわかる。

資料）渋川祥子『調理科学』p.34，同文書院，1985

図5−8　庫内温度とスポンジケーキの焼き時間

【要　点】
　焼き魚は直火焼きを代表するもので火力を一定に保つ火加減の調節がもっとも重要である。火力の強弱は熱源の調節および熱源との距離によって調節する。
　直火焼きは一般に強火の遠火がよいといわれている。鉄弓を用いて8〜10cm離して焼くのがよいとされている。
　フライパン，厚鍋，鉄板，ほうろく，石などの中間体を用いたり，オーブンを使用する間接焼きは機種の種類により温度管理は異なるが，機器が加熱されてから食品材料を入れる。機器の熱容量の大きいものは温度変化が少なく，熱の伝導が平均化されやすい。
　オーブンは密閉された庫内で高温の熱気で食品を加熱する。熱気が自然対流するものと強制対流する2種類がある。庫内温度は90〜400℃まで調整できるようになっているが，150〜220℃が使用されることが多い。強制対流

表5-12　炒め物の種類

種　類	例
油炒め（ソテー）	調理の予備的操作として炒める場合，みじん切りたまねぎの油炒め，ルーなど。炒めて仕上げる場合，野菜類の油炒め，飯またはめん類の油炒め。
炒め煮	調理の予備的操作として油炒めをして，これに煮だし汁や調味料を加えて煮る。中国料理の炒菜，日本料理ではきんぴらごぼう，いり鶏など。
炒め揚げ	揚げ物のかわりに油の量を多くして加熱する。食品の下部は，油の中に浸って盛んに水分を蒸発し，揚げ物のようになる。メンチボール，魚のフライ，カツレツなどの場合に用いられることがある。

式の方が庫内の熱がより均一で，焼き時間が短く，一度に大量の加熱ができるなどの理由で給食センターのような集団給食用によく使用されている。

② 炒める

少量の油と鍋の高熱による伝導によって食品を加熱する方法である。食品の表面は油の膜でおおわれ鍋底からの熱が油を通して食品に伝えられるので高温短時間で加熱される。油脂は食品が鍋や鉄板に焦げつくことや食品相互の付着を防ぎ，油脂味が食味に加わる。炒め物の調味は表面にとどまり内部へ拡散しにくい。炒める操作には油炒め（ソテー），炒め煮，炒め焼き，炒め揚げなどがある（表5-12）。

【目　的】
1．食味に油脂の風味を付与する。
2．若干の焦げの風味を付与する。

【特　徴】
1．熱の伝達はおもに伝導である。
2．高温短時間の調理法である。
3．食品の色や持ち味，栄養の損失が少なく，脂溶性ビタミン類の吸収率を高める。
4．加熱中に調味が可能である。
5．食品の適用範囲が広い。

【要　点】

炒め物は少量の油を用いて強火で食品を加熱し短時間で仕上げる操作であるため，鍋の種類，温度管理，油脂の種類や量，材料の下準備，材料の量などの影響を受けやすい。鍋は中華鍋，フライパン，鉄板などが用いられるが熱伝導がよく，温度変化の少ない材質で厚手のものがよい。温度管理は炒める前に鍋を十分熱してから油脂を入れ，油脂が熱せられた後で材料を入れて，高温で絶えず撹拌したり，あおったりしながら，焦がさず均一に加熱する。炒める前の鍋の加熱は放水量や遊離油脂量を少なくするためにも有効である。

炒め物に用いられる油脂は日本料理では植物油（サラダ油，ごま油，大豆油），中国料理ではラード，植物油，西洋料理ではバター，植物油である。

油脂の適量は食品の種類や炒め操作によっても異なるが炒め上がりのとき，油が残らない程度がよい。一般には水分の多い食品は3～5％，油を吸

> **炒め物の油脂の機能**
> 食品に付着または吸収されて油の持ち味を出す。食品にフレーバーや色の発現に役立つ。食品の鍋につくのを防止し，また材料が相互に付着するのを防ぐ。

収しやすいものは7〜10％，バターやマーガリンは15％の水を含むのでこれより少し多く用いる。材料は熱の伝わり方を等しくするため，小さく切るかせん切りにする。また，火の通りにくいものはゆでたり，揚げておくとよい。食品の量は食品の水分量にもよるが食品を動かしやすく，短時間に仕上げるために鍋の容量の1/2くらいまでを限度とする。水分量の多い野菜類には水と油の分離現象がみられるので鍋の大きさと材料のバランスを考慮する必要がある。

③ 揚 げ る

揚げる操作は高温の油脂の中で食品を加熱することである。熱の伝達は油の対流によるもので油は熱媒体であるとともに食品に吸収，付着して油脂味が加わり栄養的・嗜好的価値を高める。油脂の比熱は小さく，0.48cal/g・kで，水の比熱の約1/2であるため，水の倍以上も熱しやすくさめやすい。したがって揚げ物の温度管理はむずかしい。衣による揚げ物の分類は表5－13に示した。

【目　的】

1. 食品中の水分を脱水させ，揚げ油を吸収させる。
2. 食品に油脂の香味と焦げの風味を加え，表面にからっとした食感を付与

> **比熱**
> その物質が温まりやすいか，冷めやすいかどうかをあらわす値。物質1gの温度を1k（1℃）だけ上げるときに必要な熱量を比熱として表す。水の比熱は1cal/g・kである。

表5－13　衣による揚げ物の分類

種類	衣	特徴	適用食品	温度	時間	吸油率
素揚げ	なし	食品が直接高温に接触するので脱水され，色，テクスチャーが変化する。	ポテトチップス（〃二度揚げ）ししとう，青菜類いも，根菜類なす，しいたけ	130〜150℃ 180℃ 140〜160℃ 160〜170℃ 180℃	3〜4分 30秒 30秒〜1分 2〜3分 1〜2分	8〜10％
から揚げ	片栗粉などのでんぷん，小麦粉	衣の水分が少ないので長時間は揚げられない。加熱時間の短くてよい魚，鶏肉などに利用する。	魚の丸揚げ（魚の二度揚げ）鶏骨なし鶏骨付き（鶏二度揚げ）	140〜150℃ 180℃ 160〜170℃ 160〜170℃ 180℃	5〜10分 30秒 3〜4分 5〜7分 30秒	6％
フライ	パン粉	表面のパン粉は水分が少ないが，パン粉をつける下地により変わり，焦げやすい。短時間で加熱済みの食品を揚げる。	豚肉（1cm厚さ）魚介類コロッケ	160〜170℃ 180℃ 190〜200℃	3〜5分 2〜3分 1分	12〜17％ 7％
天ぷら	小麦粉＋卵液	衣におおわれるので食品の水分蒸発が少なく風味も保持される。	フリッター野菜類魚介類かき揚げ	160〜170℃ 160〜180℃ 180〜190℃ 180〜190℃	1〜2分 1〜3分 1〜2分 1〜2分	9〜10％
変わり揚げ	はるさめ道明寺粉そうめんごま	フライに準じる。粉をつけ卵白をつけた後，それぞれの準備されたものを表面にまぶす。	魚介類，肉類，野菜類	180〜190℃	1〜2分	はるさめ 100〜200％ 道明寺粉，そうめん 12〜15％

する。

【特　徴】
1．加熱温度は120〜200℃である。
2．油の比熱が小さく温度管理がむずかしい。
3．高温短時間の調理なのでビタミン類の損失が少ない。
4．食品は脱水され，代わりに油が吸収される。
5．調味は揚げる前か後で行う。
6．材料の種類，揚げ方によって適温が異なる。
7．嗜好性の高い調理法である。
　　（一回に揚げる量に限りがあるため，総時間は長くかかる。）

【要　点】
　揚げ物は油の比熱が小さいため揚げ油の温度の変動が大きい。温度を一定に保つために，火加減や食品を適量ずつ分けて揚げる必要がある。そのために揚げ物自体は短時間であるが材料の分量によって総時間はかかることになる。揚げ油は使用回数が多くなったり，古くなると酸化，重合が起こり，泡立ちやすく泡が消えにくくなり，揚げ物の油の切れが悪くなり，からっと揚がりにくくなるなど，油の劣化現象が起こる。

　鍋と油量について，鍋は表面積の広い中華鍋は能率よく揚げられる。油量は揚げ材料の厚みの2倍として4〜8cmくらいの深さにする。

　揚げものの油の適温と時間は食品の質，水分含量，大きさ，衣の有無と衣の種類に左右される。衣揚げは食品の持ち味を生かし，衣の中の食品は軟らかく，外側の衣がからっとした食感が美味しさを感じさせる（図5−10）。

3）誘電加熱（電子レンジ）

85頁「5）電子レンジ」を参照。

【目　的】
1．電気エネルギーを使って食品の分子間に摩擦を起こし，食品を直に誘電加熱する。湿式，乾式加熱全般の調理を行なう。
2．再加熱を行う
3．食品を乾燥させたり，濃縮させる。
4．冷凍食品を解凍させる（急速に解凍できる）

【特　徴】
1．食品自体が発熱するため，熱の放散がなく，熱効率がよい。
2．短時間で加熱ができる。
3．食品の色，風味，形が保たれ，栄養素の損失が少ない。
4．食品以外の物質を直接あたためることが少なく，庫内温度が上昇しないので調理環境（火災ややけどの安全性が高い）がよい。
5．殺菌作用がある。
6．水分の蒸発量が多い。
7．食品の形状や質によって加熱むらができやすい。冷凍食品の解凍は加熱む

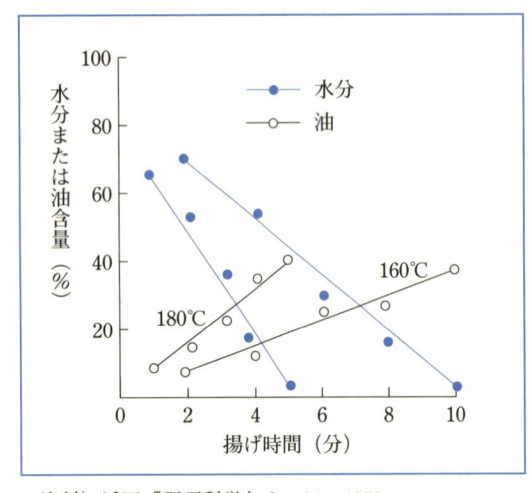

資料）浜田『調理科学』3, 31, 1970

図5-9　ポテトチップの水と油の交代

らができやすい。
8．調理時間の設定がむずかしい。調理時間と食品の量はほぼ比例する。
9．焦げ目がつかない。

【要　点】
　加熱時間は食品の量に影響されるので，適当な時間に設定し，加熱状態を見ながら時間を延長するように調整する。食品の量と加熱時間はほぼ比例し，量が増えればそれだけ長くなる。この加熱法は加熱むらが起こりやすいのでスターラでマイクロ波の反射方向を変えたり，食品をのせる皿を回転させたりしているが断続的に照射するのが効果的である。
　水分の蒸発（硬化現象）はプラスチックフィルムやふたのついた容器などを用いて防止する。また食品の表面に水を噴霧してもよい。
　食品によっては急速な加熱で酵素の失活が速いため，酵素の作用は抑制される。たとえばさつまいもは，さつまいもに含まれるβ-アミラーゼは加熱するとでんぷんを糊化し，麦芽糖を生成して甘くなるが酵素の働く充分な時間がないため甘さが薄くなる。一方，早く酵素の働きがなくなることで美しい色に仕上がる。
　焦げ目を必要とするもの，蒸気を併用することで加熱効果の上がるものには電子レンジにオーブン，スチーム機能，グリル機能を加えたコンビネーションタイプのものも出現している。

4）誘導加熱（電磁調理器加熱）
86頁「6）電磁調理器」を参照。

【目　的】
　電磁調理器を用いて鍋自体に発熱させる加熱法で調理を行う。

【特　徴】
1．熱効率が高い。ガスコンロや電気コンロ（熱効率40～50％程度）より高く約80％である。
2．安全性が高い。鍋をはずしてしまえば熱源がなく，調理器そのものから炎や熱が発生しないので引火の心配がない。また排気ガスの心配もない。
3．温度調節が容易であり，クリーンな加熱機器である。
4．使用できる鍋は強磁性体のものに限られる。
5．長時間加熱する調理に適している。

【要　点】
　比較的低い周波の電磁波を利用する加熱法である。磁力で鍋を発熱させるので電気抵抗が生じなければ鍋は熱くならないし，鍋が乗らなければ発熱しない。

マイクロ波加熱
マイクロ波加熱には少量の加熱が適している。マイクロ波は食品中に吸収されると徐々に減衰しながら内部にまで入っていく性質があるので，半径の大きい食品は中心部までマイクロ波が通りにくい。また食品量が多いと単位体積当たりのマイクロ波の吸収量が少なくなり，逆に加熱時間が長くなり，加熱ムラもできやすい。

誘導加熱の原理
電磁コイルに交流電流を流し発生した磁界が，鍋底を貫いて電流の向きに応じて反転すると，その発生磁界を打ち消すように鍋底に過電流が流れる（電磁誘導の原理）。この過電流が鍋底に流れ，その電気抵抗のためにジュール熱が生じ，鍋自体が発熱するのである。

4．調理機器

調理器具，機器ともに非常に種類が多い。現在は使いやすいように工夫され開発された器具，機器も増えているが，機能面，衛生面，安全面，管理面などから選ぶことが大切である。

(1) 計 量 用

材料，調味料を正確に計量することは調理の基本であり，そのために使用する器具である。

1）重量計器

アナログ，デジタルなど多種類のはかりがある。大量の材料を測るときは上皿自動はかりが適する。少量の材料や調味料を測るには秤量100g，500gのデジタル表示のはかりが風袋も差し引きできるので便利である。

2）容量計器

調味料などは，容量で計量する。計量スプーンは1/2小（2.5m*l*），小（5 m*l*），大（15m*l*），計量カップは200m*l*，500m*l*，1,000m*l*のものがある。

3）時　　計

タイマーにはアナログ，デジタル，ストップウオッチ機能のついたものもある。

4）温 度 計

アルコール温度計は70℃以下で，水銀温度計は－20～300℃で用いる。食品内部の温度を測定するものや，天ぷら用温度計などもある。

(2) 非加熱調理器具

加熱前の操作として，洗浄，切断，混合・攪拌，粉砕・磨砕，ろ過，成形などの操作で用いる器具である。

1）包　　丁

包丁の種類は，大きく和包丁，洋包丁，中華包丁に分けられるが，その他にもパン切り包丁，冷凍食品を切る包丁，そば切り包丁，すし切り包丁などがある。刃には片刃と両刃がある。片刃は和

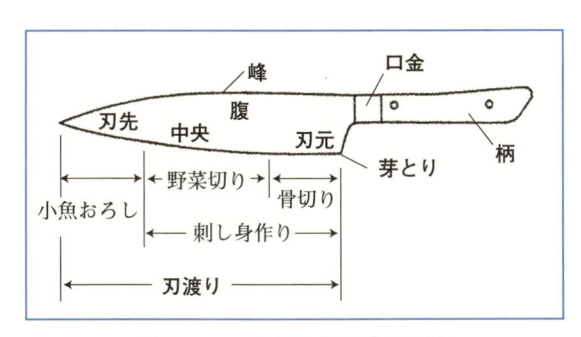

図5－10　包丁の部位名と用途

包丁の材質
鋼（鉄と炭素の合金）
ステンレス鋼（鋼にクロム，ニッケルを添加したもの）
合金鋼（鋼にモリブデン，タングステン，コバルト，クロムなどを添加したもの）

表5－14　非加熱調理器具

切断用器具	皮むき器，卵切り器，料理用はさみ，鰹節削り器など
混合・攪拌用器具	箸，へら，しゃくし，フライ返し類，泡だて器，ハンドミキサーなど
粉砕・磨砕用器具	すり鉢，すりこぎ，おろし器，ミキサー，フードプロセッサーなど
ろ過用器具	裏ごし，万能こし器，シノア，茶こし，油こし，炸鏈（ジャーレン），絞り器など
成形用器具	めん棒，面板，肉たたき，ライス型，絞り出し袋・口金など
その他	缶切り，栓抜きなど

包丁に多く，包丁の片側にだけ刃がついているため，かつらむきや刺し身などに適する。両刃は洋包丁に多く，両面に刃がついているのでまっすぐに切り込むと左右同じように切れる。

材質は鋼，ステンレス製，合金製がある。鋼が一番切れ味はよいが，さびるという欠点がある。ステンレス製，合金製は切れ味は鋼に劣るが，さびないため取り扱いが容易であるので，初心者や家庭用には良い。

洋包丁は部位により種々の食材を切ることができるので使用しやすい包丁といえる（図5-10）。

2）まな板

日本のまな板は木製（朴，いちょう，ひのき，柳，桐）で長方形のものが一般的である。衛生面では合成樹脂（ポリエチレンなど）のほうが推奨されているが，硬くてすべりやすいという欠点がある。その他すべりにくい合成ゴム材のものもある。中華では木を輪きりにした厚い丸型のものが使われている。

> **まな板の大きさ**
> 家庭では横約40cm，縦約23cm，厚さ約3cmが使いやすい。

3）その他の調理器具

その他，非加熱操作で使われる器具を表5-14に示した。

（3）加熱機器

1）ガスコンロ

都市ガス，プロパンガスとも構造は同じで，ノズルから出るガスに空気が取り込まれ混合管でガスと混合し燃え，さらに炎口で空気が取り込まれ完全燃焼する。

一口コンロ，テーブルタイプ，ビルトインタイプなどがある。魚焼きグリルも水を入れなくても良いタイプや，両面焼きなども開発された。また温度調節や，天ぷら火災防止用センサーの機能や，ガス漏れ防止を備えたものもあり性能が良くなっている。

ガスコンロは，微妙な火力調節が可能，鍋や料理の種類を選ばないなどの良い点と，熱効率が低いことや，換気が必要，ガス漏れで引火するなど安全性の面での問題がある。

2）電気コンロ

電気コンロには，ニクロム線の電熱線式，ニクロム線を絶縁体に収めて直接鍋に接触できるようにしたシーズヒーター式，リボン型のヒーターを使用したラジエント式（IH式と組み合わせて使われる），ハロゲンランプ式，IH式（induction heating）（86頁「6）電磁調理器」参照）がある。

電気は安全性が高く，熱効率がよいが，温度調節が緩慢，設備価格が高い，調理器具や料理の種類に制限があるなどの欠点もある。

3）炊飯器

熱源は電気またはガス，あるいは両方を使用するものもある。ガス炊飯器のほうが火力が強く美味しく炊けるとの評価もあるが，最近は電気でもIHが使用され食味は劣らなくなった。また炊く米の量は釜の容量の8割が一番おいしいので，炊く量を考えて釜を選ぶと良い。ほとんどの炊飯器には保温機能がついているが，

4．調理器具

電波について

	周波数	波長
ラジオ（AM）	525.5～1606.5kHz	571～187m
テレビ（VHF）	90～222MHz	3～1m
テレビ（UHF）	470～770MHz	64～39cm
電子レンジ	2450MHz	12.2cm

誘電損失について
電子レンジでの発熱量は，誘電率と誘電力率の積に比例する。この積を誘電損失という。この値の大きいものほど，発熱量が多い。

物質名	誘電率 (ε)	誘電力率 ($\tan \delta$)	誘電損失 ($\varepsilon \times \tan \delta$)
氷	3.2	0.00095	0.003
ポリエチレン	2.3	0.0005	0.0012
水（15℃）	80.5	0.31	25
牛肉（生 20℃）	47.4	0.28	13.4
豚肉（生 20℃）	43.0	0.32	13.8

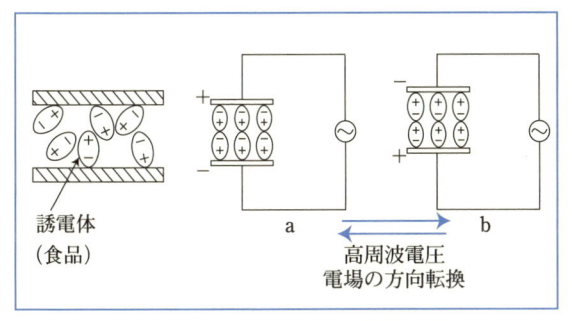

図5－11 電子レンジの加熱の原理

新調理システム
新調理システムとは大量調理での，料理のおいしさと，HACCP概念を含めた調理作業全般に関わる計数によるシステム化をさす。この代表的なものが，クックチル（加熱調理した食品を急速冷凍して，再加熱して提供する方法）と真空調理法（生の食材を調味料などと一緒に真空袋に入れ，真空パックしそのままスチームコンベクションオーブンなどで低温加熱する方法）である。

保温温度は70℃以上と決められているため長時間の保温は飯の水分減少，褐変反応で色の黄変，匂いがつくなど食味が悪くなるので6時間位を限度としたほうが良い。現在は玄米，すし飯，おかゆなどが炊ける多機能を備えたものも開発されている。

4）オーブン

オーブンは密閉した庫内に熱源を入れ，食品を静置して加熱する器具である。食品は加熱された空気の対流，庫壁からの放射，天板からの熱伝導により加熱される。ガスオーブンと電気オーブンがあり，自然対流式と強制対流式（コンベクションオーブン）がある。強制対流式のオーブンは対流伝熱が主であり，自然対流式の電気オーブンは放射伝熱が主である。強制対流式の方が加熱能が高いが，風速によりその能力は異なる。製品の焼き上がりはオーブンにより異なるのでオーブンの性質を理解して使う必要がある。電子レンジと組み合わせたオーブンレンジもある。

また1980年代にドイツで開発されたスチームコンベクションオーブンは，わが国でも業務用として使われている。蒸気加熱によるスチーマー機能と，熱風を対流させて加熱を行うコンベクションオーブン機能を持つことにより，スチームモード，オーブンモード，さらにスチームを与えながらオーブン加熱を行う自動加湿オーブンモードなどで，焼く，蒸す，炒める，揚げる，炊く，煮るなどほとんどの加熱調理ができる。またこれは，大量調理の新調理システムであり，クックチルシステムや真空調理法においても使われる機器である。最近は家庭用オーブンでも，100℃の蒸気が出て蒸し焼き料理ができるもの，また過熱水蒸気（100℃の飽和水蒸気を過熱させて，300℃の過熱水蒸気にしたもの）をとりいれたスチームオーブンレンジなども製品化されている。

5）電子レンジ（Microwave Oven）

電子レンジは1945年アメリカでマグネトロンという真空管の研究時に加熱現象が発見され，その後実用化が研究され現在に至っている。

電子レンジ内では，マグネトロンから2,450MHzの電波が発射される。この電波が食品中に入り食品が加熱される。この電波は波長が短いのでマイクロ波とよばれ，ラジオやテレビの電波とは波長が異なる電波である。

食品にマイクロ波を照射して発熱させるのが電子レンジ加熱である。食品の主成分である水はマイクロ波を吸収して発熱するので，水分子を例に考える。水分子

第5章　調　理　操　作

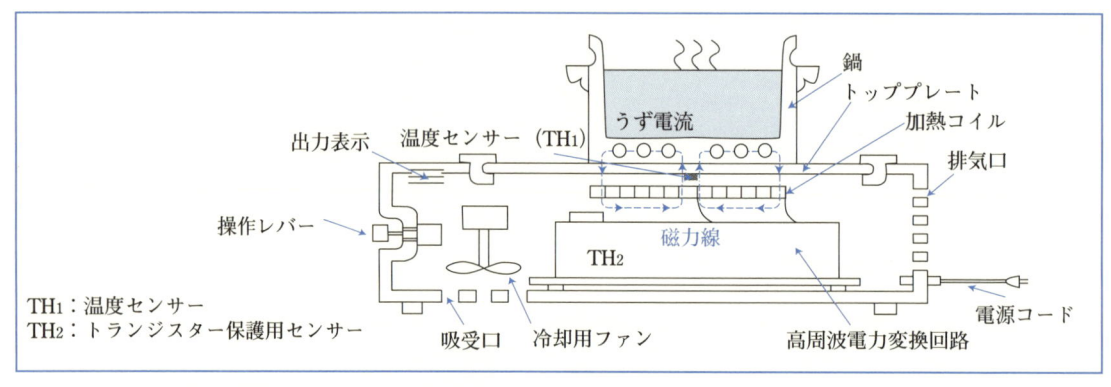

図中ラベル：
- 出力表示
- 温度センサー（TH1）
- うず電流
- 鍋
- トッププレート
- 加熱コイル
- 排気口
- 操作レバー
- 磁力線
- TH2
- 電源コード
- 吸受口
- 冷却用ファン
- 高周波電力変換回路

TH1：温度センサー
TH2：トランジスター保護用センサー

資料）山本　巧『調理科学』17, 150, 1984を改変

図5－12　電磁調理器の構造

は酸素と水素からできており，酸素側がマイナス，水素側がプラスになっている。マイクロ波を水に照射すると，水分子のプラスとマイクロ波によってできた電場のマイナス，水分子のマイナスと電場のプラスが惹きあうように向きを揃える。電場はマイクロ波の振動にあわせてプラスとマイナスが入れ替わるので，水分子もこれに合わせて向きを変え，活発に動くことによって発熱する。電子レンジでは電波の周波数が2,450MHzなので，1秒間に24億5千万回の分子の動きが発生する。水以外の極性を持った成分も同じ理由で発熱すると考えられる（図5－11）。

　この発熱作用を誘電加熱といい，単位時間当たりの発熱量は物質の誘電損失（誘電率×誘電力率）に比例する。水の誘電損失がとりわけ高いので水分の多い食品は速く加熱される。電波は水や食品には吸収され，陶器，一部のプラスチック，耐熱ガラスなどは透過し，金属には反射する。使える食器は陶器，ポリプロピレン，耐熱ガラスなどであり，アルミホイルや金属製の容器は電波が反射されるため，また木製の器や漆器は電波を吸収して高温になるため使用できない。

6）電磁調理器（Induction Heater）

　1970年にアメリカで作られ，わが国でも安全であるなどの理由で近年普及している。

　従来の電気コンロとは異なり，電磁誘導加熱方式（IH方式：induction heating）とよばれるものである。調理器の中にある加熱コイルに電流を流すと磁力線が生じる。この磁力線が鍋底を通るときに誘導電流（渦電流）を生じ，この電流と鍋（金属は電気抵抗を持っている）の抵抗により鍋自体が発熱することを利用して食品を加熱する調理器である。裸火がない，排気ガスがでない，熱効率が良い，清潔であるなどの長所があるが，鍋が限られる。丸底鍋での高温での炒め物，直火焼きができないなどの調理の面からの短所もある。

　使用できる鍋は底の平らな磁性のある鉄，ステンレス（磁性ステンレス18-0），ほうろう製であり，非磁性ステンレス鍋（18-8, 18-10），アルミ鍋，銅鍋，土鍋は抵抗が小さく発熱が小さいため使えない。現在は土鍋などでも，底に鉄を埋め込んで電磁調理器用に加工したものも売られているがメーカー側では推奨しな

ステンレスの磁性・非磁性
磁　性：18-0
　（鉄に18％のクロム）
非磁性：18-8，18-10
　（鉄に18％のクロムと8％，10％のニッケル）

表 5－15　鍋の材質と扱い方

材　質	熱伝導率 (cal/cm·s·℃)	特徴と扱い方	使用されている鍋
アルミニウム	0.49	熱伝導率が高く，軽くて扱いやすい。酸，アルカリに弱いので，酸化皮膜で表面を加工したアルマイトもある。	雪平鍋，親子鍋，片手鍋，蒸し器，やかん，両手鍋，ソースパン，シチューパン，寸胴
		アルミニウム合金：軽合金といわれる。Mgを入れると耐蝕性が増す。	文化鍋，無水鍋
鉄	0.16	熱伝導率が高く，熱容量も大きい。さびやすい。熱いうちに湯で洗う。	天ぷら鍋，すき焼き鍋，フライパン，中華鍋，北京鍋
ほうろう		鉄の表面をガラスでコーティングしたもの。熱伝導は悪いが，熱容量は大きいので煮込み料理にむく。酸，アルカリ，塩にも強く汚れも落としやすい。金属たわしはさける。	鍋類一般
銅	0.92	熱伝導がとてもよい。酸で緑青を生じる。内側にスズでめっきしたものが多い。はげ易いので修理が必要。	卵焼き器，鍋類一般
ステンレス (18Cr-8Ni)	0.038〜0.056	耐蝕性はあるが，熱伝導が悪く焦げやすい。このため，鉄，銅，アルミなどを挟んだ多重構造の鍋がある。	鍋類一般
フッ素樹脂加工	6×10^{-4}	フッ素樹脂をフライパンや鍋の内側に塗りつけたもの。強火，空焼きはしない。傷をつけないようにする。	D社のテフロンはフッ素樹脂が2層，シルバーストーンは3層，プラチナストーンは4層塗ってある。炊飯器の内側，フライパン，鍋類
耐熱ガラス鍋	1.2〜2.9	パイレックスは耐熱性（490℃）	電子レンジ，オーブンに使える。
超耐熱ガラス鍋	$\times 10^{-2}$	パイオセラムは強度と耐熱性（1,300℃）	電子レンジ，オーブン，直火に使える。
陶磁器 セラミック	$\sim 1 \times 10^{-3}$	熱伝導は悪いが，保温性は良い。土鍋は耐熱性に欠けるが，セラミックは耐熱性がある。	行平，土鍋，柳川鍋

い場合もある。IH調理器専用鍋を使用するのが最も効率が良いが価格が高い。
　最近は卓上型よりも，クッキングヒーターとしての需要が多い。さらにオールメタル対応（使用できる鍋の種類が多くなる）の機器も開発されてきている。

（4）鍋

　鍋は加熱器具として重要であり，料理に適した鍋を選ぶことによりおいしさも左右される。鍋の素材と特徴を表5－15に示した。
　圧力鍋は，ふたを密着させ内部圧力を高め（1.2〜1.6気圧），沸騰点を高くして（115〜125℃）食品を加熱する鍋である。米や豆類，肉類，魚類が短時間で加熱されるが普通の鍋で加熱したものと比較すると特有のテクスチャーを示す。飯も豆も粘りが出，硬い肉は柔らかくなり，魚は骨まで食べられる。
　保温鍋は二重鍋で短時間の加熱後（加熱調理時間とよぶ）の余熱（保温調理時間とよぶ）を利用した鍋である。外鍋と内鍋を一緒に加熱する一体型と，内鍋を加熱後，高真空断熱構造の外鍋に入れて保温する分離型がある。長時間の煮込みなどの時間短縮，省エネルギー，液の対流が起こらないため煮くずれが少なく味のしみ込みも良いなどの利点がある。

（5）食器類

1）食器

　日本料理に使われる食器は、料理別にさまざまな器があり、盛り付ける器により料理の価値も高まる。これが目で楽しむ料理と言われる1つの要因でもある。西洋料理では大小の平皿や深めの皿が使われる。中国料理は丸や楕円の大皿、大湯碗に盛り、各自が取り皿に取り分けるので、食器の数も少なく合理的である。

　材質は陶磁器、漆器、銀製、ステンレス製、ガラス製などである。

　プラスチック製の食器は給食やベビー用食器に使われる。

（6）電気冷凍冷蔵庫

　冷却は、冷媒（ノンフロン）が気体になるときに気化熱を吸収する性質を利用している。冷蔵庫内は約1～5℃、野菜室は6～7℃、冷凍庫内は－18℃以下に保たれている。最近はこれ以外にチルド室（魚肉類、加工食品、乳発酵食品を入れる。約0℃）氷温室（魚介類などをより長く保存する。－1℃）、パーシャル室（刺し身、魚肉類、生もの解凍、－3℃）、ソフト冷凍室（2週間程度の保存で使い切る冷凍食品、－7℃）がある。

　冷却方式には自然対流式と強制循環式がある。自然対流式は冷凍室と冷蔵庫専用の2つの冷却器を持つ。冷凍室専用に冷却器があるので、冷凍能力が高く、除霜時の温度上昇も少ないのでフリージングに最適であるが霜がつきやすい。強制循環式は1つの冷却器で冷やされた冷気を、ファンによって冷凍室、冷蔵室に吹き出す方式で霜取りの手間がない。湿度の高い日本ではこちらが主流である。

食器の材質
陶磁器（益子焼、萩焼に代表される陶器と、有田焼、九谷焼に代表される磁器がある。）
漆器、銀器、ガラス製、ステンレス製、プラスチック製

プラスチック製食器
メラミン樹脂（耐熱温度130℃）フェノール樹脂（150℃）、ポリエチレン、（110℃）ポリプロピレン（130℃）、ポリカーボネート（160℃）などがある。いずれも耐熱温度は110℃以上だが、この中で電子レンジに使用できるのはポリプロピレンのみである。
メラミン樹脂、フェノール樹脂は電波を吸収して発熱するので使えない。

【管理栄養士国家試験予想問題】

問題１．洗浄・浸漬操作に関する記述である。正しいものの組み合わせはどれか。
　　　　a．切った野菜を冷水につけると，浸透圧の作用で水が細胞内に吸収され組織は軟らかくなる。
　　　　b．小豆は種皮や組織が硬いので，５～８時間水に浸漬してから加熱操作を行う。
　　　　c．大豆は１％の食塩水に５～８時間浸漬してから加熱すると，軟化が早い。
　　　　d．不快臭を持つ魚類やレバーは牛乳に10分程度浸すと生臭みが除かれる。
　　　　　　（１）aとb　　　（２）aとc　　　（３）aとd
　　　　　　（４）bとd　　　（５）cとd

問題２．野菜や果物の褐変現象に関する記述である。誤っているのはどれか。
　　　　a．野菜や果物の褐変現象とは，ポリフェノール物質が酸化酵素の作用を受けて酸化され，褐色の物質を生成する現象をいう。
　　　　b．酸化酵素の作用は酸性下で抑制または失活する。
　　　　c．ポリフェノール物質や酸化酵素は水溶性であるため，水浸することにより褐変化を防ぐことができる。
　　　　d．食塩水や砂糖水に浸漬すると褐変化が促進される。
　　　　e．ブランチングにより酵素の働きが失活し，褐変化が抑制される。

問題３．切砕に関する記述である。正しいものの組み合わせはどれか。
　　　　a．繊維の多い野菜類は繊維に直角に切ると早く軟らかくなり，繊維に平行に切ると煮崩れしやすい。
　　　　b．大根を輪切りにするときは薄刃包丁で押し出し切りにし，魚をさしみにするときは片刃包丁で引き切りにする。
　　　　c．調味料の浸透は材料の表面積が大きいほど早いので，大きく切ったほうがよい。
　　　　d．材料の表面積を大きくする工夫として，手綱こんにゃくや蛇腹きゅうりなどがある。
　　　　　　（１）aとb　　　（２）aとc　　　（３）aとd
　　　　　　（４）bとd　　　（５）cとd

問題４．冷蔵・冷凍に関する記述である。誤っているのはどれか。
　　　　a．冷却とは，冷水や氷水，冷蔵庫で０～10℃に冷やすことをいう。
　　　　b．冷蔵とは，食品を氷結点以上のある低い温度（０～５℃）まで冷却し，そのままの状態で貯蔵することをいう。
　　　　c．チルド保存（氷温保存）とは，２～－２℃で食品が凍結しない程度に保存することをいう。

d．パーシャルフリージング貯蔵とは，氷結点以下の3～－5℃で水分の一部を凍結させて保存することをいう。
e．冷凍とは，凍結点以下の温度で凍結しそのまま貯蔵することをいい，一般には－18℃以下の貯蔵を意味する。

問題5．調理機器に関する記述である。誤っているのはどれか。
a．アルミ鍋は軽く，熱伝導がよいので日常使用する鍋として良い。
b．電子レンジで加熱するときは，水分がとばないようにラップで包むと良い。
c．電磁調理器で使える鍋は，鉄鍋，ほうろう鍋である。
d．メラミンやフェノールでできた食器は耐熱温度が高いので，電子レンジで使える。
e．電磁調理器は環境にやさしい調理器具といえるが，調理の面では不便な点もある。

【参考文献】

1) 小原哲二郎・細谷憲政監修『簡明食辞林』樹村房，1991
2) 日本家政学会編『食生活と調理』朝倉書店，1991
3) 島田淳子・中沢文子・畑江敬子編『調理の基礎と科学』朝倉書店，1993
4) 矢野俊正・川端晶子編著『調理工学』建帛社，1996
5) 日本調理科学会編『総合調理科学事典』光生館，1997
6) 川端晶子・畑　明美著『調理学』建帛社，1997
7) 辰口直子・渋川祥子「家庭規模での食品の解凍の総合評価」『家庭教育研究』第8号，1997
8) (社)日本冷凍食品協会『冷凍食品取扱マニュアル』1998
9) 石松成子・鎹　吉・外西壽鶴子編『NEW基礎調理学』医歯薬出版，1999
10) 川端晶子・大羽和子編集『新しい調理学』学建書院，1999
11) 下村道子・和田淑子共編著『調理学実験書』光生館，2000
12) 池田ひろ・木下詔子編『食品・栄養科学シリーズ　調理学』化学同人，2000
13) 全国栄養士養成施設協会・日本栄養士会監修，管理栄養士国家試験教科研究会編『調理学』第一出版，2001
14) 下村道子・和田淑子共編著『新版調理学』光生館，2003
15) 野坂千秋「調理熟練者（プロの調理人，シェフ）の調理操作条件の解析」『日本調理科学会誌』Vol.36，14～21，2003
16) 『新版　介護福祉養成講座8　第2版　家政学概論』p.150～151，2003

第6章
食品の調理性と生体利用性

<学習のポイント>

1. 人間は自然界の動植物よりさまざまな形で試行錯誤を繰り返しながら食物を摂取してきた。それらの食物の素材となる食品には，植物性食品，動物性食品，さらにこれらの食品から抽出された特殊成分もあり，利用される。
2. 植物性食品には日本人の食の原点とされる「米」，また，パンや麺類の原料となる小麦，いも類，豆類，野菜類，果実類，海藻類，きのこ類があげられる。その調理性，およびそれらを利用した代表的な調理について科学的に理解する。
3. 動物性食品には肉類，魚介類，卵類，牛乳・乳製品があげられる。これらについて上記2と同様な観点から学ぶ。
4. 保存性やし好性を高める目的で素材である食物から自然の機能を生かしてさまざまなものを取り出し（抽出），これを食生活のなかに利用してきた。この素材は調理操作のうえでは加熱媒体として，あるいは食べるときの食感・味覚などの改良素材として使用されている。ここでは，素材の性質や調理上の機能について学習する。
5. 各調味料の種類と用途を理解する。

1．植物性食品

(1) 米

1) 種　類

米はその90％以上が中国，インドを初めとするアジアで生産されている。稲作は日本の気候風土に適していることから，米は古くから日本人の主食として食べられてきた。米の種類は，短粒米のジャポニカ種（日本型）と長粒米のインディカ種（インド型）に大きく分けられる。日本で普通に食するのは，ジャポニカ種の粳米で，この種の粒の大きさや形が揃っているのは，日本人が昔から短粒米を好んだためにほとんど短粒米しか作っていなかったこと，おいしい米を求めて，品種改良が繰り返されたことによる。いずれの米にも粳米と糯米がある（図6－1）。

近年，食生活の多様化に伴って新形質米に対する要望が高まり，香り米，高アミロース米，低アミロース米，高たんぱく質米，でんぷん変異米などがある。さらに，玄米や胚芽米の価値が見直され，胚芽を残した胚芽精米や，常圧で炊飯できる加工玄米，あるいは洗浄せずに炊飯できる無洗米などがあり，米の形態も多様化している。

2) 米粒の構造と成分

① 構　造

玄米の内部構造は図6－2に示したが，玄米を搗精して糠層と胚芽を除去したのが精白米であり，歩留まりは約91％である。一般に日本では，玄米を90％程度搗精した精白米を炊飯して，主として，米の胚乳部を食べている。

② 成　分

米の大部分はでんぷん（約75％）であり，約7％のたんぱく質，少量の食物繊維が含まれている。図6－3に示したように，米でんぷんにはぶどう糖が$\alpha-1,4$結合して，直鎖に連なったアミロースと直鎖からさらにぶどう糖が$\alpha-1,6$結合して枝分かれしたアミロペクチンの2種類がある。粳米と糯米の特徴と用途を表6－1に示した。糯米のでんぷんは100％近くがアミロペクチンで，アミロース含量の少ない米ほど粘りの強い米飯となる。これらのでんぷんが規則正しく配列して，ミセル（micell）結晶構造を形成している。これを生（β）でんぷんという（141頁「2) でんぷんの構造」参照）。

米に水を加えて加熱すると，ミセル構造に水分子が浸入して構造がゆるみ，ミセルが崩れて崩壊し，糊化（α）でんぷんとなる。しかし，糊化でんぷんも低温で

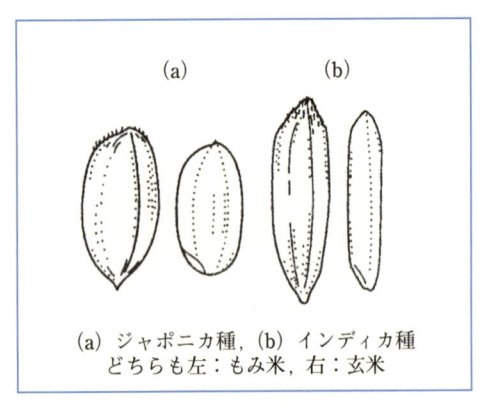

(a) ジャポニカ種，(b) インディカ種
どちらも左：もみ米，右：玄米

図6－1　米の形

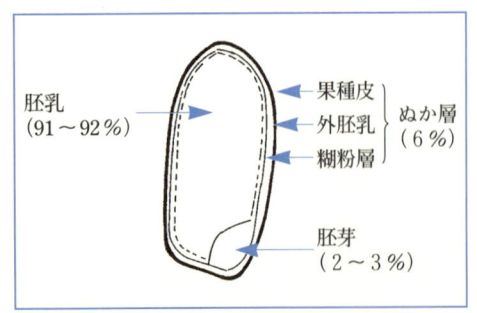

胚乳（91〜92％）
果種皮
外胚乳　　ぬか層（6％）
糊粉層
胚芽（2〜3％）

資料）金谷昭子『調理学』医歯薬出版，2002

図6－2　玄米の構造

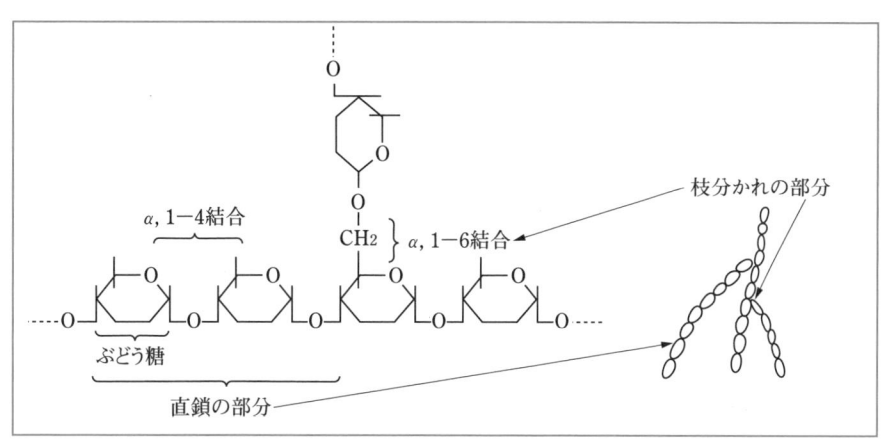

資料）渋川祥子『調理科学』1985

図6－3　でんぷんを構成するぶどう糖の結合状態の模式図

長い時間放置しておくと，でんぷんは再びミセル構造を形成して老化する。これを老化（β'）でんぷんという。

　米のたんぱく質は，約80％がオリゼニンと呼ばれるアルカリ可溶性のたんぱく質であり，アルコール可溶性たんぱく質のプロラミンと共にプロテインボディを形成している。米のアミノ酸組成はリジン，ヒスチジン，メチオニン，スレオニンがやや少ないため，たんぱく価（Protein score）は72程度である。米のたんぱく含量が多いと食味が低下するといわれている。

　精白米の脂質含量は1％前後と少量であるが貯蔵によって酸化し，ヘキサナールやペンタナールが増加するため，古米臭[1]と呼ばれる特有な不快臭が増加する。食味の劣化を防ぐには温度10℃～15℃，相対湿度70～80％に保つことのできる低温倉庫で貯蔵する。

3）米の調理
① 粳米の調理
a. 炊飯過程

　炊飯とは，水分約15％の粳米に加水して，約60％水分量の米飯に仕上げる過程をいう。昔から，炊飯の要領を表現するのに「はじめちょろちょろなかぱっぱ，

表6－1　うるち米ともち米の特徴と用途

種類	外観	でんぷん	ヨード反応	粒状の用途	粒状加工品
うるち米	半透明	アミロース約20％　アミロペクチン約80％	青色	飯，かゆなど（パジフドライス）（清酒，みその原料）	上新粉〔柏餅，すはま（すあま），ういろ〕
もち米	乳白色で不透明	アミロペクチン100％	赤紫色	おこわ，おはぎ，もちなど（みりんの原料）	白玉粉（白玉だんご，ぎゅうひ）　道明寺粉（椿餅，桜餅）　みじん粉（らくがん）

資料）川端晶子・畑明美『新栄養と課程講座　調理学』建帛社，1997

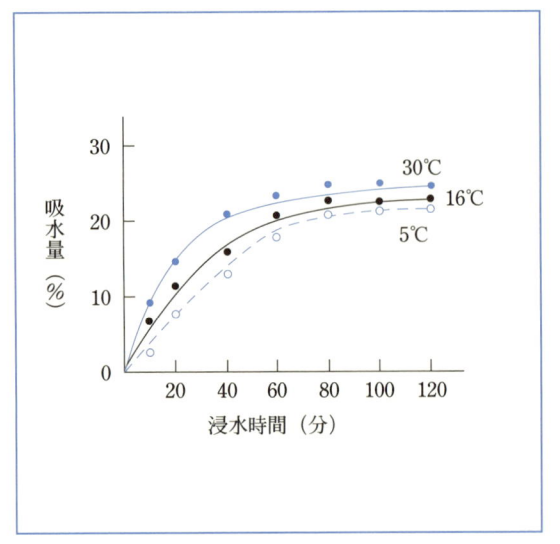

資料）松本・福場『調理と米』p.87, 学建書院, 1979

図6－4　浸水時間と吸水量

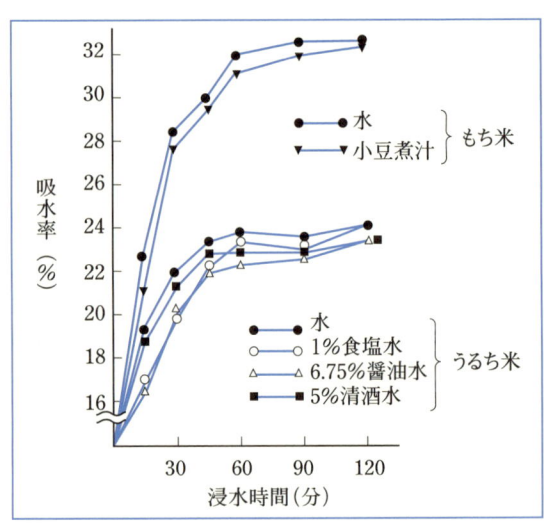

資料）貝沼やす子（調理科学研究会編）『調理科学』p.248, 光生館, 1984

図6－5　浸漬液中の吸水率

赤子泣くとも火を引くな」といわれている。米に水を加えて加熱すると，糊化（α）でんぷんになり，軟らかく粘りのある消化吸収しやすい飯となる。炊飯は煮る，蒸す，焼くなどの複合加熱操作で遊離水をなくする方法である。米でんぷんは米粒の石垣状細胞組織の中にほかの成分とともに存在しているので，でんぷんの膨潤や糊化には約30分程度の時間がかかる。

ア．洗　米

ぬかやゴミを洗い落とす目的で行う米の洗米は「研ぐ」ともいわれ，水溶性成分の溶出があり，約8％の水が付着するので，手早く3～4回洗う。最近では糠を取り去って，洗米による水溶性成分の損失防止や調理の手間を省き，さらに環境汚染を配慮して無洗米[2]を用いることもある。

イ．加水・浸漬

粳米の加水量は米重量の1.5倍，米容積の1.2倍を基準とする。米の種類，品質，新古や洗米時の吸水状態，炊飯器具の種類および米飯の硬さの嗜好などで加減する。浸漬は米粒組織内のでんぷんの糊化を促進するために加熱前に十分に水を吸収させておく。季節によって，水温が異なると吸水率も異なる（図6－4）。米が古い場合や水温が低い場合は長く浸漬する必要がある。図6－5に示したように，浸漬による吸水量は粳米20～25％，糯米32～40％である。概して浸漬30分間に急速に吸水し，約2時間で飽和状態となり，有限膨潤である。

ウ．加熱（炊飯曲線）

最もおいしい飯ができるまでの重要な炊飯操作である。米でんぷんを完全に糊化するためには98℃以上で，少なくとも約20分間は加熱する必要があり，沸騰上昇期（5～10分），蒸らし期（10分）を合わせて約35分間必要である。炊飯の加熱過程は図6－6のように4段階に分けられる。

1. 植物性食品

温度上昇期

5～10分間に98～100℃に温度を上昇させる必要がある。あまり短時間に温度が上昇すると，芯のある飯になりやすい。少量炊飯の場合は火力を弱めて沸騰までの時間を長くするが，大量炊飯の場合，この時間が長すぎると煮くずれる場合があるので，湯炊きにして，なるべく短時間に沸騰させる。

沸騰期

米粒の糊化に必要な温度と時間は98℃以上で20～30分である。ふきこぼれない程度の火力に調節して5～7分保つと，米粒内部への膨潤・糊化が進み，米粒が粘着性を増して水蒸気の通路ができる。

蒸し煮期

釜内の水分がなくなり，少量の自由水が吸収されて，蒸されている状態であり，焦げないように，15分間高温を持続させる。

蒸らし

ふたを開けずに，できるだけ温度が下がらないように10分～15分程度持続する。蒸らし終わったら軽く混ぜ，余分な蒸気を逃がす。なるべく木製のおひつに移し，飯が水っぽくなるのを防ぐ。

b. 炊飯に伴う米飯の味，香り，テクスチャーの変化[3]

米飯のおいしさは，色，つやなどの外観，味，香り，テクスチャーなどによって決まり，なかでも硬さ，粘り，弾力などのテクスチャーがおいしさに及ぼす影響が大きい。150±1℃の高温油浴で500m*l*容トールビーカーで，加熱40分間炊飯し，10分ごとに取り出して，円筒型（径40mm）で抜き取り，上，中，下部に分けて，テクスチャー測定をした結果[3]を図6-7に示した。硬さはこしひかりが硬く，加熱30分で最も軟らかくなった。

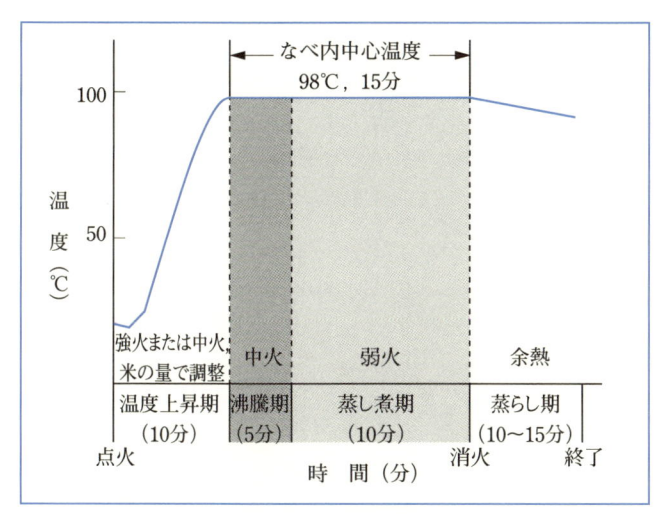

資料）池田ひろ・木戸詔子編『食品栄養科学シリーズ 調理学』p.33，化学同人，2000

図6-6 炊飯の加熱曲線

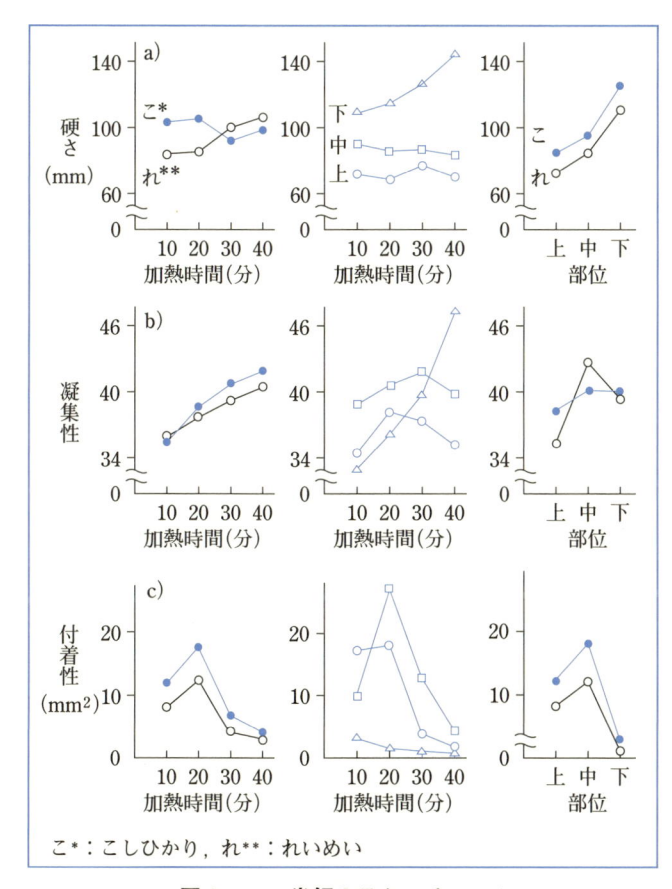

こ*：こしひかり，れ**：れいめい

図6-7 米飯のテクスチャー[3]

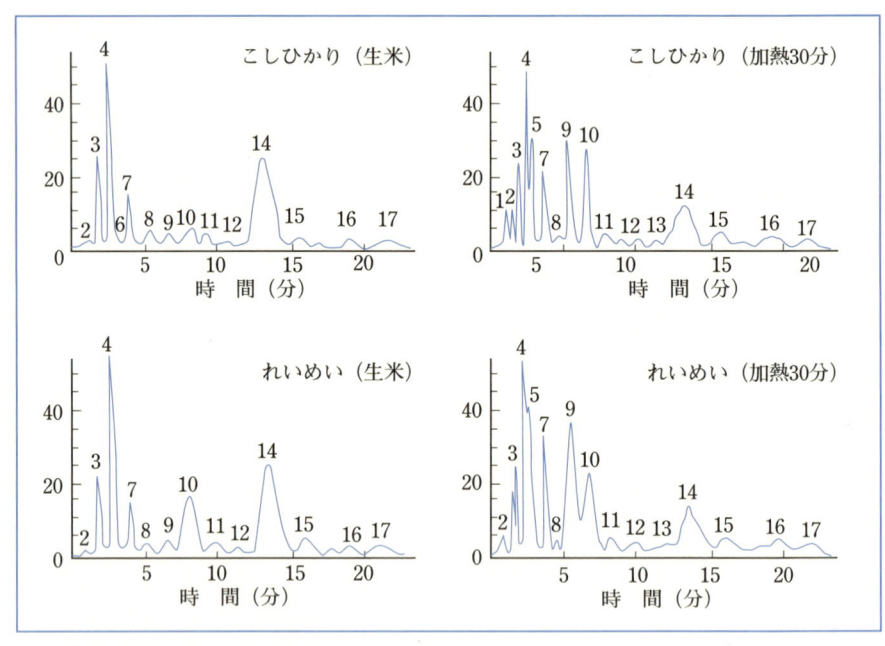

注）カラム：PEG-1,000，80℃
資料）佐藤恵美子・本間伸夫他『家政誌』35, 150, 1984

図6－8　米飯のヘッドガスのガスクロマトグラム

部位は上，中，下の順に硬くなり，下部は上部から押され，米飯の密度が大になるためと考えられる。凝集性はこしひかりがれいめいよりも大きく，中部が大である。付着性はこしひかりがれいめいよりも高く，両品種共に，加熱20分で最高となり，その後加熱が進むと低下した。また，糊化度[3]は両品種共に，加熱20分（96.4％）までに上昇し，加熱30分以降は97.1％となった。

図6－8には炊飯に伴う米飯香気のヘッドガス成分のクロマトグラム[4]を示した。主成分はアセトアルデヒド（No 3），硫化水素（No 4），ブタナール（No 7），エチルアルコール（No10），古米臭の原因とされているヘキサナール（No14），ペンタナール（No15）などのアルデヒド類などであるが，それらの香気成分の生成は，糊化度と同様に加熱20分までに激しく，その後加熱が進むと，揮散するので，米飯として好ましい香りは加熱30分であることが判明した。さらに，カルボニル化合物[4]や揮発性酸[5]などが蓋から湯気とともに揮散することは，おいしい米飯の香りが生成されるために重要なことである。したがって，好ましい米飯ができるためには，テクスチャー，糊化度，香気成分の変化から少なくとも，加熱25～30分間は必要であることが確認された。

c.　か　ゆ

米の容量の5～20倍の水を加え，米粒と重湯の割合が，三分がゆ（20倍の水），五分がゆ（10倍の水），七分がゆ（7倍の水），全がゆ（5倍の水）の区別がある。米を十分に浸漬し，時間をかけて軟らかく加熱したものである。沸騰したら，ふきこぼれない程度に火を弱めて，約1時間穏やかな沸騰状態を持続させる。土鍋，

焙烙鍋などの厚手鍋が適している。茶がゆは米に緑茶の煎汁を入れて煮たものであり，茶のタンニンはでんぷんの膨潤を抑制する。

d. 味つけ飯

米に食塩やしょうゆ，清酒，などの調味料とさまざまな具材料とともに炊いた飯である。食塩やしょうゆ，清酒は，米を水で十分浸漬吸水させてから，加熱直前に調味料を加えると良い。塩分や水の吸収の仕方は具材料によって異なるので，炊き込み御飯の場合は切り方に留意する。具の入らない調味液で炊いたものをさくら飯という。茶飯は茶の浸出液を米の重量の4％程度用いる。タンニンはでんぷんの糊化を抑制するので，加熱時間を少し長くする。

- 炊き込み飯

　五目飯（かやく飯），鶏飯，あさり飯，菜飯など具の材料によって名称が異なる。炊飯に及ぼす調味料の影響については，食塩，しょうゆ，清酒などを加えて，炊飯すると吸水速度が低下する。そのため，芯のある遊離水の多い飯になりやすいので，米を水で十分浸漬し吸水させてから加熱直前に食塩やしょうゆ，清酒などの調味料を加えると良い。または，沸騰時間を延長させるか加水量を通常の5％程度控えるなどの方法もある。塩分や水の吸収の仕方は具材料によって異なるので，炊き込む場合は切り方に留意する。

e. す し 飯

すし飯は，蒸らし時間は約5分くらいと短かめにし，炊いた直後に熱いうちに合わせ酢を混ぜ合わせるので，炊くときの加水量は米の重量の1.2〜1.3倍とし，やや硬めに炊く。あおいで急速に飯粒表面の水分をとばすことにより，つやのある引き締まった舎利（すし飯）ができる。

f. 炒 め 飯

米を炒めてから炊くピラフ（Pilaf）の場合は，米粒表面の糊化が先に進み，芯のある飯になりやすいので，沸騰継続時間を長くするか，または蒸し煮の時期を長くすることが大切である。油脂は米重量の7％〜10％程度とする。炒飯（チャオハン）の場合は飯を炒めるもので，高温で粘りを出さないように仕上げる。冷や飯を用いると粘りにくいので炒めやすい。

g. 大量炊飯[6]

少量炊飯の理論と基本的には同様であるが，容量の大きい食缶内は熱の伝導が不均一になりやすく炊飯量も多いので，部位間の差が大きくなる。竪型炊飯器の場合の加水量は，蒸発割合が米の重量に対して少ないので，加水量は米の重量の1.36倍[6]でよい。5 kgの米を炊飯した場合は，点火後約18分強火で加熱し，消化後15分蒸らした飯がもっとも好ましく，炊きあがりがよい結果となった。少量炊飯と比べて，加熱時間は短いが保温効果が大きいためである。しかし，沸騰に至るまでに部位間の熱の流れにやや乱れがあり，熱の伝わり方が不均一であることが飯の性状変化に影響を及ぼしたので，大量炊飯の場合はどの部位でも理想的な温度曲線になるように工夫する必要がある。

② 糯米の調理

こわ飯の仕上がり重量は糯米の重量の1.6～1.9倍である。ちなみに粳米は2.2～2.4倍である。十分に吸水させた後，蒸し足りない水分量を1～2回の振り水で補う。

a. 糯米のでんぷん分子と特徴

表6－1，図6－5にも示したように，糯米はアミロペクチンのみからなり，粳米に比べて，吸水しやすく，強い粘りがあり老化しにくいなどの特性がある。

b. こわ飯

糯米は2時間の浸漬時間で32～40％吸水するので，蒸し加熱が可能である。しかし，硬さの調節は振り水で行う。炊き強飯の必要な水の量は0.6～0.9倍であり，仕上がり重量は米の重量の1.6～1.9倍である。このことから，糯米を炊飯すると鍋の底部は焦げてしまう。糯米だけで炊飯すると米粒が水面より出て均一な吸水が行われず，熱の浸透も均一でないために炊きむらができる。炊きおこわの加水量は，糯米5に対し粳米2の割合で混ぜ，糯米には米の重量と同量の水を，粳米には1.5倍の水を合わせた量を加える。

③ 米粉の調理

糯米の粉には白玉粉（寒晒し粉），道明寺粉（蒸して乾燥後粗く挽いたもの），みじん粉（乾燥後，細かく挽いたもの）があり，粳米の粉は上新粉といい，餅菓子や団子に用いる。次に団子の材料となる上新粉，白玉粉について述べる。

a. 上新粉

粳米を粉砕，製粉し，ふるい分けしたもので，一般に粒度は粗く吸水量が少ない。水で捏ねるとまとめにくいので，熱湯（上新粉の全量の約80％）で捏ね一部糊化させると，まとめやすい。

b. 白玉粉

糯米を浸漬した後，水挽きし，80～100メッシュのフルイを通し，乾燥させたものである。熱湯を加えると，塊の表層部が糊化し，内部まで吸水しないので水で捏ねる。

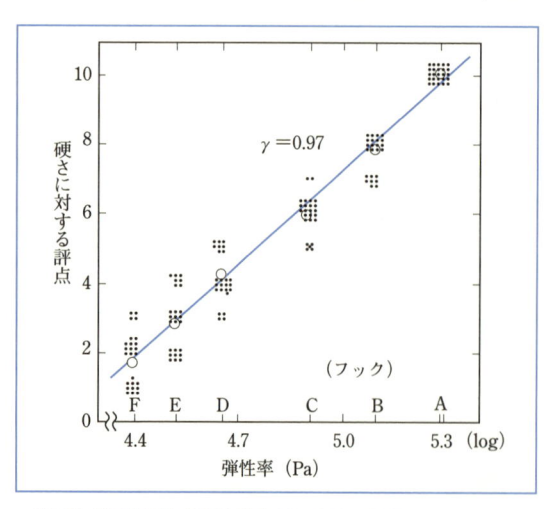

資料）勝田啓子『家政誌』38, 283, 1987
図6－9 フック弾性率と官能評価項目「硬さ」の関係

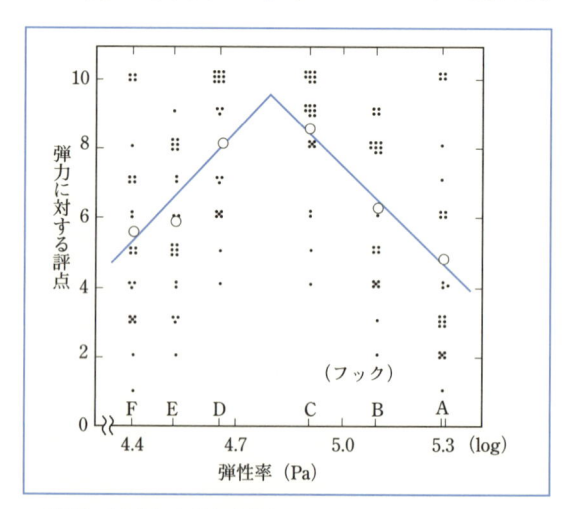

資料）勝田啓子『家政誌』38, 283, 1987
図6－10 フック弾性率と官能評価項目「弾力」の関係

c. 団　　子

　米粉の粒度が細かいほど，吸水率は高くなり，軟らかい団子になる。団子の生地は捏ね回数が多いほど，軟らかくなめらかになる。砂糖の添加は団子の老化を遅らせる。新粉の生地に白玉粉の団子を混ぜると団子は軟らかさを増し，口ざわりもなめらかになる。片栗粉の添加は硬さを増し，歯切れをよくする。上新粉と白玉粉は原料の米と同様に，含まれるでんぷんの種類が異なる。

　もち団子とうるち団子ではもち団子の方が軟らかいが，老化速度はもち団子の方が大きい。すなわち，もち団子の方が老化しやすい。一般にもち種の方が，うるち種のでんぷん系食品より老化しにくいといわれているが，速度論的には，もち団子の方が老化が急であり，団子の量にもよるが，ある時間を超えれば，もち種の方が硬くなる[7]。

　米粉粒度の影響[8]では，粒子の大きな米粉団子は空隙の大きな構造をしているが，150～200メッシュで最も空隙の少ない構造となり，もち団子はうるち団子よりさらに空隙の密な構造をしているため，老化が速く進行する。団子の官能検査と粘弾性の関係について，図6－9に示した。粒度の異なる米粉で調製した団子の瞬間弾性率（フック）と硬さの評点との間には，正の相関関係が得られた。すなわち，弾性率が高いことは硬い団子であることを示している[9]。

　図6－10には，瞬間弾性率（フック）と官能検査の弾力性に対する評点との関係を示した。弾力性の判定にはパネル間のバラツキが大きく判定しにくい項目であるが，規則性がある。すなわち，6.3×10^4 Pa（またはN/m^2）程度までは，弾性率が増加すると弾力があると判定されているのに対し，それ以上の弾性率になると，弾力が感じられなくなる。このような現象はもち米粉とうるち米粉の配合比を変えた団子にもみられる[10]。

（2）小　　麦

1) 種　　類

　小麦は外皮約13％，胚乳85％程度，胚芽2％程度からなり，外皮は硬く，胚乳部は軟らかいので製粉して利用され，米のように粒のまま食べることは少ない。硬い外皮を粗く挽き，ふすまをふるい分け，胚乳のみを粉砕したものが小麦粉である。小麦粒の組織が緻密でたんぱく質含量の多いものを硬質小麦といい，たんぱく

表6－2　小麦粉の分類と用途

分類	たんぱく質含量(％)	グルテンの質	粒度	原料小麦の質	主な用途
強力粉	11.0～13.5	強靱	粗い	硬質で硝子質	食パン，フランスパン
準強力粉	10.0～11.5	強	やや粗い	硬質で中間質および硝子質	中華麺，菓子パン，皮類
中力粉	8.0～10.0	軟	やや細かい	軟質で中間質および粉状質	日本麺（うどん，そうめん）
薄力粉	7.0～8.5	軟弱	細かい	軟質で粉状質	菓子（ケーキ，クッキー類），天ぷらの衣，一般料理
デュラムセモリナ	11.5～12.5	柔軟	極めて粗い	デュラムで硝子質	マカロニ，スパゲッティ

資料）下村道子・和田淑子編著『新版　調理学』光生館，2003

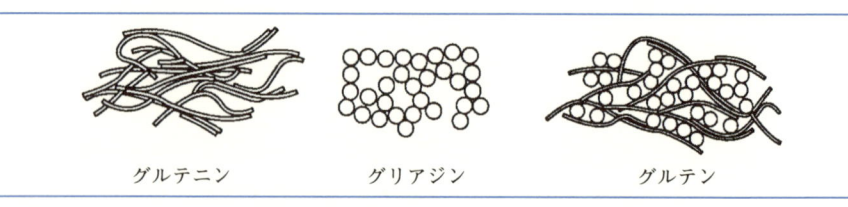

グルテニン　　グリアジン　　グルテン

資料）Huebner, F. R.: *Boker's Dig.* 51 : 154, 1977

図6－11　非共有結合をもつグルテンの網目構造模式図

質含量の少ない紛状質小麦を軟質小麦という。原料小麦はほとんどがアメリカやオーストラリアから輸入され，表6－2に種類と用途を示した。調理には，小麦粉の粒度や水分，でんぷん，たんぱく質含量などが影響し，性質や用途も異なる。

2）成分・性質

小麦粉には炭水化物が70〜80％，たんぱく質が7〜14％，脂質が約2％含まれており，これらの含量は小麦粉の種類や等級により異なる。概して，小麦粉の種類はたんぱく質含量によって，また等級はふすまの含量によって異なり，灰分量によって決められる。

3）グルテン

① グルテンの性質と性状

グルテンは，小麦粉に50〜60％の水を加えて，練ったり，捏ねたりして形成されるもので，水の中でもみながら，小麦でんぷんを洗い流すと粘弾性のある塊が得られる。これをグルテンという。グルテン生地には水の配合割合と捏ね方により，ドウ（dough）とバッター（batter）に分けられる。ドウは小麦粉に55％程度の水を加えたものでパイやクッキーなどの生地となり，バッターは水分量をさらに多く100〜200％加えたもので，流動性があり，天ぷらの衣やスポンジケーキなどに用いられる。

加水する場合は全部を一度に加えて混ぜるか，少しづつ加えて混ぜるかによってグルテンの形成は異なる。また，水温が高い方がグルテンの形成はよく，天ぷらの衣のようにグルテンの必要でない場合は，冷水を用いる。60℃以上になると，たんぱく質は変性するので，グルテンの形成は悪くなる。

② 混捏とねかし（resting）

グルテンの主成分は，グルテニンとグリアジンであり，それらは強い親水基をもっているため吸水膨潤し，混捏によって絡み合い，粘弾性のある網目状組織を形成する[11]（図6－11）。たんぱく質内のS-S結合とSH基とが交換反応して分子内のS-S結合が増加する（図6－12）。ほかに，水素結合，イオン結合，疎水結合なども関与する。グルテンの網目状組織はでんぷんや混捏時形成された空気やガスを気泡の形で保持し，麺類の延びやパン生地（ドウ）の骨格となり，多様な調理性がある。

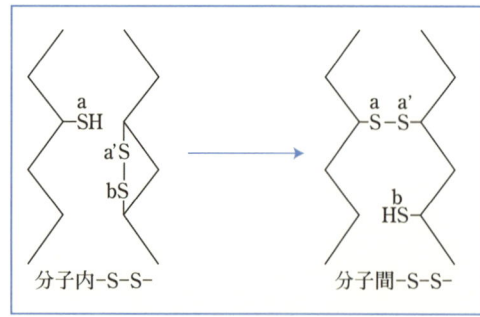

資料）右田『調理科学』1969

図6－12　分子間-S-S-生成

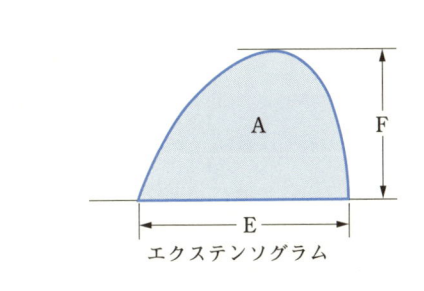

A：面積（cm²）大きいほど生地に弾力がある。
E：伸長力（mm）大きいほど生地が伸びやすい。
F：拡張力（B.U.）大きいほど生地が強靱で，引っ張り伸ばすのに力を要する。

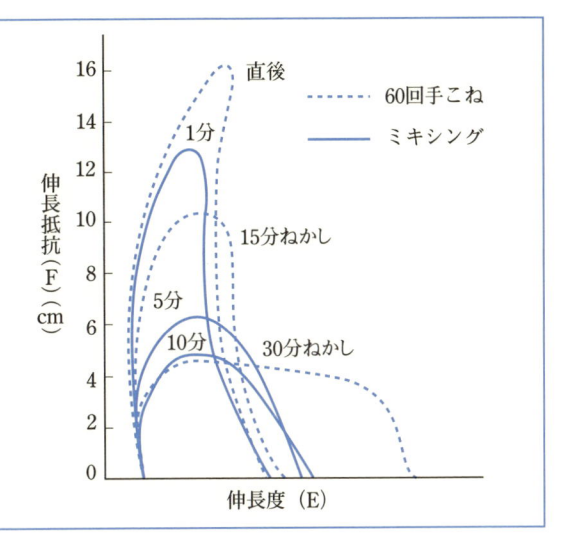

資料）松元文子他『家政誌』11, 349, 1961

図6-13　ドウのエクステンソグラム（ねかしの効果）

　混捏は，回数を多くし，小麦粉にほかの材料を均一に分散させることにより，グルテンの形成を均一にし，生地のなかに空気を抱き込ませる。強力粉はたんぱく質含量も多いために，粘弾性が大きく，空気やガスを保持する力も大きい。ドウの加水直後は，引っぱるとすぐにちぎれるが，混捏を続けると生地はなめらかになり，粘弾性と伸展性が増す。ねかすことにより伸張抵抗は低下し，図6-13に示したように，伸張度が増大する。小麦粉中のプロテアーゼにより，網目構造が緩和され，アミラーゼがでんぷんに作用して，軟らかくなる。麺や餃子の皮などはねかすことによって軟らかく延びやすくなり，成形しやすくなる。

③ 添加材料の影響

　食塩はグルテンの網目状組織を緻密にし，粘弾性や伸展性を増し，引き締まったコシのある生地にする。食塩はグリアジンの粘性を増大させるので，麺類，餃子の皮，パン生地などに約1％前後添加する。砂糖は，親水性が大きいので生地中の水分を奪い，グルテン形成を阻害するので，粘弾性を低下させるが，クッキーではショートネスを増大させ，ケーキ類の香ばしい焼き色をつける。油脂は，グルテンの形成を阻害し，伸展性をよくする。油脂が小麦粉の周囲を覆い，たんぱく質と水との接触を妨げる。鹹水はアルカリ水（炭酸水素ナトリウム，炭酸ナトリウムなどを含む）であり，グルテニンの伸展性を増すために中華麺などに加えられる。生地は小麦粉中のフラボノイド色素がアルカリ溶液により変化するために黄色になる。

　卵や牛乳は水分と油脂と同様の役割をするが，卵黄には乳化剤となるレシチンを含み，卵黄自体が水中滴型のエマルションであるので，材料を均一に分散させやすい。添加順序は，グルテン形成に大きく影響し，小麦粉に砂糖や油脂を添加した後に，水を加えるとグルテン量は減少する。しかし，ドウを形成後に砂糖や油脂を加えるとグルテン量には変化がない。

表6-3 小麦粉を利用する主成分と調理の関係

利用する主成分	主な調理性	調理の例
グルテン	粘弾性,伸展性,可塑性	麺,ぎょうざ,わんたん,しゅうまいの皮
	スポンジ状組織を作る性質(粘弾性,伸展性も含む)	パン,発酵まんじゅうの皮
でんぷんを主グルテンを副	スポンジ状組織を作る性質	スポンジケーキ,揚げ物の衣
	濃度(とろみ)をつける	スープ,ソース類
	接着性(つなぎ力)	ひき肉,すり身のつなぎ
	水分吸着性,小麦粉被膜	フライ,唐揚げ

資料)川端晶子・畑明美『新栄養士課程講座 調理学』建帛社,1997

クッキーやスポンジケーキのようにグルテン形成を抑さえたい場合は、すべての材料を混合してから最後に小麦粉を加える。パン、麺類などのように、グルテンの形成を十分に必要とする場合には、先に小麦粉と水を十分混合させる。添加材料は水と同様に生地を軟らかくするので、生地調製時の硬さの調節の目安として、水と比較してあらわした値を換水値という。換水値は水を100とすると、牛乳90,卵80～85,バター70～80,砂糖33～40であり、生地調製時の温度によって多少異なる。

4) 小麦粉を用いた調理

小麦粉を利用する主成分と調理の関係を表6-3に示した。

① 生地の膨化性

膨化とは小麦粉生地を加熱し、多孔質にし、食感、色、風味などをよくする調理をいう。スポンジ状の軟らかい食品では、弾力性、口あたりなどのテクスチャーが評価される。生地中のたんぱく質は、60℃以上になるとグルテンが熱変性して、凝固し、粘弾性と伸展性を失う。この間、内部に発生したガスなどの圧力によって、グルテン膜は押し広げられ膨張する。一方、でんぷんは、糊化して膨化した組織の骨格を作る。

a. 化学膨化剤(ベーキングパウダーB.P)による膨化

ベーキングパウダーなどの化学膨化剤から発生するCO_2の発生により膨化させる。ガス発生(基)剤となる重曹($NaHCO_3$,炭酸水素ナトリウム)に酸性剤(ガス発生促進剤)と緩和剤(主にでんぷん)が混合されており、水を加えるとCO_2を発生し、加熱によりさらにCO_2の発生が盛んになり、生地を膨化させる。炭酸水素ナトリウムの単独使用は、ガス発生効力が低く、フラボン系色素が黄色化する。ガス発生基剤に酸性剤を配合することによりガス発生が促進され、生地の黄変を防ぐ。酸性剤の種類にはガス発生の速効性と遅効性がある。緩和剤は保存剤ともいわれ、短時間でのガス発生剤と酸性剤の接触を防ぐ働きをしており、長期間の保存によりガス発生は低くなる。

ガス発生剤　　$2NaHCO_3 \xrightarrow{加熱} Na_2CO_3 + H_2O + CO_2 \uparrow$

ガス発生剤+酸性剤　　$2NaHCO_3 + C_4H_6O_6 \rightarrow Na_2C_4H_4O_6 + 2H_2O + 2CO_2 \uparrow$

ベーキングパウダーを用いた生地の加熱は、蒸す、焼く、揚げるの順に膨化が良好である。

b. イースト(酵母)による膨化

イーストのアルコール発酵により発生するCO_2の圧力により生地を膨化させる方法でパン、中華饅頭、ピッツアなどに利用される。イースト発酵の至適温度は

28～30℃であり，湿度75％，pH4.5が最適である。砂糖はイーストの栄養源として発酵を助ける（予備発酵）。食塩は予備発酵後，グルテン形成の促進とイーストの発酵速度を抑制させる。

$$C_6H_{12}O_6 \rightarrow 2C_2H_5OH + 2CO_2 \uparrow$$

発生する炭酸ガスを包み込むためには，粘弾性の富んだ伸展性のあるグルテン膜が必要であるので，強力粉を用いる。捏ねた直後は弾性が高く，粘性が低いが，ねかし効果により発生するCO_2を包み込み網目を押し広げると同時に小麦粉中のプロテアーゼやアミラーゼが作用して生地は柔軟性を増し膨化する。パンの場合はねかし操作による一次発酵でCO_2を包み込み膨化した後，均一な網目構造になるように捏ねてガス抜きを行う。成形後，二次発酵で30～32℃で30分程度保持した後，焙焼する。

c. 空気泡および水蒸気圧による膨化

卵白や全卵を泡立てて，生成された空気の気泡が核となり熱膨張により膨化したり，水分の蒸気圧により膨化する。ほかに，油脂のクリーミング性による気泡（バターケーキ），やまいもの粘性を利用したお菓子（かるかん）も気泡による膨化を利用した調理である。形成された気泡は不安定であるため，生地の放置により消失するので，できるだけ速く焙焼することがのぞましい。

② 膨化性を利用した調理

a. ケーキ，蒸しパン，クッキー

スポンジケーキは，小麦粉，卵，砂糖を中心とした多孔質状組織（スポンジ状）を形成している。薄力粉を用い，たんぱく質含量が少ないので，混合によって弱いグルテン膜が形成されるため，もろい骨格となりケーキの軟らかさや適度なテクスチャーが得られる。過度に撹拌すると，気泡の崩壊を招き，ケーキの容積が小さくなるので留意する。

蒸しパンは全卵を泡立てた共立て法を用いた方が，卵白と卵黄を別々に泡立てて調製する別立て法よりも気泡の安定性が良好である。蒸し加熱では，食味，膨化，形状の点から中火加熱が適する。

クッキーは小麦粉，油脂，砂糖，卵などを用いるが，主材料に対する油脂の含量が高いほど歯もろく砕けやすくなり，ショートネスが大きくなる。油脂は疎水性があるので，グルテンの形成を阻害し，でんぷんの膨潤糊化を抑制する。

b. シュー生地とパイ生地

シュー生地は水とバターを沸騰させた中に，ふるった小麦粉を入れて撹拌し，ペースト状にする。これを第1加熱といい，ペーストの内部温度が77℃くらいであるとグルテンは失活しない。65℃くらいの時に，卵を加えながら十分に撹拌し，ペーストの流動性と軟らかさに留意する。200℃くらいの高温（第2加熱）により生地内部が強い水蒸気圧により，膨張して空洞化する。内部の生地が表面に押し出され，シュー特有のキャベツ状の形を呈する。

パイ生地には，ドウとバターを層状に重ね合わせて織り込んだフレンチパイ（折り込み生地）やバターを細かく切りこんでから，水を加えまとめ，折りこむ

アメリカンパイ（練り混み生地）がある。折りたたみ生地は、積層構造をなし、高温加熱によって薄層の間に発生する水蒸気圧で生地層が浮き上がる。バターは、パイクラストに歯もろいサクサクとしたテクスチャーを付与する。薄層形成に際して、クラストの浮き上がりなどから、同じ割合の強力粉と薄力粉を用い、バターは小麦粉の量の70〜100％、三つ折り3回〜5回くらいに折りたたむと良好なパイクラストが得られる。折りたたむ操作、ねかしは冷蔵（5℃くらい）下で行うことが大切である。

③ 小麦粉の粘性を利用した調理

a. ルー（roux）とブールマニエ（beurre manie）

ルーとブールマニエは小麦粉の粘性を利用した調理である。ルーは薄力粉をバターで炒めたもので、ソースやスープに濃度となめらかさを与える。炒め方の程度により、ホワイトルー（120〜130℃）、ブロンドルー（140〜150℃）、ブラウンルー（160〜180℃）の3種類に分けられる。150℃以上になると、でんぷんの一部がデキストリン化して、溶液の分散性がよくなるが、粘度が低下するので、ポタージュスープなどを作る場合は炒め温度を120〜130℃程度にすると良い。ルーを液体に均一分散させダマを作らないようにするには、ルーとの混合液の温度をでんぷんの糊化温度（58℃）以下に抑える必要がある。

小麦とバターを練り合わせて、スープやソースのつなぎに用いる合わせバターをブールマニエと呼ぶ。小さな塊まりにして、ソースに粘性を与えるが、風味は劣る。

（3）い も 類

1）種類と成分的特性

じゃがいも、さつまいも、さといも、やまのいもなどが主ないも類である。

水分が66〜84％と多く、でんぷんを主体とした炭水化物を13〜31％含む。カリウムが多く、リンが少ない。ビタミンCは、いも中では加熱に対して比較的強く、いも類の1回の摂取量が多いので、給源となる。また、黄〜橙色のさつまいもにはカロテンが多い。

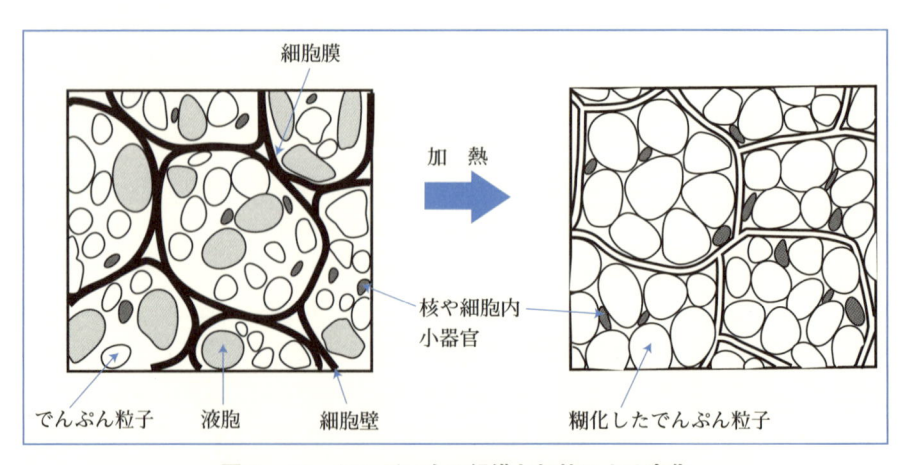

図6－14　じゃがいもの組織と加熱による変化

2）調理による物性の変化

　加熱により，いも類は細胞壁のペクチンが分解して軟化し（112頁「②加熱変化」参照），細胞内のでんぷんはいも自身がもっている水分で膨潤糊化する（図6－14）。

　粉吹きいもやマッシュポテトは，じゃがいもの表面または全体が細胞単位に分離したものである。じゃがいもの細胞壁のペクチンは，熱いうちは可溶化して流動性があるので，細胞同士が離れ粉吹きいもなどができる。じゃがいもが冷えるとペクチンは流動性を失うため，無理に力を加えると細胞壁が破れてでんぷん粒が流出し，粘りのあるマッシュポテトになる。しかし，この粘りを利用したじゃがいももちという郷土料理もある。

　じゃがいもの細胞分離のしやすさは品種によっても異なり，でんぷん含量が多く細胞分離しやすい粉質いも（男爵など）と，でんぷん含量が少なく，ペクチンの可溶化も進みにくい粘質いも（メークイーンなど）がある。

　さつまいもを用いたきんとんも，マッシュポテトと同じように細胞分離したものである。さつまいもは細胞壁が脆弱なので，裏ごし操作によりでんぷん粒が一部流出し粘りが出る。きんとんにはある程度粘りが必要なので，さつまいもはきんとんに適するいもである。裏ごししたさつまいもが乾燥したり，砂糖を加えた部分が脱水されたりすると，ざらつきのあるきんとんになることがある。乾燥させないようにする，砂糖をシロップにして加える，さつまいもの加熱時に砂糖の一部を加えて仕上げるなど工夫するとそれを防ぐことができる。

　やまのいもは，すりおろしてとろろとして生食されたり，起泡性を利用してかるかんやじょうよ饅頭に用いられたり，つなぎとしてそばに加えられたりする。これらの特性はやまいもの粘質物によるもので，粘質物は粘質多糖のマンナンを主体とする糖たんぱく質である。とろろは糸を引く性質（曳糸性という）をもつが，これはとろろが粘性だけでなく弾性をも併せもつからである。とろろの粘弾性などの物性は温度の影響を受け，60℃以上になると急激に低下する。

3）調理による嗜好性の変化

① 色

　いも類は切り口が褐変する。これは，いも中のポリフェノールが酸化酵素ポリフェノールオキシダーゼの作用でキノン体に変化し，さらに重合してメラニンという褐色物質に変化するためである（114頁「①色」参照）。主として，さつまいもではクロロゲン酸が褐変を起こし，じゃがいもややまいも，さといもでは，アミノ酸のチロシン（モノフェノール）がチロシナーゼによってポリフェノールに変化し，さらに反応が進行して褐変する。

　さつまいもでは表皮から維管束までの部分に酸化酵素が多く，また，この部分には乳状のヤラピンという配糖体も多く，これも空気に触れると黒変するため，きれいに仕上げたいきんとんなどでは皮を厚く剝く。

② 味

　さつまいもはアミラーゼ活性が強く，加熱するとβ－アミラーゼが働いてでん

表6-4 蒸し，電子レンジ，天火加熱で調理されたじゃがいものアスコルビン酸含量の変化

加熱法	加熱時間(分)	じゃがいもの中心部の温度(℃)	アスコルビン酸含量			
			AsA (mg%)	DHA (mg%)	合計 (mg%)	合計の残存率 (%)
蒸し	0（生） 20*	 99	33.5 32.6	4.6 3.2	38.1 35.8	100.0 94.0
電子レンジ	0（生） 3*	 100	38.4 39.5	1.2 0.5	39.6 40.0	100.0 101.0
天火 200℃，40分	0（生） 20 40*	 86 103	34.7 24.6 20.2	3.4 4.0 3.4	38.1 28.6 23.6	100.0 75.1 61.9
天火 140℃，60分	0（生） 20 40 60*	 66 85 98	30.1 22.7 14.6 7.1	5.7 5.0 4.1 7.0	35.8 27.7 18.7 14.1	100.0 77.4 52.2 39.4

注）じゃがいも（1個150g～200g），50個の平均，*じゃがいもが完全に加熱された時間
資料）桐淵壽子・川嶋かほる『家政誌』38, 877-887, 1987

ぷんからマルトースが生成され甘くなる。β-アミラーゼの至適温度は50～55℃であり，70℃くらいまで働くので，これらの温度帯を長く保つほど甘くなる。電子レンジではこの温度帯を短時間で通過するので，石焼きいもなどに比べ甘味は少ない。

さといもは粘質物を含む。これは，ガラクタンまたは糖たんぱく質といわれている。粘質物があると，ふきこぼれやすいだけでなく，味がつきにくい。粘質物を減少させるために，塩でもみ洗いする，ゆでこぼしをする（食塩，酢，ミョウバンなどを添加すればさらに効果的），最初から食塩，しょうゆ，みそなどの調味料の一部を加えて煮るなどの操作が行われる。

4）調理による栄養性，機能性の変化

じゃがいもを各種方法で加熱したときのビタミンCの残存率を表6-4に示した。電子レンジ加熱や蒸し加熱のような急速短時間加熱では，総ビタミンCの残存率が高く，かつ還元型のままで残存している。しかし加熱時間の長い天火加熱では，アスコルビン酸オキシダーゼが働いて総ビタミンCの残存率は約50％程度に低下している。さつまいもでも同様である[13]。

じゃがいもの芽や緑変部には，ソラニンやチャコニンなどの有毒物質が含まれる。それらは熱水にはある程度溶出するが，熱に安定なので，芽や緑変部はあらかじめ除去しておく。

(4) 豆　類

1）種類と成分的特性

食品成分表では，完熟豆の乾物とその加工品を豆類とし，未熟豆などは野菜に分類している。

豆類は成分的特性によって3分類できる。1つは炭水化物の多いあずき，いん

げん豆など，2つ目はたんぱく質と脂質が特徴のだいず，3つ目は水分の多い，野菜に分類されるえだまめなどである（表6－5）。

豆類の炭水化物は，でんぷんが主体で（ただし，だいずには含まれない），また食物繊維が多いことが特徴である。たんぱく質は，だいずのアミノ酸組成がほかの植物性食品と比較して優れており，動物性食品に並ぶ良質のたんぱく質源となっている。脂質は，だいずの脂質が抽出され食用油として広く利用されている。

2）調理による物性の変化

① 豆類の吸水

乾燥豆類の水分含量は15％程度と少ないため，あらかじめ水浸漬させてから加熱するのが一般的である。その吸水速度は豆の種類や品種，保存期間や条件によって異なる。図6－15の結果では，だいずやえんどうなどの吸水は初期の約4時間で急激に行われ，その後緩慢になる。一方あずきやささげは4時間後くらいからようやく吸水し始め，14時間後頃飽和に近くなる。これはあずきなどの種皮が強靭で，ほかの豆のように種皮から吸水できず，種瘤[15]から徐々に吸水しているからである。また，長時間の水浸漬で発酵を起すことがあるので，あずきなどは水浸漬させずに直接加熱することが多い。しかし，発酵を起さないよう低温で浸漬できるときは，浸漬させた方が加熱中早く軟らかくなる。

一般に豆類は古くなると吸水が遅くなり，加熱豆も軟らかくなりにくいといわれる。高温，高湿で貯蔵すると，細胞膜の機能が低下して煮豆が軟化しにくい（図6－16）。この原因はペクチンのエステル化度の低下（112頁「②加熱変化」参照）ではなく，たんぱく質の不溶化などが関与すると考えられている[14]。

豆を浸漬する際に，食塩（1％程度）や重曹（0.2～0.3％）を加えると，水浸漬に比べ吸水が促進し，加熱による軟化も早くなる。

② 煮　豆

一般的には水浸漬させた豆類を軟らかくなるまで加熱する。だいずは含まれているサポニンの起泡性のため，ふきこぼれに注意する。あずきやいんげん豆は，沸騰後，タンニンなど風味を損なうあく成分を除くためにゆで水を取り替える。これを渋きりという。豆を長時間煮ている途中，水を補う必要があるときは熱湯を加える。冷水を加えると胴割れな

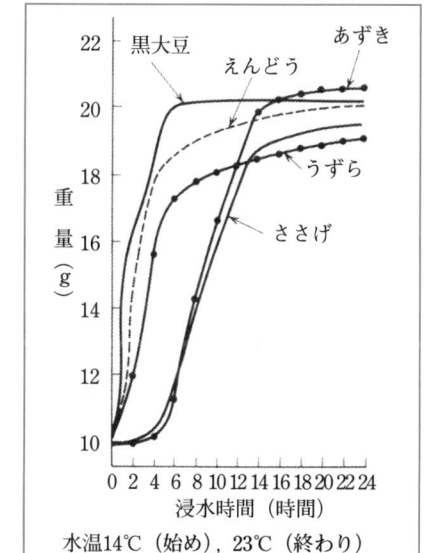

資料）山崎清子他『新版 調理と理論』p.208，同文書院，2003

図6－15　豆類の吸水による重量変化

表6－5　代表的豆の成分組成

(100g中のg)

	水分	たんぱく質	脂質	炭水化物	灰分	食物繊維
いんげんまめ	16.5	19.9	2.2	57.8	3.6	19.3
だいず	12.5	35.3	19.0	28.2	5.0	17.1
グリンピース	76.5	6.9	0.4	15.3	0.9	7.7
えだまめ	71.7	11.7	6.2	8.8	1.6	5.0
さやえんどう	88.6	3.1	0.2	7.5	0.6	3.0

注）炭水化物の成分値には食物繊維も含まれる。
資料）『五訂日本食品標準成分表』

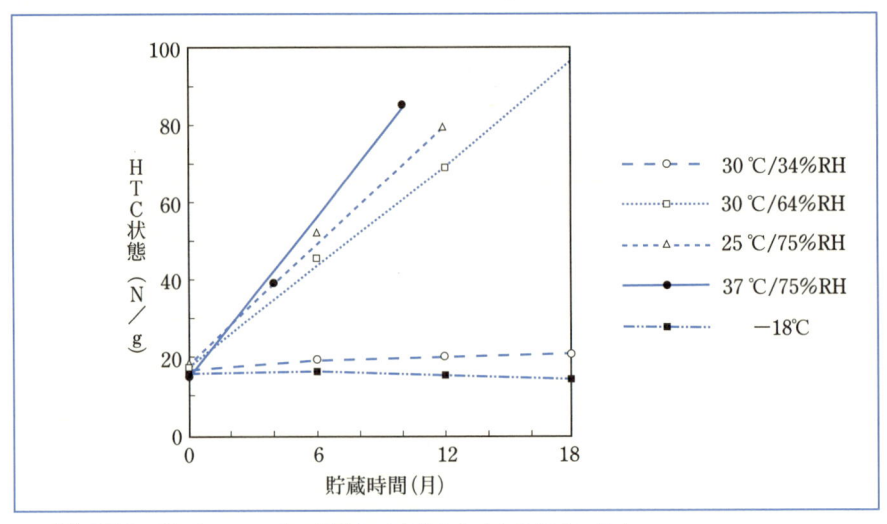

注）HTC：Hard-to-cook，加熱しても軟らかくなりにくいこと
資料）Liu, K. et. al., J. Food Sci., 57, 1155-1160, 1992

図6－16　貯蔵条件と期間がささげのHTCの進展に及ぼす影響

ど起すからである。あんを作るときには胴割れを気にする必要がないため，冷水を加え，豆の均質な軟化を促進させることもある。これをびっくり水という。

豆が十分に軟らかくなった時に調味料を加える。加える砂糖の量が多いときは，豆と煮汁の浸透圧の差を大きくしないために2～3回に分けて入れる。

だいずは，薄い食塩水中で加熱した方が軟化しやすい。これはだいずのたんぱく質（グリシニンやβ-コングリシニンなど）が塩溶性だからである。このため，黒豆を煮る際に，調味料を加えた液に豆を浸漬しておいてそのまま加熱することも行われる。

③　あ　ん

あんは，でんぷんの多い豆類を煮熟後，つぶして細胞（あん粒子ともいう）単位に分離させたものである。加熱により細胞壁のペクチンが分解，溶出し，細胞同士は分離する（112頁「②加熱変化」参照）。あん粒子の細胞膜は強靭で，細胞内部のたんぱく質が数～10個のでんぷん粒子を囲んで凝固し安定化するため，細胞内からでんぷん粒子は流出しにくい。

あずきでは，でんぷんが糊化しにくく，あずきあんのでんぷんはα化度が低い。これは，でんぷんを包んでいるたんぱく質があずき種皮に含まれているポリフェノールのプロアントシアニジン（116頁「表6－8」参照）と結合して変化するためではないかと考え

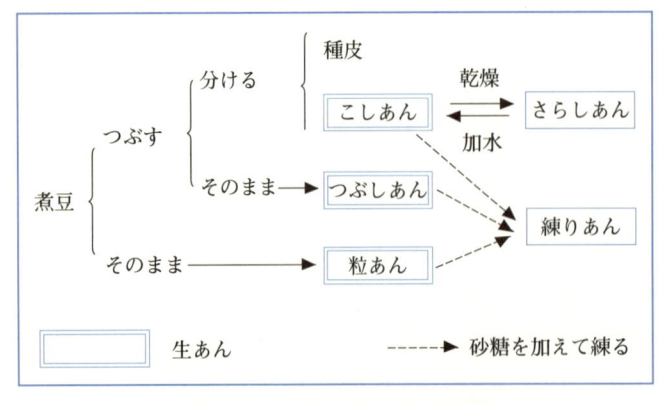

図6－17　あんの作り方と種類

られている[15]。

生あんの作り方を図6－17に示す。生あんに、その40～70％の砂糖と約30％の水を加えて練ったものが練りあんである。一般にあんまたは生あんというと、生こしあんをさすことが多い。

④ 豆　腐

豆腐は、豆乳に凝固剤（澄まし粉：硫酸カルシュウム、にがり：塩化マグネシウム、グルコノデルタラクトン）を加えてたんぱく質を凝固させたものである。

白あえのあえ衣に用いるときは、生の方が味もよくなめらかであるが、一般には衛生上の理由から加熱する。また、湯豆腐や汁物に豆腐を加えて加熱するとき、温度が高くなったり、時間が長くなると豆腐はすだちを起こすことがある。これは、凝固剤として2価のカルシウムイオンなどを用いた場合、その多くは豆腐中に遊離で存在しているが、加熱によって豆腐のたんぱく質と過剰に結合するため、たんぱく質の網目構造が変わって豆腐が収縮硬化するためである。

これを防ぐには、高温・長時間加熱を避けるとともに、たんぱく質と2価のイオンとの結合を妨げる食塩（0.5～1％）や、1％のでんぷんを加えるとよい。

3）調理による嗜好性の変化

豆類の色は緑、白、黄、黒、赤、紫色など多様であり、クロロフィル、フラボノイド、アントシアニンなどによる。あずきについては、クロロフィル、アントシアニン（アントシアニジンも含む）などが、あずきあんについては各種フラボノイド、フェノールカルボン酸、プロアントシアニジンなどの存在が明らかになっている[16]。（色の種類やその調理による変化については114頁「①色」参照）

あんのテクスチャーは、あん粒子の大きさ（品種の影響が大きい）と練り操作の影響を受ける。あずきあんでは、100～150 μ mの粒子のあんが、適当な粘りをもち、口溶けも良く、風味が最もよいとされる[16]。練り操作は、加水量や火力が練り上げ時間と粒子にかかる力を決定し、テクスチャーの良し悪しに影響する。

4）調理による栄養性、機能性の変化

だいずには各種生理活性物質が含まれているが、量が多い場合にはマイナス要因となることもある。例えばたんぱく質の消化を阻害するトリプシンインヒビター、溶血物質（サポニンなど）、金属結合物質（フィチン酸など）、ポリフェノールなどである。これらは、調理によって変化し、トリプシンインヒビターは加熱すれば失活し、可溶性成分は加熱中ゆでこぼしをすれば除去され、栄養性は向上する。

しかし、近年これらに生体調節機能が見出され、注目されている。糖尿病予防、血圧降下、コレステロール低下、抗腫瘍、ビフィズス菌増殖、抗酸化作用などである。栄養性や嗜好性を低下させる場合は調理による除去を行い、また、他方では機能性を生かす調理を工夫する。

(5) 野　菜　類

1）種類と成分的特性

野菜類は、約120種類が食品成分表に記載されている。市場には約130種類程

度が流通していると推察される。

成分は，水分が85～95％ともっとも多く，エネルギーは少ない。ビタミン類ではビタミンCや緑黄色野菜ではプロビタミンAのカロテンが多く，ミネラルではカリウム，カルシウム，リン，鉄などが多い。食物繊維，ポリフェノールなど近年注目されてきた各種生体調節機能因子も多い。

2）調理による物性の変化

① 生食における変化

植物の細胞は，細胞膜の外側に細胞壁をもっている。細胞壁はミネラルなどを通すが，細胞膜は生きている間は半透性を保っているので食塩などは細胞内に入り込めない。加熱により細胞膜が半透性を失うと物質は自由に移動できる。

植物の細胞液の浸透圧は，約0.85％の食塩水の浸透圧と等しい。したがって，千切りのキャベツやサラダに用いる生野菜をこれより浸透圧の低い水に放すと，細胞内に水が入り込み膨圧が高まって野菜はぱりっとする。逆に酢の物に使うきゅうり，なますにするだいこんやにんじんなどに1～2％の食塩を振ると，細胞外の方が浸透圧が高いため細胞内の水が脱水されしんなりする。食塩濃度が高いと細胞壁から細胞膜がはがれ出し（これを原形質分離という），両者の隙間に細胞膜内外の浸透圧が一定になるまで食塩が入り込んで野菜に塩味がつく（図6－18）。この状態を保つと，調味液をかけたとき野菜からの脱水は少なくなり，調味液の味が薄まるのを防ぐこともできる。また，ぱりっとした野菜に調味液をかけて食するときは，食べる直前にかけるようにする。

② 加熱変化

植物の細胞壁内や細胞壁間にはペクチンが存在し，細胞と細胞を接着させている。ペクチンは，ガラクツロン酸がグリコシド結合によって直鎖状につながった

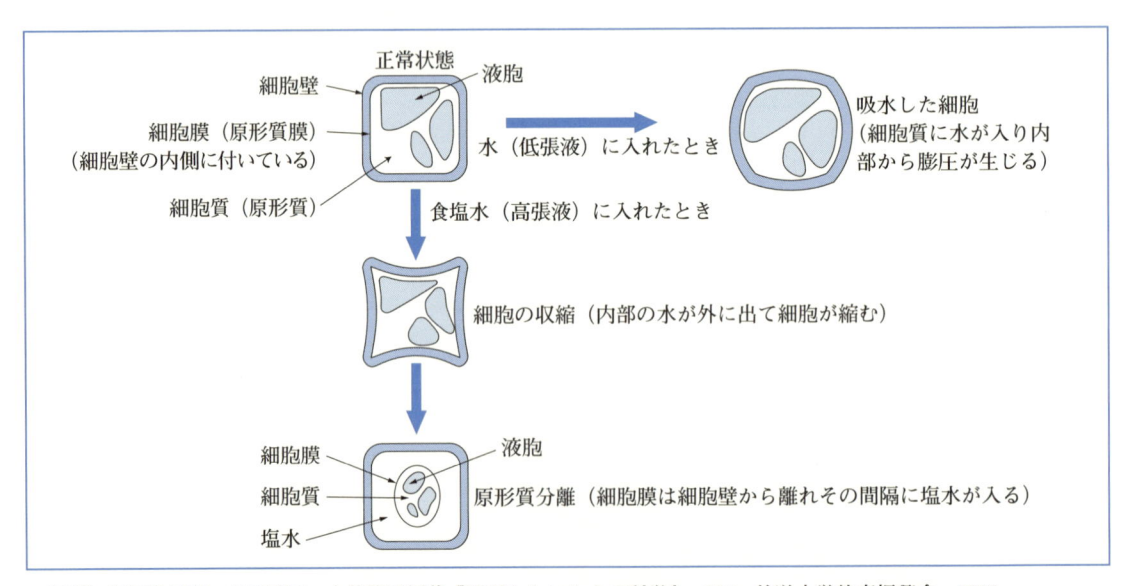

資料）畑江敬子著，島田淳子・今井悦子編著『調理とおいしさの科学』p.130，放送大学教育振興会，1998

図6－18　植物細胞の脱水と吸水

多糖で、ガラクツロン酸の一部はメチルエステルとなっている（図6－19，表6－6）。

野菜などの植物性食品を加熱すると軟らかくなるのは、ペクチンが分解して溶出し、その結果細胞どうしの接着性が失われるからである。ペクチンのグリコシド結合は、pHによって開裂の仕方が異なり、中性（pH 5以上）またはアルカリ性溶液中ではβ-脱離（トランスエリミネーション）によって、酸性（pH 3以下）溶液中では加水分解により切断される。しかし、pH 4付近の弱酸性溶液中ではβ-脱離も加水分解も起こりにくい。ゆで水に食酢を加えてれんこんやごぼうを煮るとしゃきしゃきしたテクスチャーになるのはこのためである。

このような加熱軟化は、pHだけでなく加熱温度の影響も受ける。沸騰水中で野菜を加熱すれば、ほとんどの野菜は速やかに軟化する。しかし、90〜80℃くらいの温度中では、速やかに軟化するもの、一旦硬化してから軟化するもの、軟化が遅いものに分かれる。また、50〜60℃くらいの温度範囲では、野菜ははじめ硬化し、やがて元の硬さにもどるが、さらに煮続けてもそれ以上軟化せず、その後100℃に上げて加熱しても軟化しにくくなる（図6－20）。

これらの現象から明らかになったことは、野菜を煮熟すると、野菜は軟化と硬化という相反する変化を同時に起し、加熱温度によって両者の現われ方が異なるということである。硬化現象は60℃付近で顕著に見られる。細胞膜の機能は50℃以上の加熱で低下し、細胞内のCa^{2+}、K^+イオンなどの電解質が膜の外に出て、細胞壁のペクチンメチルエステラーゼ活性を高める。その作用によって細胞壁のペクチンが脱メチル化され、そこにCa^{2+}のような2価以上のイオンが結合してペクチン鎖間に架橋が起こり、硬化現象が起こると考えられている。

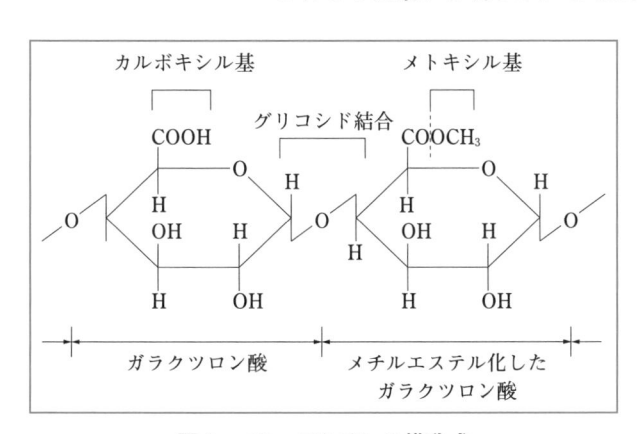

図6－19 ペクチンの構造式

表6－6 ペクチン質の種類と特性

ペクチン質		エステル化度(%) / メトキシル基率(%)*	特 性	
プロトペクチン			未熟果実などにセルロースなどと結合して存在。不溶性。	
ペクチニン酸（一般にペクチンという）	高メトキシルペクチン	42.9〜100 / 7〜16.23	プロトペクチンが酵素**により分解されたもの。カルボキシル基の一部がメチルエステル化している。天然のものはメトキシル基率9〜12％。水溶性。	糖と酸の存在下でゲル化する。
	低メトキシルペクチン	42.9未満 / 7未満		Ca^{2+}の存在下でゲル化する。
ペクチン酸		0	酵素***が作用してメトキシル基がすべてカルボキシル基になったもの。不溶性。	

＊メトキシル基の重量分率。16.23％がエステル化度にすると100％で、カルボキシル基の水酸基がすべてメトキシル基になっている。
＊＊ポリガラクツロナーゼ，ペクチンメチルエステラーゼ
＊＊＊ペクチンメチルエステラーゼ

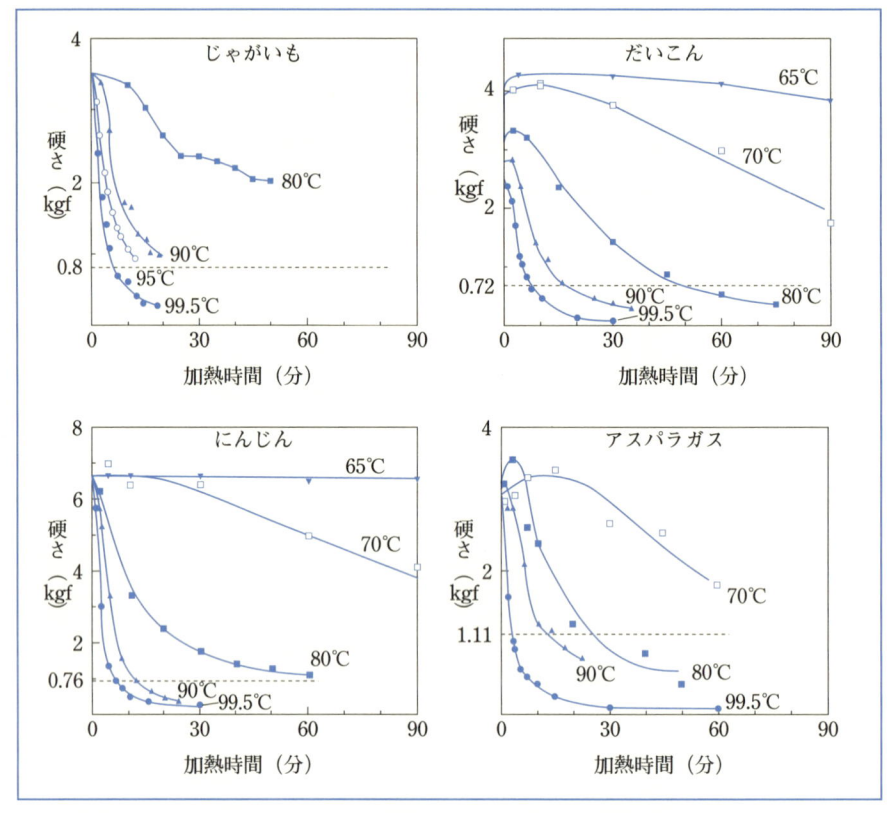

注）硬さはテクスチュロメーターで測定。------ は食べられる硬さを表している。
資料）松裏容子・香西みどり・畑江敬子・島田淳子『日食工誌』36, 97-102, 1989

図6−20　野菜の硬さと加熱温度の関係

　また，脱メチル化したガラクツロン酸の間のグリコシド結合は，β-脱離しないことも，野菜が軟化しにくい原因の1つである。
　以上のように，ペクチンの分解は煮汁などに含まれる無機質の影響も受ける。Ca^{2+}のほか，Mg^{2+}，Al^{3+}などもペクチンの分解を抑制する。牛乳で煮ると水煮より硬くなり，ゆで水にミョウバンを加えると煮崩れを防ぐことができるなどはこの例である。一方，Na^+やK^+などの1価のイオンはペクチンの分解を促進する。だいこんを2％の食塩水中で加熱すると，食塩を加えた方が軟らかくなる。とくに軟化しにくい加熱条件である70℃においては，食塩による軟化の影響が顕著である（図6−21）。

3）調理による嗜好性の変化
① 色
　植物性食品の色を化学構造から分類すると3つに大別される。緑色を呈するクロロフィル，赤〜橙〜黄色を呈するカロテノイド，白〜淡黄〜赤紫色を呈するポリフェノールである。

a. クロロフィル
　クロロフィルは，緑色野菜などの葉緑体にカロテノイドとともに含まれる脂溶

性の色素である。クロロフィルは，長時間加熱したり，酸性下におくと褐色のフェオフィチンに変化する。これを防ぐには，多量（5～10倍）の沸騰水を用いて野菜投入後の温度低下を最低限にすることにより短時間加熱とし，有機酸の揮発を促進するためにふたはしないでゆでるとよい。さらにゆで上がったら急冷する。しかし，酸性でも60℃以下になるとクロロフィルの変化は少ないため，椀種に使うときは，汁の中で加熱したりしないで緑色野菜を色よくゆでて椀に盛り，それから汁をはるとよい。

ゆで水に食塩を用いることは，ビタミンCの流出を防ぐ（後述）などの効果はある。しかし，肉眼でわかるほど色よくゆで上げるには，海水程度の濃い食塩水が必要である。

一方，クロロフィルは，酵素クロロフィラーゼの作用を受けたり，アルカリ性下におかれると鮮緑色のクロロフィリンに変化する。あく抜きのため灰汁や重曹を用いてわらびやよもぎをゆでたとき，それらの緑色が鮮やかになるのはこのためである。

b．カロテノイド

カロテノイドは緑黄色野菜に含まれる脂溶性色素である。代表的なものとそれを含む食品を表6－7に示した。なお，カロテノイドは葉緑体に存在し，クロロフィルを光の破壊作用から保護する働きをしているため，濃緑野菜中のクロロフィル量とβ－カロテン量は高い相関を示す。

加熱やpHの変化など，通常の調理条件下ではカロテノイドの色は安定である。

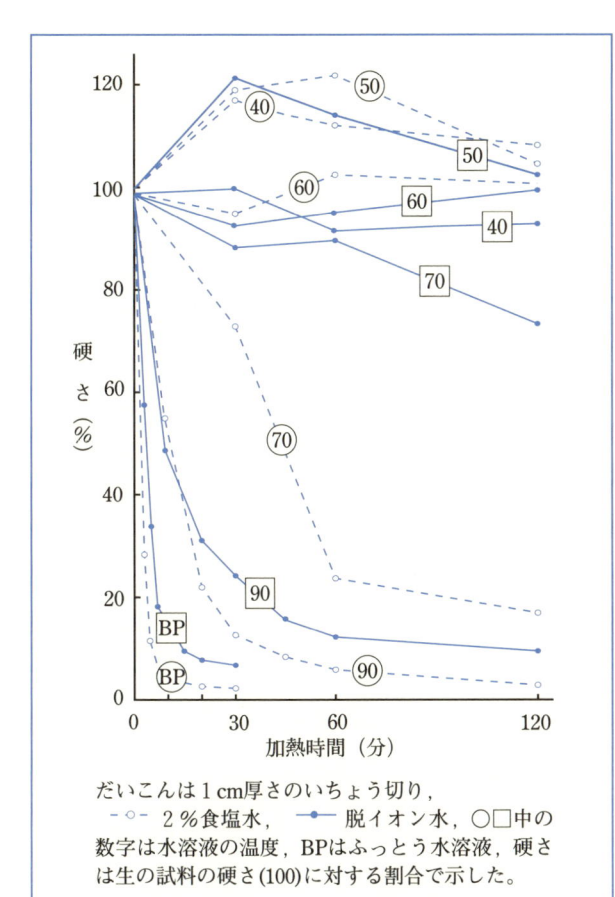

資料）田村咲江『家政誌』38，375-381，1987

図6－21 異なる温度の脱イオン水および2％食塩水中で加熱しただいこんの硬さの変化

表6－7 主なカロテノイドと食品

カロテノイド	主な商品
カロテン（α,β,γ）	にんじん，かぼちゃ，さつまいも，オレンジ
リコペン	トマト，すいか，あんず，かき
ルティン	卵黄，かぼちゃ，オレンジ
クリプトキサンチン	かき，とうもろこし，オレンジ
カプサンチン	とうがらし

c．ポリフェノール

ポリフェノールとは，基本的に水酸基が2つ以上結合したベンゼン環を構造中にもつものの総称である。その種類は4,000とも8,000ともいわれ，すべての植物に含まれる成分である（表6－8）。

ポリフェノールは，構造からモノマーとオリゴマー・ポリマーに分類される。従来より，植物性食品の呈色成分として前述の2つの色素と並んで上げられているフラボノイド（狭義）とアントシアニンはモノマーのなかに分類される。オリ

表6-8 ポリフェノールの分類と食品中の主な成分

ポリフェノール			主な固有名と食品
モノマー・ポリフェノール	フラボノイド（広義）	フラボノイド*（狭義）	ケルセチン（たまねぎ外皮） アピイン（セロリ，パセリ） ルチン（そば，グリーンアスパラ） ダイゼイン・ゲニステイン（大豆） トリシン（小麦） カテキン（茶）
		アントシアニン**	ナスニン（なす） シソニン（しそ） シアニン（赤かぶ，いちじく） クリサンテミン（黒豆，あずき） デルフィニン・デルフィン（ぶどう）
	フェノールカルボン酸		クロロゲン酸（ごぼう，りんご，コーヒー豆）
	フェノールアミン		セロトニン（トマト，アボガド，バナナ）
オリゴマー・ポリマーポリフェノール	タンニン***		プロアントシアニジン（赤ワイン） テアフラビン・テアルビジン（紅茶）
	その他		アントシアニンポリマー（赤ワイン）

*狭義のフラボノイドは，厳密には，広義のフラボノイドの中のある構造をもった物質類をさすが（例えばカテキンは含まれない），ここでは，広義のフラボノイド中のアントシアニン以外とした。
**アントシアニンは，広義のフラボノイドの中の1つ，アントシアニジンに糖が結合した配糖体である。
***タンニンとは本来，このように構造的に位置づけできるものではなく，皮を革になめす性質をもつ植物性成分の総称として古くから使われる言葉である。

資料）田名部尚子・今井悦子編著『新版 食材を生かす調理学』アイ・ケイコーポレーション，2003

ゴマー・ポリマーのほとんどはいわゆるタンニンである。食品中のタンニンの多くはカテキンが重合したプロアントシアニジンである。

・フラボノイド（狭義）

　白～淡黄色系の水溶性色素である。酸性では白，アルカリ性では淡黄緑色に変化する。また，アルミニウムや鉄と錯塩を作り，黄色～青紫～青褐色を呈する。

　れんこんやごぼう，カリフラワーを酢水で煮ると白く仕上がる。またこれらを鋼の包丁で切ると黒変するのは錯塩ができたためである。

・アントシアニン

　赤や紫系の水溶性色素である。酸性では赤，中性で紫，アルカリ性で青くなる。また，アルミニウムや鉄はアントシアニンと錯塩を作り，色を安定化させる。なすの漬け物に，鉄くぎやミョウバン（硫酸カリウムアルミニウム）を入れておくと，褐色にならないできれいな紫色が保たれるのはこのためである。

・褐　変

　ごぼうやれんこん，いも類，果物などを切って放置すると褐変する。これは，野菜中のポリフェノールが，切断によって表出し，同じく野菜中に存在した酸化酵素ポリフェノールオキシダーゼと酸素と接触することによって，キノン体を経て重合物メラニンに変化した結果である（図6-22）。これを防ぐには，

　　・水（シロップなど）につける・・・ポリフェノールや酵素は水溶性なので

1. 植物性食品

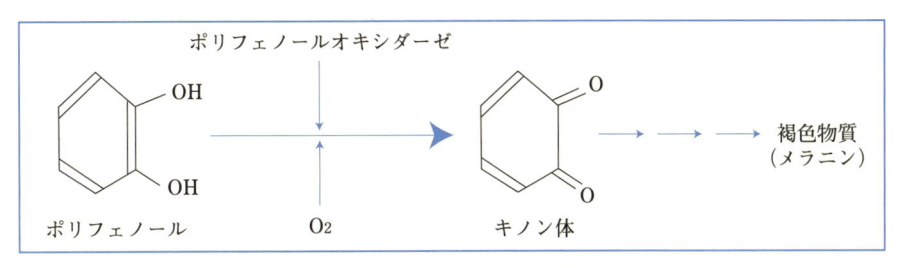

図6-22 ポリフェノールの褐変の機構

水に流出する。また，酸素が遮断される。
・食塩水につける・・・食塩は酵素の働きを阻害する。また，同上。
・加熱する・・・酵素が失活する。
・酸をかける・・・至適pHから外れるので酵素が働きにくくなる。
・アスコルビン酸（還元型ビタミンC）をかける・・・強い還元力をもつため，キノン体を還元して元に戻す。また，同上。

などの方法がある。

② 味

えぐ味や渋味，金属味など呈する不味成分は一般にあくといわれ，アルカロイド，ポリフェノール（タンニン），無機塩，有機酸塩などである。あく成分は一般にゆで操作により除去することができる。灰汁や重曹を加えて野菜の組織を軟化させ，ゆで汁に流出させたり（わらびなど），糠や小麦粉などに吸着させたりすることもある（たけのこなど）。

加熱したたまねぎの甘味は，刺激臭成分のジスルフィドが還元されて生成したプロピルメルカプタン（プロパンチオール）であるとの記述が見られるが，これについては再検討が必要である。プロパンチオール水溶液は，ねぎ様の刺激臭と辛味を有し，甘味は呈さない。たまねぎにはスクロース，グルコース，フルクトースなどの甘味を呈する糖が多く含まれる。加熱により，甘味をマスクしていた刺激臭成分の分解と揮散，水分蒸発による糖濃度上昇，組織の破壊による糖の溶出などが起こり，甘味を強く感じると報告されている[17)18)]。

4）調理による栄養性，機能性の変化
① ビタミン

野菜に含まれる水溶性ビタミンは，浸漬水やゆで汁，煮汁に流出しやすい。一例としてビタミンCの各種調理による損失率を表6-9に示す。ほうれんそうの場合は，

表6-9 各種調理によるビタミンCの損失（％）

野菜名	ゆでる	煮る	蒸す	炒める	揚げる	漬け物
ほうれんそう	44	52		18		
キャベツ	37	42		25		23
カリフラワー	35		12			
はくさい	43	53		26		60
きょうな	35			27		87
もやし	42	36		47		
ねぎ	48	37		21	4	
たまねぎ	34	33		23	30	
なす	47			23		
かぼちゃ	29	37		17		
じゃがいも	15	45	12	30	10	
さつまいも	17	30	26	20	4	
れんこん	35	29		28		
だいこん	33	32		38		
かぶ	17	39		25		
にんじん	18	10		19		
さやえんどう	43	25		16		
さやいんげん	48			32		

資料）吉田企世子著，日本施設園芸協会編『野菜と健康の科学』p.61，養賢堂，1994

117

表6－10　ゆで水量と総ビタミンCの残存率（％）*

ゆで水量	ゆで時間** (分)	ゆで水の種類		備考
		水	1％食塩溶液	
5倍量	2	31.1	40.5	・水よりも食塩溶液でゆでた方がビタミンCの残存率が高い
	5	30.9	33.3	
10倍量	2	24.8	20.9	・ゆで時間が短く，ゆで水量が少ない方が残存率が高い
	5	20.9	21.4	

＊ほうれんそうをゆで汁から取り出し，ただちにゆで水と同量の冷水に取り，数回振りながら30秒おき，ざるに取って水を切り，残存するビタミンCを定量する。
＊＊ほうれんそうをふっとう水中に投じ，取り出すまでの時間。その間ふっとうを続けるように火力を調節する。
資料）長谷川千鶴・丸山悦子著，調理科学研究会編『調理科学』p.90，光生館，1984

ゆで水が多いほど，また，ゆで時間が長いほどビタミンCの流出量が多い。食塩をゆで水に加えるとビタミンCの流出を妨ぐ効果がある（表6－10）。

近年カット野菜が多く売られている。市販カット野菜のビタミンCは，貯蔵温度が低い場合には，総ビタミンCはほとんど変化しないが，アスコルビン酸が酸化されて酸化型（デヒドロアスコルビン酸）が増えているとの報告がある（図6－23）。

冷凍野菜に関する研究でも，冷凍・解凍という操作では総ビタミンCの変化は少ないが，還元型から酸化型への変化が認められている[18]。しかし，冷凍操作により野菜の組織は弱体化するため，解凍後のドリップやゆで汁，煮汁へのビタミンCの流出は，冷凍してない野菜より大きいと考えられる。

おろしだいこんとにんじんをあわせた紅葉おろしや紅白なますでは，ビタミンCの低下が問題となる。にんじんは，活性の高い酸化酵素アスコルビン酸オキ

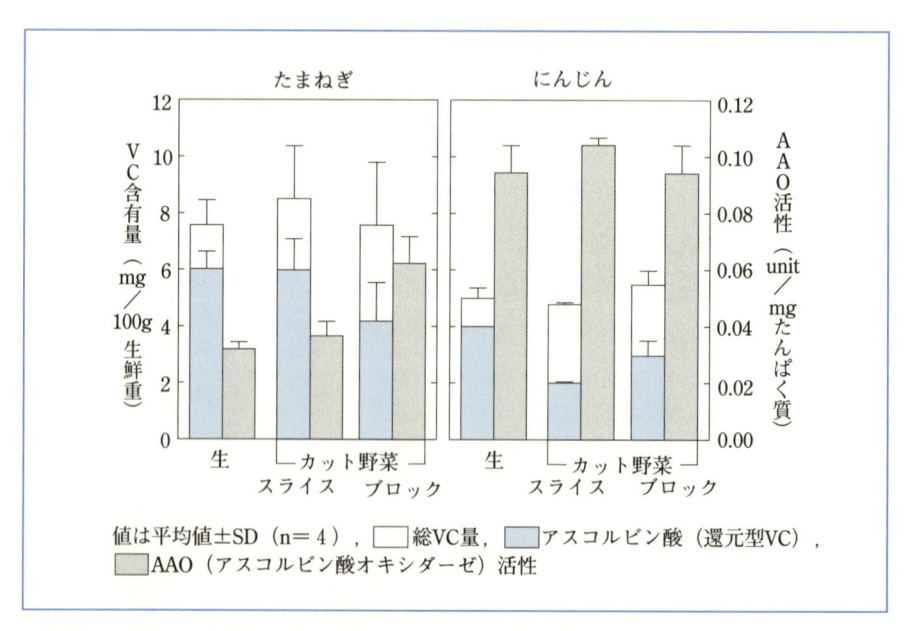

資料）山本淳子・大羽和子『家政誌』50，1015-1020，1999

図6－23　市販たまねぎとにんじんのビタミンC含量とアスコルビン酸オキシダーゼ活性

シダーゼを含んでおり，また，酸化型ビタミンCからジケトグロン酸への変化が速いため，だいこんおよびにんじん中の総ビタミンCが低下することが知られている。30分程度ならば総ビタミンCの低下率は大きくないが，時間の経過とともに低下率は大きくなっていく[19]。これを防ぐには，例えば酵素の至適温度を外れる低温下におく，にんじんを加熱して酵素を失活させる，酸を加えて酵素の至適pH以下にするなどの方法がとられる。なますでは，脱水の目的で振りかける食塩が，酵素の阻害剤としての働きをしている。アスコルビン酸オキシダーゼ活性の高い野菜としてにんじんのほかにきゅうり，パセリ，ピーマンなどがある。

② 無 機 質

野菜中の無機質も浸漬水や煮汁に溶出しやすい。加熱調理における無機質の含有量の変化を図6－24に示した。乾熱加熱で，短時間加熱ほど，無機質の損失は少ないことが分かる。

硝酸塩は，体内に入って亜硝酸塩に変わり，魚類に含まれるジメチルアミン類と結合すると人体には有害なジメチルニトロソアミンを生成する。葉物野菜には一般に硝酸塩が多いので，ゆでて用いるのが一般的である。ほうれんそうのゆで条件による硝酸塩量の消長を表6－11に示した。加熱時間が長い方が硝酸塩のゆで水への移行が多く，水を使わない蒸しゆでや，食塩添加は硝酸塩の流出を妨げる。

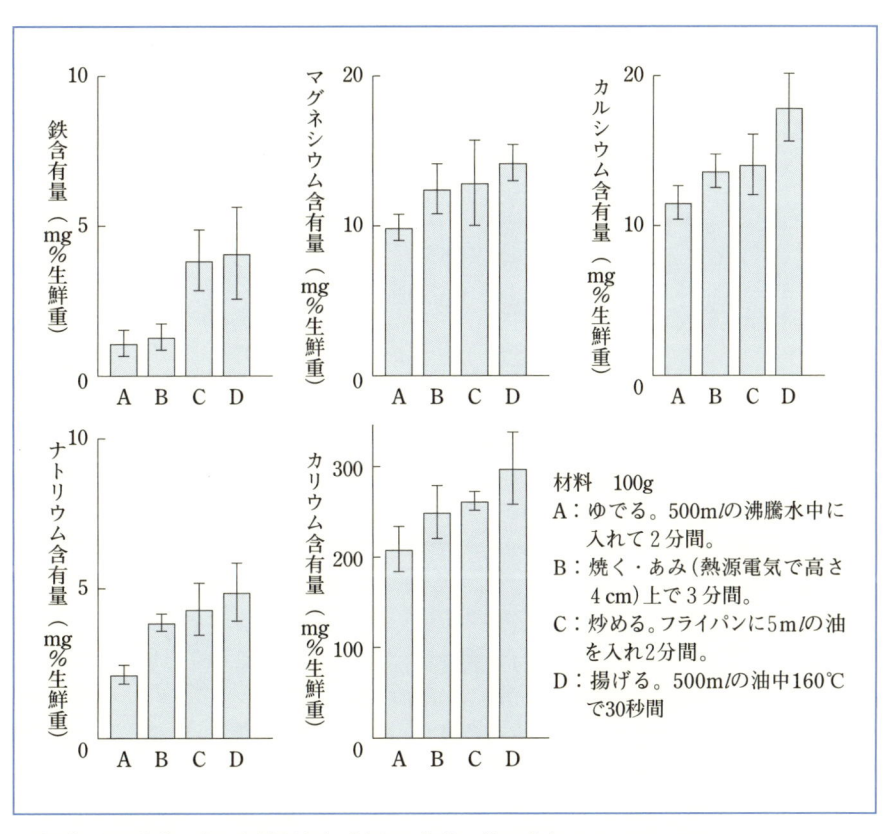

材料　100g
A：ゆでる。500mlの沸騰水中に入れて2分間。
B：焼く・あみ（熱源電気で高さ4cm）上で3分間。
C：炒める。フライパンに5mlの油を入れ2分間。
D：揚げる。500mlの油中160℃で30秒間

資料）畑明美著，食品資材研究会『食品の物性　第14集』p.226-227，1988

図6－24　加熱調理時のピーマン中，無機質成分含有量の変化

③ 機能性成分

ポリフェノールは，食品加工や調理の分野では，好ましくない変色や渋味，えぐ味の原因物質である。そのため不要な物質として扱われてきた。しかし近年は，野菜中のポリフェノールやカロテノイド，抗酸化ビタミンなどにラジカル消去

表6－11 調理によるほうれんそうの硝酸塩含有量の消長

調理時間	調理方法	ほうれんそう					ゆで汁(500ml)		さらし水(500ml)	
		葉身 (ppm)	(%)	葉柄 (ppm)	(%)	合計 (%)	(ppm)	(%)	(ppm)	(%)
3分	普通	32	3.5	92	15.7	19.2	50	65.2	11	15.6
	蒸しゆで	160	11.2	530	58.1	69.3			36	30.7
5分	普通	34	3.8	74	12.7	16.5	55	69.0	10.3	14.5
	1％NaCl	34	13.1	62	37.7	50.8	7.4	35.8	2.7	13.4
10分	普通	84	8.0	38	5.1	13.8	82.5	73.5	10.3	12.7

注）％は全硝酸塩のほうれんそう，ゆで汁および，さらし水中における分布・さらし時間10分
資料）畑明美・緒方邦安『日食工誌』26，6．1979

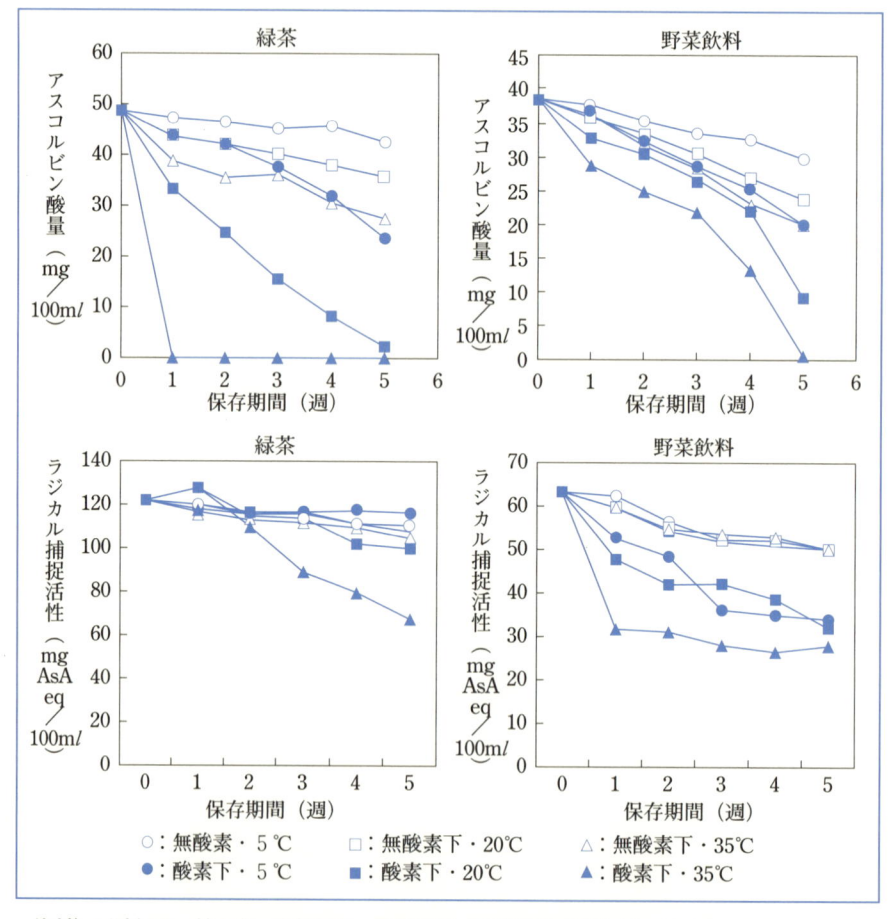

○：無酸素・5℃　　□：無酸素下・20℃　　△：無酸素下・35℃
●：酸素下・5℃　　■：酸素下・20℃　　▲：酸素下・35℃

資料）石渡仁子・村上恵・高村仁和・的場輝佳『調理科学会誌』34，68-72，2001
図6－25 市販飲料の保存中におけるアスコルビン酸量の変化（上の2図）と
　　　　アスコルビン酸以外のDPPHラジカル捕捉活性の変化（下の2図）

（捕捉）作用があると注目されている。しかし，機能性成分の調理操作による変化の研究は始まったばかりである。

ポリフェノールは，酸化されるとラジカル捕捉活性は失われる。また，浸漬水や煮汁，ゆで汁へポリフェノールは流失する。一方，加熱操作は酸化酵素を失活させるのでラジカル捕捉活性は保たれる。野菜中のポリフェノールを有効に摂取するには，できるだけポリフェノールの酸化と流失を防ぐ調理法を工夫することが大切である。しかし，例えば変色を防ぐためにごぼうを水につけるというような操作は，ポリフェノールを除く操作であるので，嗜好性か機能性かのいずれかを選択しなければならない場合もある。

市販の飲料（緑茶と野菜飲料）を，缶から出して5～35℃の空気中と真空中で保存したしたときのラジカル捕捉活性の変化を図6－25に示した。アスコルビン酸やラジカル捕捉活性は空気中の方が，また温度が高い方が早く減少した。なお糖分はアスコルビン酸保護効果があるため，糖分が多いほどラジカル捕捉活性は高かったという。

（6）果　実　類

1）種類と成分的特性

食品成分表には約70種類の果実が掲載されている。

成分は水分が80～90％と多い。ビタミン類はビタミンCのほかにビタミンEやビタミンB群を含むものもある。黄色果実ではプロビタミンAのカロテンを含む。ミネラルは野菜と比較するとナトリウムが少ない。一般にカリウムが多く，カルシウムやマグネシウム，鉄，リンなどを含むものもある。ペクチン質などの食物繊維やポリフェノールなど機能性成分も多い。

2）調理による物性の変化

ジャムやマーマレード，ゼリーなどは，果実に含まれる高メトキシルペクチン（表6－6）が糖と酸の作用を受けてゲル化したものである。適度にエステル化していることは，ゲル形成のためにペクチン分子間に丁度よい空間を与える。酸があるとpHが低下してカルボキシル基は－COOHという非解離型となり（pH3.5以上では－COO$^-$と解離している），ペクチン分子同士の水素結合に寄与する。そのとき糖は脱水剤として働き，水をうばってペクチンが水和するのを妨げるため，ペクチン分子同士が重合してゲル化する。

ジャムなどは，糖50～70％，有機酸0.5～1.0％（pH3.0～3.5），ペクチン0.5～1.5％，水分30～35％の割合に仕上がったものがよいといわれている。原料となる果実中の成分は表6－12のようである。ジャムなどを作るときは必要に応じてペクチンや酸，糖を添加する。

表6－12　ジャム原料用果実の糖，酸，ペクチン含量

果　実	糖度（Bx）	酸（％）	ペクチン（％）
あんず	7～8	1.2～2.3	～0.8～
いちご	5～11	0.5～1.0	～0.6～
いちじく	7～10	～0.3～	～0.7～
すもも	～15～	1～2	～0.7～
ぶどう	12～16	0.9～1.0	0.2～0.3
ベリー類			
カーランツ	11～13	0.4～1.0	1.0～2.0
ラズベリー	～10～	0.6～1.0	1.3～1.9
グーズベリー	～7～	1.5～3.0	0.5～1.2
もも	9～10	0.3～0.6	～0.6～
りんご	10～15	0.5～1.0	～0.6～

資料）伊藤三郎編『果実の科学』p.199，朝倉書店，2001

低メトキシルペクチンのゲル化には糖と酸は必ずしも必要とせず，カルシウムなどの2価以上の金属イオンがペクチン分子間の架橋となりゲル化する。これは低糖度ジャムとして利用されている。

3）調理による嗜好性，栄養性の変化

果実の色の種類や調理による変化は，野菜の色の変化と基本的に同じである。

果物の味は酸味と甘味が中心である。甘味の代表的成分の1つであるフルクトースは，α型とβ型でその強度が3倍ほど異なる。低温にするほど甘味が強いβ型に変化するので，果実は一般に冷たくすると甘くなる。

パインアップル，パパイヤ，キウイフルーツ，いちじく，プリンスメロン，なしなどにはたんぱく質分解酵素（プロテアーゼ）が含まれており，これらを肉の軟化目的に使うことがある。ゼラチンゼリーにこれらの果物を使うときは，加熱してから用いる必要がある。

果物をジューサーやミキサーにかけるとビタミンCは酸化されやすい。このときの食塩添加は，ビタミンCの酸化を抑制する効果がある。

（7）種 実 類

1）種類と成分的特性

食品成分表では果実の堅果類（くり，くるみ，ぎんなんなど）と，種子類（ごま，かぼちゃの種，けしの実など），および豆類（らっかせい）を種実類としている。

発芽に必要なすべての物質を含んでいるので，栄養素が濃厚に含まれる（表6－13）。成分的特性により3つに分類される。脂質を70％前後含むくるみ，マカダミアンナッツなど，脂質を50％前後含むごま，アーモンド，らっかせいなど，炭水化物に富むくり，ぎんなん，はすの実などである。

近年ごまの抗酸化性が注目されている。例えば，体内に入ってから抗酸化性代謝物に変換されるセサミンやセサモリンが含まれ，またごま油製造中に，強力な抗酸化性をもつセサミノールが二次的に生成される。

2）調理による物性，嗜好性の変化

種実類は，そのまま用いるほかに，スライス，粉末，ペースト状にして用いる。

表6－13 代表的な種実類の成分組成

（100g中のエネルギーはkcal，他はg）

種実類	エネルギー	水分	たんぱく質	脂質	炭水化物	灰分
アーモンド	598	4.6	18.6	54.2	19.7	2.9
ごま	578	4.7	19.8	51.9	18.4	5.2
らっかせい	562	6.0	25.4	47.5	18.8	2.3
すいかの種	546	5.9	29.6	46.4	13.4	4.7
マカダミアンナッツ	720	1.3	8.3	76.7	12.2	1.5
まつの実	669	2.5	15.8	68.2	10.6	2.9
ぎんなん	187	53.6	4.7	1.7	38.5	1.5
くり	164	58.8	2.8	0.5	36.9	1.0
はすの実	333	13.1	19.1	1.4	62.6	3.8

資料）『五訂 日本食品標準成分表』

表6-14　ごまの炒り条件と調理特性

炒り条件	170℃, 15～20分間	200℃, 5～10分間	230℃, 5分
外観	◎良好	○比較的良好	×不良
色	◎良好	△わずかに不良	×不良
味	◎良好	○わずかに良好	×苦味
香り	○甘い香り	◎ごまらしい香り	×焦げ臭
テクスチャー	×不良	○比較的良好	◎良好
抗酸化物質	×生成せず	○少量生成	◎多量生成

注）特性の望ましさ　良好　◎→○→△→　不良
資料）武田珠美『調理科学会誌』36, 72-75, 2003

炒る，揚げる，炒めるなどの加熱操作を加えることが多く，特有の芳香を生じる。

脂質が多い種実類は酸化しやすいので注意を要する。

ごまは，購入した炒りごまも調理直前に炒るとさらに風味が向上する。洗いごまを，条件を変えて炒ったときの特性を表6-14に示した。条件により良好な特性が異なるので，料理あるいは食材にあわせて炒り加減を調整するとよい。ごまは擂り時間が長くなるにつれて粒子が破壊され油脂が遊離してくる。そのため始めはさらさらしているがやがてねっとりし，油が分離したペースト状になる。これを用いて和え衣を作るときは50～100％のだし汁を加えると，だしが連続相，油が分散相の和え衣となり，油っこくなくさっぱりしたテクスチャーになる。

ごま豆腐は，すりごまの割合が増加するほど風味は好ましくなるが，なめらかでなくなる。すりごまと，くずでんぷんが同割合のものがよいという[21]。

(8) 海藻類

1) 種類と成分的特性

食用にされるものは緑藻類（あおのりなど），褐藻類（こんぶ，わかめ，ひじき，もずくなど），紅藻類（てんぐさ，あまのりなど），藍藻類（すいぜんじのりなど）である。食品成分表には20種類が掲載されている。

海藻類の成分は，水分が，生では90％，乾燥物は3～15％で，水分を除くと糖質が最も多く，次いでたんぱく質，ミネラル，ビタミンの順である。乾物では糖質は40～65％でその45～100％は食物繊維である。ミネラルは食品中最も多く，カルシウム，ナトリウム，マグネシウム，カリウム，ヨウ素などを5～30％含む。ビタミン類は，プロビタミンAのカロテンが多く，そのほかビタミンB類やビタミンCを含む。うま味成分のグルタミン酸をはじめ遊離アミノ酸も多い。

機能性成分も見出されており，抗菌・抗ウイルス性，抗腫瘍，血圧降下作用，コレステロール低下作用，有害重金属除去排泄作用などが認められている。

2) 調理による物性の変化

加工わかめは調理時には水戻しして使うが，最も吸水量が多いのは灰干しわかめ，次いで素干しわかめで，塩蔵わかめは最も少なく，水戻しの温度の影響は塩蔵わかめが最も大きい（図6-26）。加工わかめは水戻し後汁物に入れられたり，酢の物にされたりする。乾燥わかめを水戻し後，15分間煮熟あるいは5％酢酸に浸漬すると，煮熟ではわかめは軟化し，酢酸浸漬では硬く歯ごたえのあるものになる（図6-27）。わかめを煮ることにより水溶性のアルギン酸が汁中に流出し，一方酢酸浸漬では不溶性のアルギン酸が増えたためと考えられる。

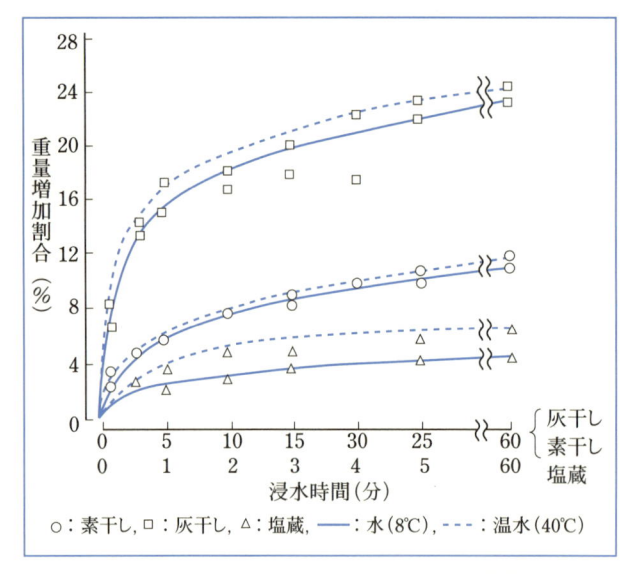

資料）関本邦敏・遠藤昭夫・片峯伸一郎『栄養・食糧会誌』39, 67, 1986

図6－26　水浸漬による各種わかめの吸水膨潤度

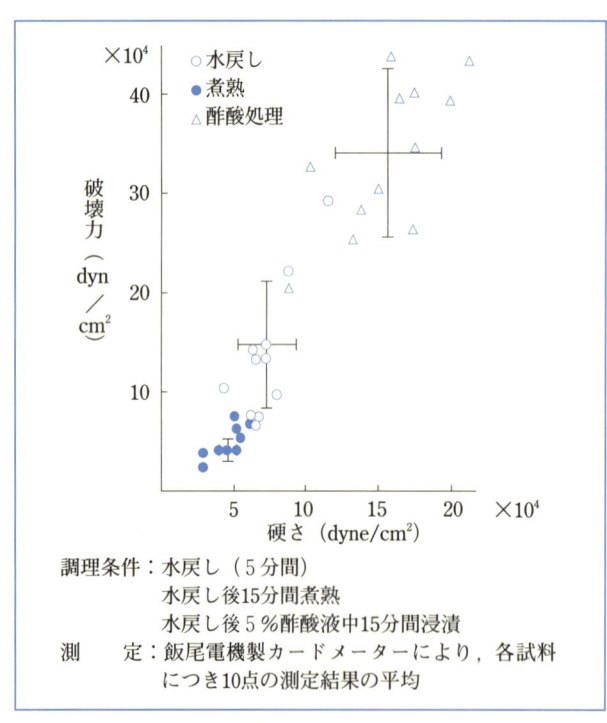

調理条件：水戻し（5分間）
　　　　　水戻し後15分間煮熟
　　　　　水戻し後5％酢酸液中15分間浸漬
測　　定：飯尾電機製カードメーターにより，各試料につき10点の測定結果の平均

資料）佐藤邦子・佐藤敦郎『家政誌』28, 17, 1977

図6－27　調理条件とわかめの物理性状

こんぶは，こぶ巻きや佃煮にするとき，酢水に浸漬したり酢水で煮てやわらかくしてから調味することがある。酸によってこんぶが軟化するのは，細胞壁構成物質が溶液に溶出すること，細胞壁などに存在するアルギン酸カルシウムからカルシウムが離脱して遊離のアルギン酸になること，またアルギン酸が低分子化することなどが考えられている。なお，各種調味料液中でこんぶを加熱した実験では，食塩と有機酸中ではこんぶの軟化が早く，糖類とグルタミン酸ナトリウム中では軟化が緩慢である[23]。

3）調理による嗜好性の変化

乾のりの品質は色，つや，香りなどで評価され，特に色は重要である。のりの色はクロロフィルと色素たんぱく質のフィコビリンである。市販の乾のりは青味を帯びた黒色で光沢があるものが高級品とされるが，高級品ほどフィコビリンやクロロフィルが多い。フィコビリンは安定で保存条件の影響を受けにくいが，クロロフィルは高湿度や光の影響で分解しやすいので，保存条件は重要である。乾のりを火であぶると緑色に変化する。これはフィコビリンが変化し，クロロフィルの色が目立ってくるためである。またこのときの香ばしいにおいはジメチルスルフィドである。

わかめの色はクロロフィルやカロテノイドなどである。クロロフィルのなかでも青緑色のクロロフィルaの割合が高いものほど品質がよいとされる。

こんぶのうま味の主体はグルタミン酸であるが，アスパラギン酸，アラニンなどのアミノ酸や，5'-ヌクレオチド類，ミネラル，マンニットなども関与している。うま味を生かしたもっとも風味のよいだしのとり方は，上質のこんぶの水だし法がよいが，急ぐときは一般的には水から入れて沸騰直前に取り出す。加熱が長くなるほど，粘りが出てこんぶ臭やうま味が強くなり好まれない。なお，こんぶからは平均

0.2％程度の食塩が溶出するといわれており、調味の際には注意する必要がある。

（9）きのこ類

1）種類と成分的特性

きのこの種類は多く、食用になるものだけで約1,000種、そのうち好んで食用にされるものは70～80種といわれる。栽培されたりして市場に出回っているものは30種程度あり、食品成分表には13種類が載っている。

きのこはビタミンB_1，B_2，ナイアシンを主としたB群を多く含む。また、プロビタミンD_2のエルゴステロールを多く含んでおり、紫外線があたるとビタミンD_2に変換する。したがってプロビタミンD_2は、特に乾燥したきのこ類に多い。食物繊維も多く含まれ、糖質の60～100％を占める。

そのほか多くの機能性成分も見出されており、抗腫瘍作用、神経成長因子合成促進作用、コレステロール低下作用、制がん作用、血圧降下作用などが認められている。

2）調理による物性，嗜好性の変化

干ししいたけの水戻しは、あらかじめしいたけを十分膨潤させて最終的に軟らかく煮上げるという、主にテクスチャーの面から重要な操作である。図6－28に示すように、0℃や20℃で戻したものに比べ、40℃や60～80℃で戻したものの膨潤度は小さい。干ししいたけの水戻しや生しいたけの乾燥段階で、50℃以上の温度にさらされると、干ししいたけは水に対する親和性を失って膨潤しにくくなる。水戻し段階で十分膨潤しなかったものは、加熱時間を長くしても大きく膨潤しない。したがって、テクスチャー面だけからでは、干ししいたけの水戻しは40℃以下が望ましい[21]。

干ししいたけのうま味成分の中心である5'-グアニール酸は、初めからしいたけのなかに存在するのではなく、水戻し、加熱という調理過程で、核酸のRNAに酵素ヌクレアーゼが作用することにより生成される。一方しいたけ中には、生成された5'-グアニール酸を分解するホスファターゼも存在し、両酵素の兼ねあいで5'-グアニール酸の生成量が決まってくる。それには、水戻しの温度と時間、加熱上昇速度が関与する。なおこれらは基本的に生も含めたきのこ類全般についても同様である。

水戻し温度が高く、浸漬時間が長い方がRNAの減少は大きく、加熱後の5'-グアニール酸の生成量は少ない（図6－29）。また、しいたけのうま味には遊離アミノ酸なども関与しており、水戻しが高温で長時間であるほど苦味アミノ酸が増加する（図6－30）。これらから、うま味物質の多いしいたけの煮物を作るには5℃のような低温で水戻しする必要があることが分

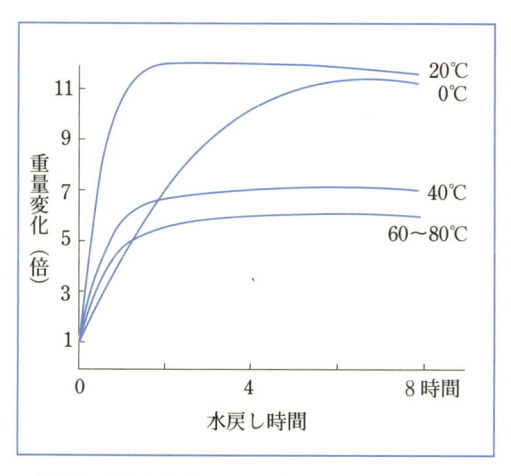

資料）遠藤金次『調理科学会誌』22, 58-62, 1977
図6－28　室温送風乾燥しいたけの水戻し重量におよぼす水戻し温度と時間の影響

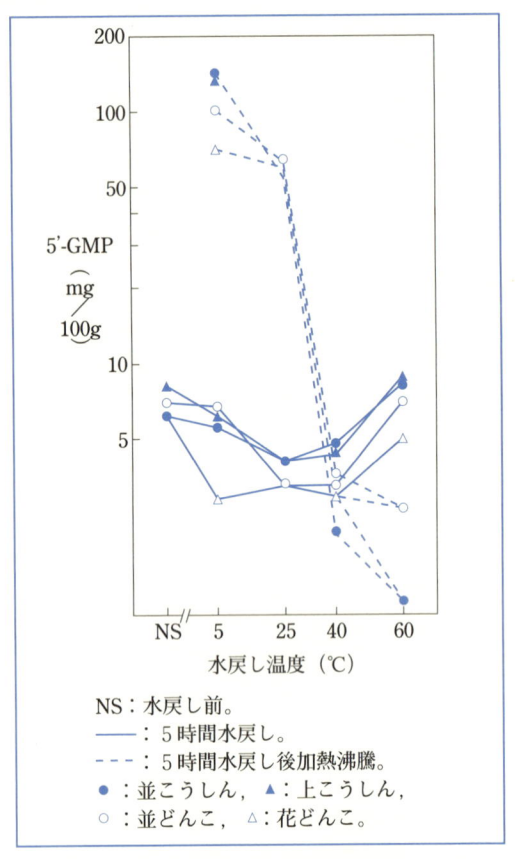

NS：水戻し前。
――― ：5時間水戻し。
------ ：5時間水戻し後加熱沸騰。
● ：並こうしん，▲：上こうしん，
○ ：並どんこ，△：花どんこ。

資料）青柳靖夫・菅原龍幸『日食工誌』33，244，1986

図6－29　干ししいたけの水戻し温度と加熱が5'-GMP量に及ぼす影響

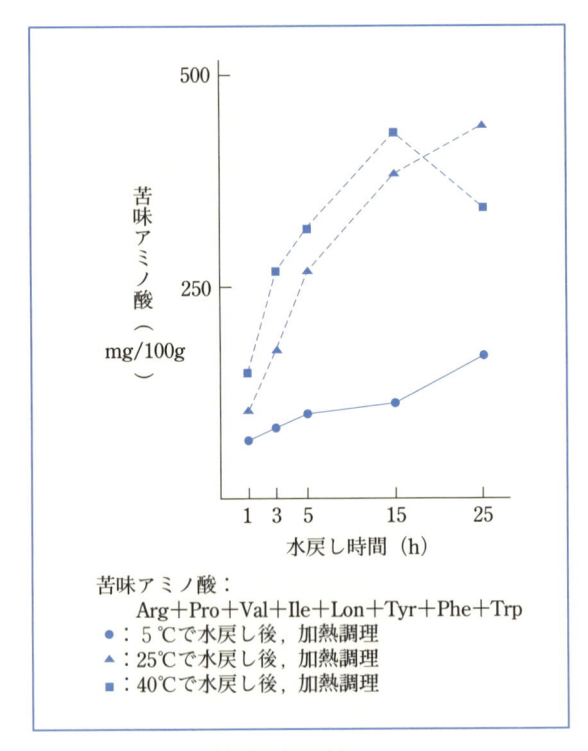

苦味アミノ酸：
　Arg＋Pro＋Val＋Ile＋Lon＋Tyr＋Phe＋Trp
● ：5℃で水戻し後，加熱調理
▲ ：25℃で水戻し後，加熱調理
■ ：40℃で水戻し後，加熱調理

資料）佐々木弘子他『日食工誌』36，293-301，1989

図6－30　干ししいたけの水戻しが苦味アミノ酸量に及ぼす影響

かる。時間は十分膨潤するのに必要な最低時間であり，5℃で5～10時間程度と考えられる。

また，ホスファターゼを抑えヌクレアーゼを働かせて多くのうま味物質を残存させるには，50～70℃の温度域を5℃/分間前後で温度上昇していくのが望ましいとされる[21]。

しいたけの特有のにおいはレンチオニンである。これはレンチニン酸より酵素γ-グルタミルトランスフェラーゼおよびシステインスルホシドリアーゼの働きで生成される。レンチオニンが多いしいたけの煮物を作るには，低温で水戻しし，沸騰継続時間は10分程度がよいと報告されている[22]。

2．動物性食品

（1）肉　類

　肉類は獣鳥肉類を指すが，日本人が日常的によく食べる獣肉（家畜の肉）は，牛肉，豚肉，羊肉，馬肉そして家禽の鶏肉，カモ肉などである。その中でも，豚肉，鶏肉が国民栄養調査では摂取量が多い。BSE（狂牛病）の問題が発生し，一時牛肉の供給が控えられたが，検査体制が整い，回復してきている。国民栄養調査では，男女とも，15～19歳，20～29歳の摂取量が高く，嗜好的にも好まれている。1人1日当りの摂取量はこの数年は横ばい状態である[23]。

1）肉類の組織構造と熟成

　肉として利用しているのは，家畜・家禽を屠殺後一定期間熟成した筋肉組織であり，生体の筋肉組織の構造と成分が反映された品質と栄養価となる。厳密な意味で食肉として利用されるのは，骨格に付着して運動をつかさどる骨格筋であるので，それを中心に述べるが，この他に消化管や血管などに分布する平滑筋，心臓を構成する心筋などがあり，骨格筋と心筋が位相差顕微鏡で横紋構造がみられる横紋筋である。

　骨格筋の組織構造は図6－31に示すように，筋繊維，結合組織，血管，神経，脂肪組織などから構成されて，骨格筋の両端は腱を介して骨格に付着している。筋繊維は骨格筋細胞のことで直径20～150μmの円筒形をした細長い細胞で，筋内膜で覆われている。これが多数集り筋周膜で束ねられ筋繊維束を形成し，さらにこれらが束ねられて筋肉を構成する。筋内膜や筋周膜は結合組織で構成され，主要なたんぱく質はコラーゲンである。血管壁や靭帯を構成する結合組織のたんぱく質はエラスチンなどである。筋繊維は，ゲル状の筋原繊維たんぱく質とその間を満たすゾル状の筋形質（筋漿）たんぱく質から成る。筋原繊維たんぱく質を構成する主要なたんぱく質が細いフィラメントを構成するアクチンと太いフィラメントのミオシンである。筋形質たんぱく質には多数の核，ミトコンドリア，ミ

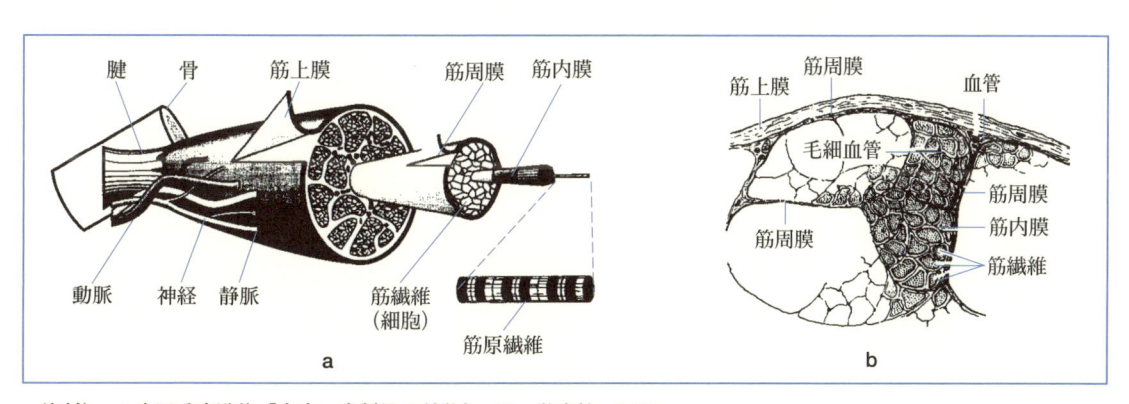

資料）a：森田重廣監修『食肉・肉製品の科学』p.32，学窓社，1992
　　　b：山内文男編著『食品タンパク質の科学』食品資材研究会，p.169，1984

図6－31　骨格筋組織の模式図

第6章 食品の調理と生体利用性

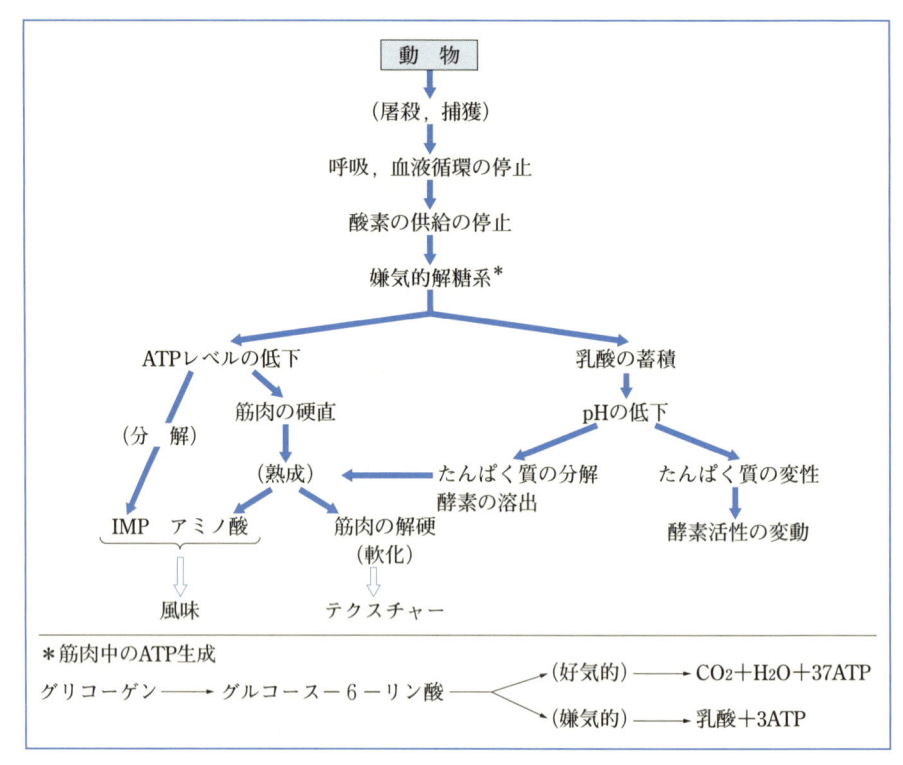

```
                    動　物
                     │
                  （屠殺，捕獲）
                     ↓
              呼吸，血液循環の停止
                     ↓
               酸素の供給の停止
                     ↓
                嫌気的解糖系＊
                   ↙    ↘
         ATPレベルの低下    乳酸の蓄積
           ↓    ↓            ↓
        （分解） 筋肉の硬直      pHの低下
           ↓    ↓         ↙    ↓    ↘
           ↓  （熟成）← たんぱく質の分解  たんぱく質の変性
           ↓    ↓       酵素の溶出       ↓
      IMP アミノ酸  筋肉の解硬              酵素活性の変動
           ⇓      （軟化）
          風味      ⇓
                テクスチャー
```

＊筋肉中のATP生成

グリコーゲン ── グルコース-6-リン酸 ─（好気的）── $CO_2+H_2O+37ATP$
　　　　　　　　　　　　　　　　　　　└（嫌気的）── 乳酸+3ATP

資料）島田淳子・下村道子編『調理科学講座1　調理とおいしさの科学』p.33，朝倉書店，1993

図6-32　動物性食品素材における酵素反応と品質変化の関係

クロソーム，たんぱく質，グリコーゲンが含まれる。この筋形質たんぱく質はミオゲン，グロブリン，ミオグロビン（肉色素）などから成り，肉の呈味に関わるヌクレオチド，ペプチド，アミノ酸なども含まれる。脂質は骨格筋の結合組織に存する脂肪細胞に蓄積され，第一次筋束の筋周膜などに脂質が均一に蓄積する現象を脂肪交雑といい，脂肪が細かく網目状に分散した霜降り肉は商品価値が高い。

私たちが入手する肉類は図6-32に示すように，屠殺後の死後硬直を経て，適度に熟成されて，肉質が軟化し，保水性が回復し，風味や呈味性が増したものである。牛，豚，鶏肉のなかで肉の軟らかさと呈味成分（IMPやグルタミン酸）の保持率が熟成肉で高いのは豚，鶏肉である。鶏肉は好みにより皮や脂肪分が除去しやすいので，幼児から青年期また高齢者の食材として，価格面からも使いやすい。ただ，豚肉は寄生虫の不安から，鶏肉は風味の面からしっかり加熱する（well-done）。

2）肉類の栄養・機能特性

肉類の栄養・機能特性は，家畜の種類，年齢，性別，栄養状態，筋肉部位によって大きく異なるが，主成分は良質なたんぱく質と脂質である。表6-15に筋肉たんぱく質と脂質の特徴を示す。軟らかい部位のヒレやロース肉は高温短時間の調理（焼く，炒める，揚げる）に，霜降りの牛肉や豚のバラ肉は薄切りにして短時間加熱のすき焼き，しゃぶしゃぶなどで，熱いところを溶き卵やたれを付けて

霜降り
魚介類や肉類の表面だけが白くなる程度に，熱湯を通したり，かけたりして表面のたんぱく質を熱凝固させる。

表6-15 肉類のたんぱく質と脂質の特徴

項目	たんぱく質と脂質	筋原繊維たんぱく質	筋形質たんぱく質	肉基質たんぱく質	脂質の融点（℃）
形状		繊維状	球状	繊維状	―
溶解性	水	－	＋	－	―
	0.6M塩溶液	＋	＋	－	―
	希酸・希アルカリ	＋	＋	－	―
たんぱく質の種類		ミオシン，アクチン，トロポミオシンなど	ミオゲン，グロブリン，ミオグロビン，各種酵素	コラーゲン（膜，皮），エラスチン，レティキュリン（血管壁，靱帯）	―
たんぱく質の役割		筋収縮，硬直，保水性，結着性	筋繊維の細胞質である。グリコーゲン，脂肪球，呈味成分含有	生肉の硬さの主役，コラーゲンは湿熱加熱により可溶化	
加熱による変化		凝固，収縮	凝固（前者より高温）	収縮，分解，ゼラチン化	融解し，冷えると凝固
含量（％）	牛肉 背肉	84		16	牛脂 40～50
	牛肉 胸肉	72		28	
	牛肉 スネ肉	44		56	
	豚肉 背肉	91		9	豚脂 33～46
	豚肉 モモ肉	88		12	
	鶏肉 胸肉	92		8	鶏脂 30～32

資料）清水旦　他訳『食肉の化学』p.123, 163, 地球出版, 1964に加筆

賞味する方法は，肉類の特徴を活かした調理法である。

　肉類の脂肪は肉種により構成脂肪酸の組成が異なるので，冷めてから食する調理には，その融点の低い豚肉・鶏肉が適する。含量的に多い水分は約65～70％で，各機能発現のために必須の成分であり，肉類のテクスチャーにかかわる水分（肉汁）損失をいかに制御するかが調理の要点となる。カリウム，リン，硫黄などのミネラル類は肉類の種類に関係なく約１％含まれる。また，ビタミンC以外の水溶性ビタミン類を多く含有しているが，脂溶性ビタミン類は少ない。しかし，肝臓にはビタミンA，Cも豊富で，各種ビタミンの供給源と目される。肉類のエキス分や熟成に伴い蓄積されるペプチド類は甘味，苦味，酸味，うま味などの呈味性を有するほか，味覚調節作用（オリゴペプチドは基本味に添加すると，基本味の強さを変化させて，味質を変える作用）があり，より美味で複雑な味わいにする。また，血圧や血中コレステロールの上昇を抑制するものも見出されている。

3）肉類の加熱による変化

　牛肉（赤身）や鶏のささ身肉はタルタルステーキや刺し身として生で食べられることもあるが，多くは加熱して，生とは異なる風味やテクスチャーを賞味することが多い。加熱により肉のたんぱく質は変化し，筋原繊維たんぱく質の変性は40～50℃で開始し，60℃くらいで繊維状に収縮・凝固する。水溶性の筋形質た

んぱく質はそれよりやや高温で、豆腐状にかたまる。結合組織のたんぱく質であるコラーゲンは65℃くらいで元の長さの1/3～1/4でゴム状に収縮する。このため、肉の加熱により、肉のテクスチャーが硬く噛み切りにくくなる。保水性の減少や重量減少を伴う。高温短時間加熱の焼く、炒める、揚げる調理には軟らかい部位の肉が適する。しかし、スネ肉やバラ肉のように硬い部位の肉は、水を加えて長時間加熱をすると、結合組織の三重らせん構造をしたコラーゲンが徐々に分解し、ゼラチン化し、筋繊維は収縮しているが、それを包む膜がゼラチン化するため、ほぐれやすくなり、軟らかく感じられる。

肉の色はミオグロビン（肉色素）とヘモグロビン（血色素）の2種のヘム色素由来であり、この割合は肉の種類、部位、年齢などにより異なる。肉を加熱すると、たんぱく質のグロビンが熱変性し、ヘムは酸化され鉄原子2価が3価となり、褐色の変性グロビンヘミクローム（メトミオクロモーゲンあるいはメトヘモクロモーゲン）に変化する。

特定給食施設や配食サービスではクックチルシステムが急速に導入され、HACCP（危機分析重要管理点）の観点から中心温度が75℃で1分以上加熱することが義務付けられた。真空調理や従来方式（クックサーブ）のレシピでその加熱条件を達するように調理し、0～3℃で急速冷却して保存後、スチームコンベクションオーブンなどで再加熱して供する給食施設が多くなっている。鶏肉や豚肉の脂肪の酸化が食味に影響をおよぼすという指摘もある[24]。

4）肉類の軟化方法

肉類の種類は部位により肉の硬さは異なるが、加熱調理による硬さの増大は避けられない。そこで、加熱前の下処理などは食味上重要である。

① 機械的方法

挽肉にしたり、肉は筋繊維に直角に薄く切る、筋切りする、肉叩きで叩くなどは、物理的手段により筋繊維を短く切断し、加熱による急速な収縮を抑制する。

② 調味料による方法（塩分，砂糖，酒類など）

加熱調理の前に1～3％塩（食塩、しょうゆ、味噌など）をすると、筋原繊維たんぱく質のミオシンが解離し、融解し、その一部がアクチンと結合しアクトミオシンになる。これらが網目構造を作り、結着性や保水性をよくする。砂糖類はたんぱく質の変性を抑制し、酢や酒類の有機酸類により、肉の等電点より低いpHになり、保水性が向上する。

③ 重曹による方法[25]

0.2～0.4モル重曹溶液に1cm厚みの肉を約40分浸漬することにより保水性が向上する。

④ 酵素作用による方法（しょうが[26]，果実など）

しょうが汁を肉の3％、15分以上浸漬すると、そのプロテアーゼ作用による軟化と芳香・消臭作用や脂肪の抗酸化性、胃での消化促進作用などの副次的作用も伴う。いちじく（フィシン）、パイナップル（ブロメライン）、パパイヤ（パパイン）、キウイフルーツ（アクチニジン）[27]の果汁などを肉の20～50％用い、10～

表6－16 食品・調理法別のビタミンB_6含有量および調理後の保持率

食品名	調理方法	B_6含有量(nmol/g)	調理後のB_6保持率(％)
牛ロース	生	32.7	－
	焼く(レア)	30.0	95.2
	焼く(ミディアム)	29.0	86.3
	焼く(ウェルダン)	28.5	79.1
	揚げる	30.5	67.8
	煮る	22.9	43.2
牛モモ(薄切り)	生	32.0	－
	焼く	32.6	79.7
	煮る(短時間)	29.8	74.8
	煮る	7.8	15.5
(角切り)	煮る	16.2	27.9
牛スネ	生	13.3	－
	煮る(普通鍋)	8.0	20.6
	煮る(圧力鍋)	9.8	24.0
	煮る(断熱調理鍋)	10.5	25.0
牛ロース	生	36.2	－
	焼く	36.2	71.2
	揚げる	31.2	66.0
	煮る(短時間)	36.4	67.6
豚モモ(薄切り)	生	38.7	－
	焼く	42.6	79.2
	煮る(短時間)	40.6	83.4
	煮る	21.1	38.8
(角切り)	揚げる	27.3	60.8
	煮る	22.4	39.0
鶏ムネ(皮なし)	生	53.5	－
	焼く	49.8	73.3
	揚げる	45.7	62.6
	煮る	42.1	51.6
	真空調理	48.7	76.6
	真空調理(再加熱)	43.8	53.4
鶏モモ(皮なし)	生	22.2	－
	焼く	22.5	77.2
	揚げる	20.8	72.7
	煮る	18.8	55.6

資料）柴田圭子・安原安代・安田和人「陰膳法による女子大学生のビタミンB_6の摂取量の検討（第Ⅱ報）―食品のビタミンB_6保持率に及ぼす調理法の影響―」『ビタミン』74, 423-433, 2000

120分浸漬すると，その酵素（プロテアーゼ活性が高い）作用で肉を軟化する。

5）肉類の調理による物性，栄養価の変化

① 肉類の調理とビタミンB_6の挙動[28]

食品・調理法別のビタミンB_6の保存率について表6－16に示す。

② 豚肉の調理と脂肪酸組成，コレステロール含量

薄きり豚肉を"ゆでる"ことによる減少は，"炒め"や"揚げ"に比べ大差はない。

③ 牛すね肉の保温鍋・圧力鍋加熱

約100g（5cm角）を水煮にする場合，普通鍋加熱は沸騰後180分，保温鍋は沸騰後30分加熱，保温120分，圧力鍋は加圧後35分，蒸らし10分で最適な加熱状態に至り，肉の加熱収量約63～64％で，圧力鍋加熱肉の破断応力は保温鍋の約26％減であった。

④ 鶏肉の真空調理[29]

ブロイラー胸肉を風味，多汁性感，やわらかさの3拍子整えた食味にするには1％振り塩をして30分後軽く水を流し，70℃湯煎で内部温度が70℃に達してから1～5分保持がよい。ただし，特定給食施設ではHACCPの指示を考慮する。

⑤ レバー類の調理と鉄分

レバー類は鉄をはじめとしたミネラル類の給源であり，ビタミンA，B_{12}，葉酸，パントテン酸に富むが，嗜好差の著しい素材である。鶏レバーでは短時間の超音波処理により血抜き・脱臭効果が水洗いより大であり，酒粕や味噌漬けにすると食べやすい。豚レバーは水さらしと牛乳さらしでは食味におよぼす影響は小さい。ソテーの場合，180℃くらいの高温加熱が脂肪の酸化を抑制する[30]。鮮度のよいレバーの摂取は成長期の子どもや貧血傾向世代，妊婦，スポーツ選手などに勧められる。

(2) 魚 介 類

魚介類の摂取状況は肉類とは大きく異なり，男女とも50～59歳代，60～69歳代に多く摂取されている[23]。日本は暖流・寒流に囲まれているので，四季折々の多様な魚介類を摂取できる。

1）魚介類の種類と旬

魚介類の種類は豊富で，回遊する魚類は含有する成分の変動が大きく，旬がある。旬の魚介類は，頭に近い部分，腹部，皮下などに脂肪がのり，特に回遊する

項　目	Aタイプ	A'タイプ	Bタイプ	Cタイプ
模式図	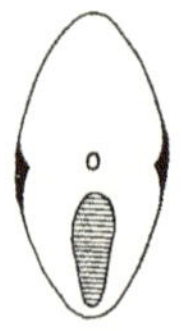	白部分：淡色，粗点部分：淡赤色 細点部分：赤色，黒部分：血合筋	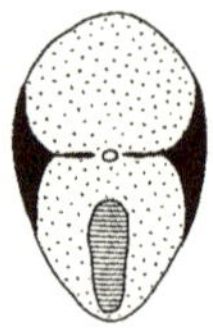	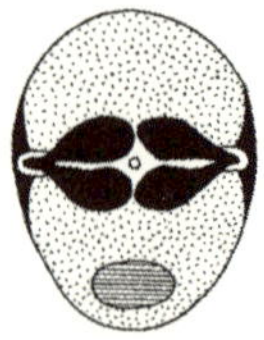
沿岸域，外洋の魚類 体の形 体側筋の色 表面血合筋 内部（真正）血合筋 運動能力 その他	沿岸域磯魚 多少側扁して高い 白い 普通 ない 小さい	沿岸域底魚 縦扁形か側扁形 白い 低い まったくない 小さい 回遊するものもある （まあなご，ひらめ）	沿岸域表層回遊魚 紡錘形 多少とも赤い よく発達 ない 分布範囲内回遊	外洋の表層魚 紡錘形 赤い，濃赤色 よく発達 よく発達 広域回遊，非常に大きい 鱗の退化消失
魚種	すずき，ふぐ，いさき	かれい，きんめだい， かさご，あんこう	まさば，いわし， にしん，とびうお	まるそうだ，かじき まぐろ，かつお
脂質の季節的変化	小さい　──────────────────────────────▶　大きい			

資料）日本水産学会編『白身の魚と赤身の魚—肉の特性』p.9, 恒星社厚生閣, 1976に加筆し, 作図

図6−33　体側筋の色と血合肉の発達状態からの魚類の分類

青背の魚類（さば，いわしなど）はそれが著しく，呈味成分の含量も高くなる傾向がみられる。体側筋の色合や血合肉の発達状態は生息域や遊泳運動能力に差異がみられ，図6−33に示すように分類される。貝類ではグリコーゲンの季節的変動が大きく，旬には極めて高含量になる。

2）魚介類の組織構造

魚肉と畜肉のおおきな差異は，図6−34に示すように筋節の構造をもち，筋節はW型をして，脊椎骨の数に対応して並んでいる。この筋節は筋繊維が薄い結合組織の筋隔膜で仕切られている。このため，魚の横断面は同心円状の構造がみられる。この筋隔膜は比較的低温でゼラチン化し，筋繊維も短いため，加熱した魚肉は"箸"でほぐしやすくなり，食べやすい。

3）魚介類の栄養・機能特性

魚介類の主成分は魚肉の約20％を占めるたんぱく質で，肉類と同様に必須アミノ酸を含んだ良質たんぱく質で，魚種によるアミノ酸組成に差は少ない。魚の筋肉の脂質は季節的変動と連動し，脂質が増加する時期には水分が減少する傾向がある。一般に，回遊する魚類の脂質は産卵期に減少し，回遊する時期には増加する。海や川に生息する魚類の脂質は，低温で液状であることが生理上不可欠であるので，不飽和脂肪酸の構成割合が大きく，特に多価不飽和脂肪酸（PUFA）が含まれていることが，大きな特徴である。EPA（エイコサペンタエン酸），DHA（ドコサヘキサエン酸）やタウリンは心血管系疾患の予防や治療に有効であり，DHAは脳の回路を活性化するため，子どもから大人，高齢者にとっても有用な

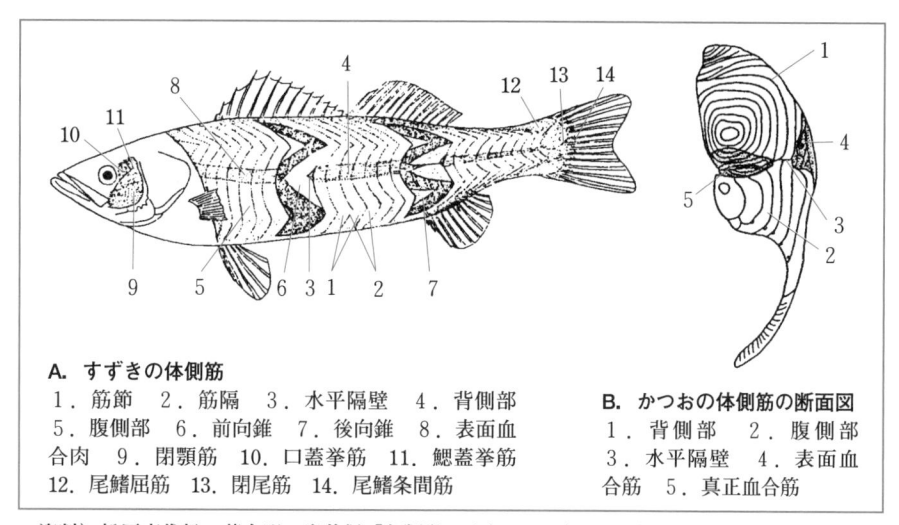

A. すずきの体側筋
1．筋節　2．筋隔　3．水平隔壁　4．背側部
5．腹側部　6．前向錐　7．後向錐　8．表面血
合肉　9．閉顎筋　10．口蓋挙筋　11．鰓蓋挙筋
12．尾鰭屈筋　13．閉尾筋　14．尾鰭条間筋

B. かつおの体側筋の断面図
1．背側部　2．腹側部
3．水平隔壁　4．表面血
合筋　5．真正血合筋

資料）松原喜代松・落合明・岩井保『魚類学　上』p.32，恒星社厚生閣，1979

図6－34　魚肉の筋肉の構造

食材である。調理加工の際，油脂が酸化されやすいので，配慮が必要である。

4）魚介類の鮮度鑑別

　魚介類は生息環境や組織構造や固体のサイズからみても，死後の変化が速い。魚の死後変化は図6－35に示すとおりである。魚介類の特徴を活かし，おいしく調理するには，鮮度の見極めが重要である。鮮度の判定法であるが，人間の五感による判定は，機器分析よりはるかに上回る感度を示すことがあるので，官能評価におけるチェックポイントを表6－17に示す。また，ヌクレオチドの分解生成物を指標とする鮮度判定法のK値は，魚肉中のATPの分解経路から次式により算出されるが，VAN値（揮発性塩基窒素）やTMA－N値（トリメチルアミン－窒素）に比べ，K値は"活きのよさ"を示す尺度として有用と認められている。即殺魚は約5％，すし種（高級品）は20％前後，40％以上は加熱調理用という目安になる。なお，二枚貝，えび・たこ類はATPの分解経路が異なるため，IMPは含有

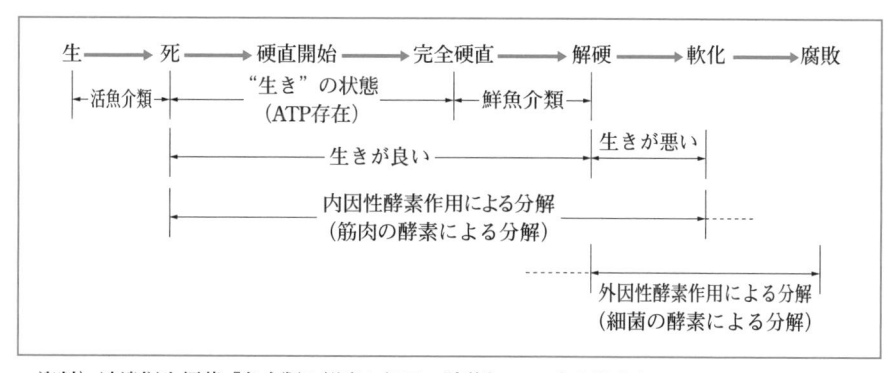

資料）渡邊悦生編著『魚介類の鮮度と加工・貯蔵』p.1，成山堂書店，1995

図6－35　魚介類の死後変化

表6-17 魚類の鮮度の官能評価におけるチェックポイント

項　目	部　位	評　価	
		新　鮮	初期腐敗
外　観	体　表	みずみずしい光沢がある。鱗がしっかりついている。	光沢がなくなる。鱗の脱落が多い。
	眼	混濁がない。血液の浸出が少ない。	白く混濁し，眼窩の中へ落ち込む。血液の浸出が多い。
	鰓	鮮やかな桃赤色をしている（氷蔵魚では脱色されていることがある）。	周辺から灰色を帯びるようになる。しだいに暗緑灰色になる。
	腹　部	腹切れがない。	腹部が切れて内臓が露出したり，肛門から腸内容物が出てくるようになる。
匂　い	全　体	異臭を感じない（魚種によっては特有の匂いをもつものがある）。	不快な生ぐさ臭がある。
	鰓	ほとんど匂いがない。	不快臭を帯びるようになる。
硬さ	背・尾部	指圧をかけると弾力が感じられる。	弾力が乏しくなる。
	腹　部	内臓がしっかりしていて弾力がある。	軟化し始める。指圧をかけると肛門から腸内容物が容易に出るようになる。
粘質物	体　表	指でなでても粘質物が気にならない。	粘液が粘着性を増す。

資料）須山三千三・鴻巣章二編『水産食品学』p.134，恒星社厚生閣，1987

されない。

$$K値（\%） = \frac{HxR（イノシン）+Hx（ヒポキサンチン）}{ATP+ADP+AMP+IMP（イノシン酸）+HxR+Hx}$$

5）魚介類の調理による変化

魚類は組織構造が筋節をなし，筋繊維が筋隔膜で包まれ，その筋肉を構成するたんぱく質組成も，表6-18のように肉類とは大きくことなり，結合組織の構成分である筋基質たんぱく質は肉類の約1/10で，2～4，5％の魚類が多い。また，筋基質たんぱく質を多く含有する赤身魚（かつお）や中間魚（あじ）は生で軟らかく，加熱をするとまとまりやすく，節になる。一方，筋形質たんぱく質が少ない白身魚（かれい，きちじ）は加熱により余り硬くならない（図6-36参照）。煮れば煮崩れやすく，この性質を利用して，脂肪の少ない白身魚からでんぶが作られる。

① 生もの調理

鮮度鑑別，包丁の冴えおよび衛生的取り扱いが大切である。

a. 刺し身，たたき

刺し身は日本独特の魚の生食調理である。肉質のやわらかく，特有の舌触りを有するかつおやまぐろのおいしさはある程度の厚みがもたらし，肉質が硬めで，弾力があり，噛み応えのあるひらめ，たい，ふぐなどは薄造りとされる。また，鮮度の非常によいいわし，あじなどは包丁で叩いて細かく切り，たたきにする。

いずれにしても，辛味のある野菜類がつまとして，また薬味として刺激性の辛味のあるわさび，しょうが，からしなどが添えられたり，混ぜられたりして

2. 動物性食品

表6-18 魚介類筋肉たんぱく質の組成

種類	筋形質たんぱく質	筋原繊維たんぱく質	筋基質たんぱく質
かつお	42	55	4
さば	30	67	3
たら	21	76	3
いか	12〜20	77〜85	2〜3
たこ	31	59	5
はまぐり（閉殻筋）	41	57	2
（足筋）	56	33	11
くるまえび	32	59	5
うさぎ	28	52	20

資料）須山三千三・鴻巣章二編『水産食品学』p.18, 恒星社厚生閣, 1987

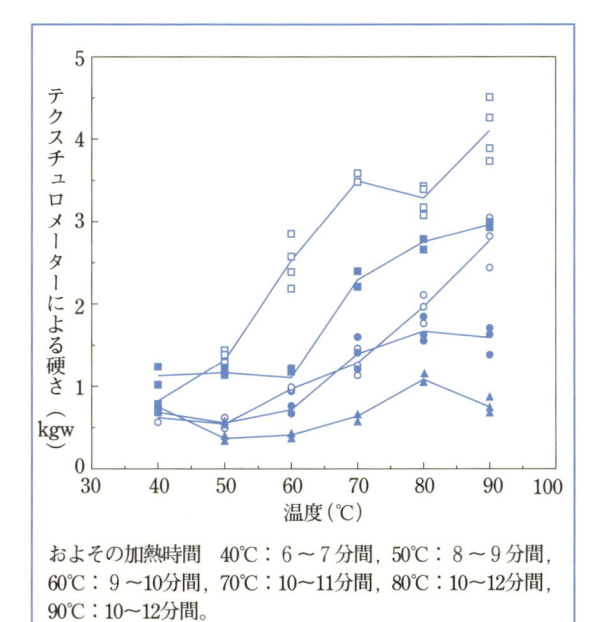

およその加熱時間 40℃：6〜7分間, 50℃：8〜9分間, 60℃：9〜10分間, 70℃：10〜11分間, 80℃：10〜12分間, 90℃：10〜12分間。
□かつお ■とびうお ◇まあじ ●まこがれい ▲きちじ

資料）鴻巣章二監修『シリーズ食品の科学　魚の科学』p.140, 朝倉書店, 1995

図6-36 加熱による魚肉の硬さの変化

供される。さば，さけ，いか類には内臓・筋肉部分にコイル状の形をしたアニサキス（寄生虫）がいる場合は生食せず，加熱処理（60℃で1分以上の加熱）や凍結（-20℃で1日以上）で死滅させる。また，湯霜造りや焼き霜（土佐）造りにして，表面の触感を変えた刺し身もある。

b. 洗　い

洗いは死後硬直を有効利用した調理法であり，こい，すずき，えびなどが用いられる。ATPとグリコーゲンが急激に減少すると，筋肉が著しく収縮して，IMPが蓄積されて，歯切れや食味がよくなる。特に，こいやすずきでは，49℃20秒洗いは透明感はないが，テクスチャーが好まれ，0.1MのCa^{++}を水に添加して，洗い操作を行うとMg^{++}より縮みが強く，洗い独特の感触が得られる[31]。

c. 酢の物，酢じめ

日常手軽に作る魚の酢の物や，時間をかけるしめ鯖なども生で，触感を楽しむ調理法の1つである。鮮度のよい白身魚は昆布締めにしたり，あじやいわしは4，5％の振り塩（立て塩でも可）をして30分前後置いて酢洗いをし，皮をひき，適宜切りわけ酢の物にする。一方，しめ鯖の場合はあべかわ塩（べた塩）と呼ばれる10〜15％の塩を3枚卸の魚に振り，5，6時間後，酢じめをする。後者は脱水，変性が著しいため，生とは違うテクスチャーが形成される。酢洗い・酢じめは細菌増殖抑制と鮮度低下に伴い生ずるTMAなどの生成を抑制する。

② 加熱調理

a. 潮　汁

鮮度のよい白身魚や生きている貝類（はまぐり，あさり）を使う。たいの頭やあらなどを使う時は，3％の振り塩をして，湯洗いしてから使う。水から酒や昆布とともに加熱する。たいの頭などは，うま味にコクを添えるゼラチン質が溶出するので，ゆっくり加熱し，貝類は沸騰後長く煮ると硬くなるので，加熱程度を考える。貝類のうま味はアミノ酸類とコハク酸である。

b. 煮　物

魚肉類は組織構造およびたんぱく質組成から，白身魚は煮崩れしやすい。ま

た，短時間で火が通り，たんぱく質は熱凝固するので，比較的濃い調味液を煮立て，浅鍋に，重ねないように並べ，紙ぶたや落とし蓋をし，調味の均一化を図る。

煮こごりは，かれい，ひらめのような魚類を煮ると，皮や軟骨のコラーゲンがゼラチン化して，ゲル化する性質を利用した寄せ物である。いわしやあじに梅干や食酢を加えて煮る[32]と，骨までやわらかくなり，食べやすくなる。また，同時に魚骨カルシウムが溶出されるので，よきカルシウム源となる。

c. 蒸 し 物

鮮度のよい白身魚は薄く振り塩をした後，酒を加え，沸騰蒸し器で，中火の火加減で蒸し，柑橘類の汁や薬味とともにかけ汁をかけて供すると，持ち味が引き出される。また，鮮度のよい魚（さけ，しろぐち，ほたて貝柱）を粗く刻み，1％の食塩を加えすり身にし，卵白，生クリームを加え混ぜ，160℃のオーブンで蒸し焼きにし，常温で放冷したムースは硬さ，なめらかさ，風味，色，総合評価で評価が高く，まあじはムースには向かない[33]。

d. 焼 き 物

特に塩焼きは魚のおいしさを堪能する調理法であり，直火焼きでは遠火の強火，間接焼きは加熱器具を十分温めて加熱するのが要点である。この調味は切り身の1％前後，あじなどの姿焼きは3％前後の振り塩をして，10〜30分後に加熱をする，塩の浸透圧で表面の水分や生臭みを引き出し，内部に浸透した塩は保水性に関与して，表面はカラリとして，ふっくらした食感の焼き魚にする。脂肪ののった皮付きの魚は，塩の浸透は皮なし身の約半量程度である。

e. 炒 め 物

えび，いか，白身魚は炒め物に利用されることが多い。加熱をしすぎるといかは硬くなり，噛み切れなくなりやすいし，白身魚は硬くなると同時に崩れやすくなるので，くずうちをしてゆでたり，油通しをして，炒め時間の短縮化を図る。いかは魚肉とは異なる組織構造をしている。外側から4枚目のコラーゲン繊維からなる真皮は加熱により収縮し，強靭になるので，飾り切り（鹿の子，布目，唐草など）をして，味がのりやすく，噛み切りやすくする。

f. 揚 げ 物

切り身の揚げ物は高温短時間加熱を原則とするので，素揚げやから揚げは，魚の水分と油脂の交代とテクスチャーの変化が著しい。特にいわしやさばのような魚は脱水されると同時に，多価不飽和脂肪酸が溶出し，植物性の揚げ油の脂肪酸と質的交代がみられ，油っこい魚は，締まって硬くなり，油っこくなくなる。また，小魚・中あじなどは揚げたてをマリネにすると，骨も軟化して食べやすく，味の浸透もよい[34]。

g. 真空調理

魚介類は加熱により，肉類ほど硬くならないので，調理し易い。鮮度のよいものを使うことが原則である。加熱により収縮して硬くなり易いスルメイカについて真空調理の報告がある。

表6-19 養殖魚と天然魚の比較

魚　名	試　料	体長 (cm)	重量 (g)	水分 (%)	脂質 (%)
まだい	養殖魚	30.5～42.5	963～1,730	73.8±1.2	2.8±2.3
	天然魚	31.5～40.0	980～1,820	75.2±1.7	1.3±0.5
ひらめ	養殖魚	36.0～42.0	1,020～1,470	74.1±1.9	0.8±0.1
	天然魚	32.0～42.0	990～1,315	74.8±1.6	0.7±0.1
はまち	養殖魚	47.6～71.0	1,630～5,500	66.4±3.9	8.1±2.6
	天然魚	45.0～68.0	1,560～5,010	74.3±1.1	2.8±2.7

資料）畑江敬子・李敬姫・土屋隆英・島田淳子『日水誌』55, 363-368, 1989から作成

6）養殖魚と天然魚の比較

国内はもとより海外で養殖した魚類の種類は確実に増えている。特に油ののり方に差異があるといわれているが，表6-19に示したように，魚種によって異なり，一定の傾向はみられない。また，養殖魚の生肉の物性は天然魚に比べ幾分軟らかい傾向がみられる[35]。養殖魚は餌飼料の影響を受け，その影響を受けやすいのは飽和脂肪酸より不飽和脂肪酸である。

(3) 卵　類

卵類の中で，生産・消費量がトップで，周年供給され，価格も安定で，調理に役立つ多様な性質をもつ鶏卵を中心に述べる。鶏卵は高コレステロール食品とか乳幼児の食餌性アレルギーの原因物質として牛乳とともに考えられているが，医師とともに経過をよく観察して，状況が改善したら，大人も子どもも1日1個程度の摂取は，ビタミンC以外のビタミンや各種のミネラル含有率が高く，たんぱく質のアミノ酸バランスがよいので推奨される。

1）卵類の種類と部位の構成割合

卵類の種類と各部位の構成割合を表6-20に示す。重量が55g以下の鶏卵は卵白と卵殻の比率が高い。だちょうは1991（平成3）年以降，日本各地で飼育されており，全卵重量は鶏卵の20倍であり，卵殻の厚さも鶏卵の約5倍で，鮮度低下も穏やかである。調理特性については鶏卵と差異が認められている[36]。

2）鶏卵の鮮度判定法

鶏卵は，表面を乾いた状態で冷蔵（10℃以下）保管すると，保存性が高い。卵の鮮度は卵料理の出来映えを左右するが，賞味期限表示を確認するだけでなく，

表6-20 卵類の種類と各種構成割合

種　類	卵重量g (%)	卵白重量g (%)	卵黄重量g (%)	卵殻重量g (%)
鶏*	62.8 (100)	38.8 (62)	18.2 (29)	5.9 (9)
うずら*	9.7 (100)	6.0 (62)	2.9 (30)	0.8 (8)
あひる*	66.2 (100)	36.0 (54)	24.1 (37)	6.2 (9)
だちょう**	1,311 (100)	684 (52)	321 (24)	301 (24)

資料）＊田名部尚子・小川宣子『家禽会誌』15, 18-24, 1978, 16, 329-336, 1979
　　　＊＊奥嶋佐知子・高橋敦子『女子栄養大学栄養科学研究所年報』8, 35-44, 2000から作表

表6-21 鶏卵の鮮度判定法

検査法	手法名	方　法	新鮮卵の目安値
透光検査	透光法	透過する光の明暗により気室,卵黄位置,血斑,肉斑などをみる	気室小さく,卵黄が中心にあり,斑点なし
比重検査	比重法	15℃,11～12％食塩水で横になり,沈む	新しい(卵殻薄くなり正しく測れない)
割卵検査	ハウユニット(HU)	卵を平板に割り,濃厚卵白の高さ(mm)と殻付卵重から算出 $HU = 100 \cdot \log(H - 1.7W^{0.37} + 7.6)$	72以上
	卵黄係数	卵を平板に割り,卵黄の直径に対する高さの比率	0.36～0.44
	濃厚卵白率	全卵白に対する濃厚卵白の重量白分率	60％以上
	卵白pH	pHメーターで測定(pH試験紙も可)	産卵直後pH7.5～7.6,白濁。上昇する
	卵黄pH	pHメーターで測定	産卵pH直後6.0

使用時の卵の状態をよく確認する。現在,鶏卵のサルモネラ菌汚染は避けられないので,鮮度の高い卵を除き,加熱して食べることを原則とする。鮮度の判定法は表6-21に示す。

3)鶏卵の栄養・機能特性

鶏卵はたんぱく質のアミノ酸バランスがよく,必須アミノ酸のメチオニンが他の食品に比べ,かなり多く含有され,発がん抑制効果,肝臓をアルコールから守る作用がある。適量のコレステロールやリン脂質は血管を強くしなやかにする。卵黄の脂質はO/W型エマルションを形成し,リン脂質は消化吸収を促進する。そのうえ,鶏卵の流動性,稀釈性,熱凝固性,ゲル化性,起泡性,乳化性といった機能特性が調理の幅を広げ,主菜,副菜,汁物,デザートと多様に使われる。

4)鶏卵の調理による変化

① 流動性,粘性,稀釈性

鶏卵は水を分散媒としたコロイド溶液であるので,そのまま,各種素材・調味料やだし汁とも混合しやすい。すき焼きのつけ卵,とろろや納豆に加えられる卵,ミルクセーキ,卵酒,フレンチトースト,天ぷらやフライ類の衣に使われる。

② 熱凝固性,ゲル化性

卵たんぱく質の熱変性では,その分子鎖やたんぱく質が部分変性して,疎水基間で会合してミセル結合ができる。このとき水を離すのが凝固,水を間隙に囲いこみながら全体が流動性を失い固まった場合をゲルと呼ぶ。酸(酢)や食塩は分子間の会合・結合を促進するので,凝集を起こしやすくする。酒類を添加すると,アルコールが水の構造を変化させ,たんぱく質分子の疎水基を露出させるので,変性を強める。この変性過程で,分子内あるいは分子間結合に関与していたSH基が還元されると,硫化水素を発生し,卵黄の鉄と反応し,暗緑色化をもたらす。この特性を生かした卵の調理の要点を表6-22に示す。

2. 動物性食品

表6－22　熱凝固性, ゲル化性を利用した卵料理の分類と調理の要点

加熱法	種類	調理名	調理の要点
静置加熱	全卵	落とし卵	新鮮卵, 静かに沸騰する湯（塩1％, 酢3％）
	全卵	ゆで卵	室温卵使用。温度と時間をみる。冷水にとる。
	全卵	目玉焼き	よくなれた鍋, 弱火加熱, 蓋の使用。
	全卵	茶碗蒸し, カスタードプディング	卵濃度20～25％, 泡立てぬように混ぜ, 調味料を溶かす。卵液温度約60℃, 加熱温度管理重要。型のサイズ・材質で加熱時間調節。
	全卵	卵豆腐, すくい豆腐など	卵濃度33～50％, 型のサイズで時間調節。
	全卵	各種の卵とじ	材料が煮え, 割りほぐした卵で全体を覆い, 蓋をして蒸らし煮とする。
撹拌加熱	全卵	和風炒り卵（出汁：卵の30％）	卵を割りほぐし, 調味し,（炒卵は中華）鍋を十分熱し,（油を熱し）, 好みの程度まで撹拌し, 取り出す。油は食感を軟らかくする。冷めると締まる。撹拌速度と火力が決め手。
	全卵	スクランブルエッグ（バター10％, 牛乳10％ていど）	
	全卵	炒蛋（油：卵の25％）	
	卵黄	カスタードソース	卵黄に砂糖が加わると, 変性を遅らせるので加熱し易くなるが, 65℃付近が注意温度。
	卵黄	黄身酢	
混合タイプ	全卵	オムレツ	卵を割りほぐす。熱容量の大きい鍋をよく熱し, 適量の油を熱し, 撹拌して, 半熟状になったら成形する。適宜焼き色をつける。
	全卵	厚焼き卵	
	全卵	芙蓉蟹	

表6－23　卵料理のアレルゲン強弱表

最強	生卵, 半熟卵, 半熟揚げ卵, 茶碗蒸し, カスタードプディング, オムレツ, 厚焼き卵, 炒り卵, クレープ, かまぼこ, 泡雪かん
強い	固ゆで卵, 半熟ポーチドエッグ, 固ポーチドエッグ, 卵ボーロ
やや強い	固揚げ卵 ホットケーキ, クッキー, カステラ
弱い	ドーナッツ

資料）小澤慶子・加藤保子「卵料理および加工品の塩溶性オボムコイド量から求めたアレルゲン活性」『日食工誌』49, 145-154, 2002[39]

③ 起　泡　性

実際の調理では撹拌によって起泡させる場合が多い。手動式泡立て器より電動ミキサーの方が効率よく泡立つ。すなわち, 強いエネルギーで, たんぱく質分子を部分変性させ, 疎水基を露出させ, 新たな立体構造を形成させる。アルブミンは泡立ちやすさに, オボムシンやオボグロブリンは泡の安定性に関与している。調味料の影響では, 砂糖は泡の安定化に寄与するが, 食塩の影響は少ない。また, メレンゲにレモン汁や酒石酸を加える場合, 等電点付近になり, 荷電の反発がなくなり, 泡が安定化する。泡立て方法には（ア）別立て法（卵白, 卵黄を別々に泡立て, 併せる）と（イ）共立て法（全卵を泡立てる）がある。

④ 乳　化　性

この主体は卵黄であるが, 卵黄のLDLがレシチンあるいは中性脂肪と複合体を形成したものが, 乳化性の主体であり, 新鮮卵ほど乳化安定性が高い。マヨネーズは卵黄の割合が高く, よく撹拌・乳化するほど粘性, 保形性が増す。辛子は乳化安定度を増す。適量の酢や食塩は風味形成, 防腐性, 乳化安定に役立つ。

5）鶏卵アレルギーへの対応

卵アレルギーの主要原因物質はオボムコイドであるが, 表6－23に示すように, 揚げたり, 小麦粉とともに高温加熱すると, 1回摂取量あたりのアレルゲン活性

はかなり低下することが明らかにされているので，主治医との連携で，食の範囲を広げることが可能である[37]。

(4) 牛乳/乳製品

国民・健康栄養調査で，成人男女ともカルシウム摂取量は低め傾向なので，日本人の食事摂取基準の目安量をめざした摂取を促したい。牛乳は質のよいたんぱく質源であると同時にカルシウムはカゼインとコロイド粒子を形成し，吸収しやすい形態である。また，生理機能調節成分含有食品として注目されている。成長期はもちろん，閉経後の骨粗鬆症の予防の観点からも，調理で見直したい食品である。

1) 牛乳/乳製品の分類

牛乳はチルド牛乳，LL牛乳，加工乳，乳飲料に分類され，前2者は乳牛から搾乳され，殺菌方法の違いから区別される。後者は原料乳に他の乳製品や食品が加えられ，製造される。乳製品には，牛乳を原料にしたヨーグルト，チーズ，クリーム，バター，アイスクリーム，粉乳などが含まれる。

2) 牛乳/乳製品の栄養・機能特性

栄養特性としてはすでに述べたが，そのなかでもラクトフェリンは，① 鉄輸送の担体，② 好中球などにおけるヒスタミン放出抑制，③ β細胞の活性化という機能性が明らかにされ，共通する各種のペプチド類は免疫賦活作用，細胞増殖，血圧降下，抗菌性などが指摘され，ヒトの生理状態との関連が検討されている[38]。

3) 牛乳と調理

牛乳の飲用の習慣を保持するとともに，調理に積極的に使用したい。調理に用いると，① 仕上がりを白くする，② 焦げ色や風味の付与，③ 卵たんぱく質，κ-カラギーナン，低メトキシルペクチン系ゲルのゲル強度強化，④ 加熱による皮膜形成，⑤ 脱臭効果，⑥ 果汁，肉・野菜類との調理におけるカゼインの酸凝固，⑦ じゃがいもの軟化抑制などがみられるので，共存する食材の特性を把握して調理する。

4) ヨーグルトと調理

ヨーグルトのある種のものは，プロテオバイオテイクス（善玉菌－乳酸桿菌やビフィディス菌など－を摂取して免疫力の向上，発がんリスクの低減化，便秘の改善にと，体調を整える）に役立つ。食べ方を再考したい食品である。

5) クリーム類と調理

牛乳の脂肪球を集めたもので，市販クリームには脂質が35～50％のホイップ用と18～25％のテーブル用がある。特に前者は低温（5℃）で静かに泡立てると，濃厚化し保形性を有する。この撹拌に伴う含気量はオーバーランで評価され，45％前後のホイップクリームのオーバーランは90％前後となる。乳脂肪クリームに水素添加処理をした植物性油脂を混合したクリームはオーバーランが130％前後で，食味は軽く，少し扱いやすくなる。

6) チーズの種類と調理

チーズにはナチュラルチーズとプロセスチーズがあり，前者は食べ頃があり，

風味・テクスチャーの変化がみられ，苦味（ペプチド，アミノ酸由来）を呈することがある。そのままで前菜などに，各種の加熱調理に用いられる。

7）バターの種類と調理

　製造上から分類すると，クリームを乳酸菌などで発酵させた発酵（酸性）バターと非発酵性（甘性）バターに分類されるが，日本の生産の主流は非発酵バターである。バターは，① 軟化温度は15.6℃，融点は28～32℃，② 風味良好（揮発性低級脂肪酸：酪酸，カプロン酸由来），③ クリーミング性，④ 可塑性，⑤ ショートニング性がある。

　調理では，① そのまま使うテーブル用。② 軟化させて使う（サンドイッチ，パイ皮，ブールマニエ＜練り粉＞）。③ 溶かして使う（ルウ，スポンジケーキ）。④ 上澄みのみを使う（魚・鶏肉料理）などがある。

3．成分抽出素材

　成分抽出素材とは，動植物性食品から物理化学的処理を施して，目的とする素材を抽出精製したものである。でんぷん，ペクチン，寒天などの多糖類，各種動植物油脂類，大豆・小麦たんぱく，ゼラチンなどがあげられる。これらの素材は，栄養学的にはカロリー源となったり，体内における生理機能を持つ重要な素材である。ここでは素材の特性，調理過程における各種変化，食品・料理への利用について取り上げる。

（1）でんぷん

1）でんぷんの概要

　でんぷん（Starch）は，植物の種実，茎，根などの細胞内に水に不溶の粒として存在する貯蔵多糖類である。通常は米・麦・いもなどの食品のなかに入った形で摂取され，主要なカロリー源となる。抽出精製後のでんぷんは，粒粉末のままを食品の付着防止用に，粒を水とともに加熱してできるペーストやこれを保存したゲルなどの物理特性を料理用・菓子用に利用している。また，でんぷんは品種・生育過程の違いで異なった特性を示す。表6－24に各種でんぷんの諸性質を示す。

2）でんぷんの構造（95頁「図6－3」参照）

　でんぷんはぶどう糖が数千から数十万重合してつらなった巨大な高分子である。これが α-1，4グルコシド結合で直鎖状の分子（アミロース：amylose）とこれのところどころに α-1，6結合で分岐した分子（アミロペクチン：amylopectin）から構成されている。アミロースの重合度は約千グルコース単位，アミロペクチンは数十万グルコース単位である。でんぷんのアミロース含量は通常17～30％で残りがアミロペクチンである。

　米，とうもろこしなどの穀類のでんぷんにはアミロースを含まないアミロペクチン100％のでんぷん（もち種）やとうもろこしを品種改良しアミロース含量が

表6-24 各種でんぷんの主な特性

			地下系（根茎でんぷん）			地上系（種実でんぷん）			
	原料 主な産地		さつまいも	じゃがいも	タピオカ	とうもろこし	こむぎ	うるちこめ	もち米（こめ）
			日	日・米欧	タイ フィリピン	日・米欧	日・欧豪	日・独	日・中タイ
形状	粒形		多面形・ツリガネ形単粒	卵型単位	多面形・ツリガネ形複数	多面形単粒	凸レンズ形単粒	多面形複粒	多面形複粒
	平均粒径（μm）		18	50	17	16	20	4	4
成分	アミロース		19	25	17	25	30	19	0
	アミロペクチン 平均分岐鎖長		27	22〜24	23	25〜26	23	81	100
物性	エックス線図形		C	B	A	A	A	A	A
	6％糊	糊化温度（℃）	72.5	64.5	69.6	86.2	87.3	63.6	66.6
		最高粘度（BU）	685	1,028	340	260	104	680	200
		最高粘度を示したときの温度	90.2	88	75.2	92.5	92.5	73.4	72.8
		92.5℃10分後粘度（BU）	640	940	185	85	85	445	142
	ゲルの状態		ややもろく硬い	ややもろく硬い	強い粘着性，保型できない	もろく硬い	もろく軟らか	もろく硬い	自重により変形（やわらかい）
	透明度		透明	透明	透明	不透明	やや不透明	やや不透明	やや不透明

注）表中のこめの諸性質は日本米のものをあげた
資料）貝沼圭二『食の科学』14, 30, 丸の内出版, 1973および川端晶子『調理学』p.171, 建帛社, 1997

50〜70％にのぼるでんぷんもある。また，最近の知見では直鎖のアミロースにも若干のα-1，6結合の短い枝がついていることが明らかにされている。でんぷんを構成するアミロース，アミロペクチンは粒内のどこに位置するかについてはまだ定説がない。

3）でんぷんの糊化と老化

① でんぷんの糊化（gelatinization）（183頁「2）でんぷんの糊化」参照）

抽出されたでんぷんは水に不溶であり体内での酵素（アミラーゼ）の作用を受けにくい。でんぷんが消化されやすい形にするためには，粒として存在している強固な結晶状態のでんぷん分子から水の中に粒を崩壊させたでんぷん分子が大き

3. 成分抽出素材

く広がった状態にすることである。でんぷんに水を加えて加熱すると吸水膨潤し粒の崩壊が起こり糊状に変化する。これを糊化という。

通常は温度50～60℃で、でんぷん分子に変化が見られる（この温度域を糊化開始温度という）。加熱を続けると粘度が変化するのは、でんぷん粒の一部が崩壊し水の中に分散した分子と粒のままで残っている分子が混在している時、最大の粘度を示し、大部分のでんぷん粒が崩壊し水の中に分散すると粘度が低下する。

② でんぷんの老化（retrogradation）

糊化したでんぷんは時間経過（保存）により、低濃度の液では水の中に分散していた分子が収束し、下層に沈殿する。高濃度の液ではゾルからゲルへと変化し、最終的には離しょうする。いずれの場合も透明度がなくなる。この現象をでんぷんの老化という。老化は糊化の程度、水分、温度などの条件により進行が異なる。

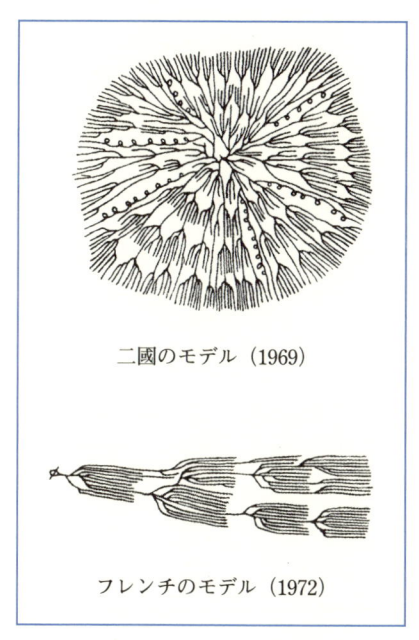

図6-37 アミロペクチンの構造モデル

老化が顕著に進行する条件は、でんぷんの水分が30～60％、温度0～5℃で、でんぷんの糊化が十分でない場合にも進行が早い。老化を進行させないためには、糊化した直後に熱風乾燥や凍結乾燥処理し水分を15％以下にするか温度を60℃以上にしておけばよい。老化したでんぷん分子の一部は分子が収束することにより結晶性の回復が見られるが、元の粒に戻るわけではなく、生でんぷんとは異なった構造になる。でんぷんの糊化・老化の模式図を図6-38に示す。

なお、生のでんぷんをβ-でんぷん、糊化したでんぷんをα-でんぷん、老化したでんぷんをβ'-でんぷんと呼んでいるが、これは日本独自のもので、国際的には生（raw）、糊化（gelatinization）、老化（retrogradation）という表現が用いられる。

4）でんぷんの調理特性と利用

でんぷんの調理への利用は化学的な味よりもむしろ物理的な特性の利用である。粉末としての生でんぷん粒、加熱糊化時のペースト（ゾル）、老化時のゲルなど調理に利用されている。

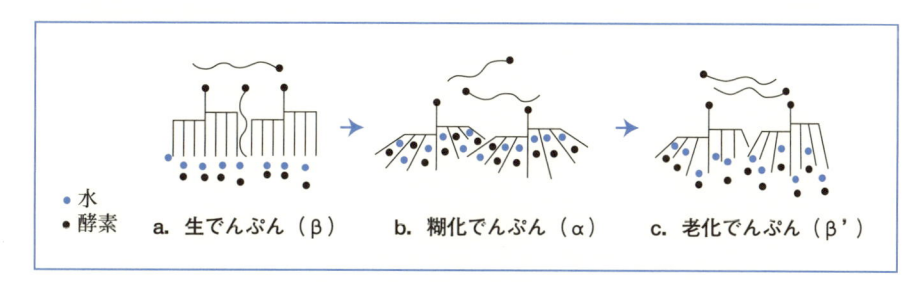

資料）松永暁子・貝沼圭二『家政誌』32, 653, 1981

図6-38 でんぷんの糊化・老化のモデル図

① でんぷん粒（粉末）の利用

粉末としてのでんぷんは，水に不溶であり，吸湿性もある。粒の大きさは数ミクロンから数十ミクロンである。調理への利用は，食品同士の付着防止（例：餅の打ち粉），食品のつなぎ（例：肉団子），食品成分の流出防止（から揚げ，竜田揚げ）などがあげられる。また，中国料理などの利用で見られるように水の中に沈んだ片栗粉（じゃがいもでんぷん）は急激に懸濁させようとするとかなりの付加がかかりひび割れ，砕けるようになる。このような性質をダイラタンシーという。

② でんぷんゾル（ペースト）の利用

> **ソル**
> 分散媒が流動性のある溶液状態にあるコロイドのこと。

でんぷん濃度として1～数十％くらいの範囲で水とともに加熱するとでんぷん粒が崩壊し，水の中にでんぷん分子が分散する。このとき透明または半透明になり粘度がでて，糸を引くようになる。濃度やでんぷんの種類により粘度も異なる。調理への利用はこの粘度，透明度，付着性を利用したものが多い。

a. うすくず汁，くずあん，くず湯

これらは名称からするとくずでんぷんの使用が望ましいが，生産量が少なく，高価なため，通常は透明度と粘度の高いじゃがいもでんぷん（片栗粉）を使用する。使用濃度は，うすくず汁1～2％，くずあん3～6％，くず湯5～8％くらいである。

いずれの場合も液に粘度がついているため，熱の対流が妨げられ，保温性に優れる。中に具が入る場合は沈みにくく，なめらかな口当たりが得られる。あんとして用いる場合には粘度の他に光沢が得られ，具に味が絡みやすくなる。

b. カスタードクリーム・黄味酢

いずれも卵黄を基本に，カスタードクリームは卵黄・牛乳・砂糖の混合にでんぷん（主にコーンスターチ）を加え粘度をつけたもの，黄味酢は卵黄・酢・砂糖・塩にでんぷん（主にじゃがいもでんぷん）を加え，湯煎で加熱し粘度をつけたものである。使用濃度は1～3％。

③ でんぷんゲルの利用

> **ゲル**
> 分散媒の流動性がないゼリー状にあるコロイドのこと。

加熱糊化後のでんぷんペーストを室温または冷蔵するとでんぷんの老化が起こり，ゲル化してくる。

a. くずざくら

くずでんぷんを用いて加熱し，糊化し始め粘度がでてきたら（半糊化）これをあずきあんに包み，再び蒸したもの。透明度と保型性が大事である。作業性をよくするためにくずの一部にじゃがいもでんぷんを混ぜたり，価格の安いさつまいもでんぷんを混ぜたものを使用することもある。使用濃度は15～20％。

b. ごま豆腐

主にくずでんぷんを用いる。でんぷん濃度13％くらいのなかにすりごま，調味料を加え，火にかけながら練り，ペースト状になったものを型のなかに流し，冷却させたゲル。精進料理の1つである。

c. ブラマンジュ（仏：blanc-manger）

フランス菓子。コーンスターチ・牛乳・砂糖などを用いて加熱し，糊化させ

た後，冷却し，ゲル状にしたもの。コーンスターチは老化後のゲル形成能が高く，歯切れのよい食感が得られる。使用濃度は 8 ～ 10％。

　d．タピオカパール（サゴパール）

　キャッサバいもからとれるでんぷんをドラムの中で少量の水を霧状にふきかけ，回転させながら加熱すると球状のもの（ほとんど糊化はしていない）が得られる。これを乾燥させたものをタピオカパール（サゴパール）といい，保存性に優れた食品である。

　調理法は水やスープとともに加熱して，スープの浮き実や菓子のなかに加える。しかし，加熱しても球の中心まで水分が行き渡りにくく，回りが溶けて芯のあるものに仕上がるので，弱火で時間をかけて加熱するか真空保温調理鍋などで調理するとよい。

　5）加（化）工でんぷん

でんぷんに化学的・物理的処理を施すと，特性が異なったでんぷんが得られる。この中で，食品・調理に関係するものを取り上げる。

　①　デキストリン

でんぷんに水を加えないで 110 ～ 220℃くらいに加熱すると，でんぷんの分子鎖が切断され，デキストリンとなる。酸や酵素処理でも得られるが，通常は加熱によるものを指す（焙焼デキストリン）。分子の大きさにより名称が異なる（アミロデキストリン，マルトデキストリンなど）。西洋料理ではソースのベースとなるルーを作る時，バターと小麦粉を 150℃くらいまで加熱攪拌すると狐色のルー（黄褐色デキストリン）が得られるが，これをだし（fond）でのばしても白色ルーより粘度が低い（brown roex）。

　②　α-でんぷん

でんぷんに水を加えて糊（ペースト）を調製し，老化する前に乾燥させ，粉末状にしたものをα-でんぷんという。冷水にもよく溶けるので，応用範囲が広い。

　③　湿熱処理でんぷん

でんぷんを限定した水とともに加熱すると，そのでんぷんが本来もつ特性とは異なる性質をもつでんぷんが得られる。このでんぷんを湿熱処理でんぷんという。その条件により，耐酸性，耐熱性のでんぷんが得られ，また濃度を高くしても粘度が上昇しないなどの特性もある。この処理には化学的な修飾を必要としないので，安全性の高いでんぷん素材となる。

（2）油　脂　類

　1）油脂の成分と種類

　多くの動植物性食品にはさまざまな油脂類が含まれている。油脂含量の多い食品から油脂を抽出して精製したものを食用油脂といい，調理・加工に幅広く使用されている。単独で摂取することはほとんどなく，食品素材の加熱媒体となったり，調味料として他の食品に混ぜ合わせたりして使用する。油脂は融点により分けられ，常温（25℃付近）で液体のものを油（oil），固体のものを脂（fat）とし

表6-25 食用油脂の種類

種　類		用いられる油脂
動物油脂	動物油（魚油）	いわし油，まぐろ油
	動物脂（獣鳥類）	豚脂（ラード），牛脂（ヘット），鶏油（脂），乳脂肪，バター，羊脂
植物油脂	植物油	だいず油，とうもろこし油，オリーブ油，ごま油，なたね油，落花生油，サフラワー（紅花）油，ひまわり油，米ぬか油，綿実油，小麦はいが油
	植物脂	ヤシ油，パーム（核）油，カカオ油
加工油脂	植物性（脂）	ショートニング，マーガリン，カカオ脂代用脂
	植物性（油）	MCT（中鎖脂肪），保健機能食用油

資料）永島伸浩『新しい調理学』p.172, 学建書院, 1999

ている。表6-25に食用油脂の種類を示す。天然油脂のほとんどが3分子の脂肪酸と1分子のグリセロールがエステル結合したもので，トリグリセリドと呼ばれている。

油脂の性質は脂肪酸の種類や組成により異なる。脂肪酸は飽和脂肪酸（炭素鎖中に二重結合を含まず）と不飽和脂肪酸（二重結合を一つ以上含む）に分類される。近年，油脂は単なるカロリー摂取のためだけでなく，脂肪酸の種類によっては栄養面から見て体内で健康上重要な働きをもつことが明らかにされている。不飽和脂肪酸のメチル基側の炭素鎖より数えて3番目から二重結合があるものをn-3系列，6番目からあるものをn-6系列として機能上分類している。特に青身魚中の高度不飽和脂肪酸（DHA，EPAなどのn-3系列）の生理活性について注目され，この脂肪酸を抽出精製したものを健康食品として市販している。

2）調理で使用する油脂製品

表6-26に調理で用いる油脂製品を示す。

3）油脂の調理特性

① 高温調理時の熱媒体

油脂を媒体とした調理は，水より高い温度（100℃以上）で操作できること，

表6-26 調理で使用する油脂製品

種類	性状・性質	調理用途	原材料・名称
てんぷら油	液状油（低温で析出する成分あり）	加熱調理用	大豆・米・菜種など
サラダ油	液状精製油（低温で析出する成分なし）	生食サラダ	大豆・コーンなど
調合油	2種類以上の原料油を調合した油　主原料60％以上で原料油名を明記可	加熱調理用	例　調合ごま油
固体脂	常温で固体の油（動植物から採取精製した脂とこれらを原料とした加工脂がある）	加熱調理用　製菓用	豚脂・牛脂・鶏脂　ヤシ（油）脂・パーム（油）脂　加工脂（バター・マーガリン・ショートニング）
MCT（中鎖脂肪酸グリセライド）	液状合成油（中鎖脂肪酸を分取しグリセリドで再エステル化した油。体内における消化・吸収が早い）	加熱調理用　治療食用	ヤシ・核パーム油原料の加工油脂
ごま油・オリーブ油	液状油（原料の風味を生かしサラダ油より精製度合いが低い）	生食・加熱調理用	ごま・オリーブ
保健機能油脂	液状加工油（保健機能食品の1つ。天然の植物ステロールが多い。血中のコレステロールを下げる）	生食・加熱調理用	コーンなど

水の比熱に比べると約半分（油脂約2.0 kJ/kg・k，水約4.2 kJ/kg・k）なので熱効率がよいことであるが，温度管理が難しい。油脂を大量に用いる揚げ物などの時は厚手の鍋を用いるか，電磁調理器のような温度管理ができるものを利用するとよい。

② 風味・テクスチャーの付加・改良

油脂を使用した食品や調味液に油脂を用いると濃厚でまろやかな風味が得られる。口腔内で溶解可能なバター，マーガリン，チョコレート（カカオ脂）などは食味になめらかさを与える。

③ 接着防止（疎水性）

サンドイッチなどパンの間に具をはさむ時パンに塗るバターやマーガリン，オーブン調理などの鉄板，プディング用容器の内側に塗る油脂は，水（たんぱく，でんぷんなどの水溶性高分子）との接触を避け，接着を防ぎ，食品への水分の広がりやしみこみを防止する。

④ 可 塑 性

可塑性とは外から加えられた力によって，自由に成型できる性質のことである。成型は固体脂指数と温度の影響を受ける。固体脂指数（SFI：Solid Fat Index）とは，油脂全体に占める固体脂の割合を百分率で示したものである。調理においてクッキーの生地や折込みパイなどに用いる場合の油脂のSFIは15～25％くらいがよい。40％を超えると硬すぎて取り扱いにくく，10％以下だと柔らかすぎて一定の形が保てなくなる。一般にSFIは温度が上がると小さくなり，下がると大きくなる。

⑤ クリーミング性

固体脂を攪拌器で攪拌した時，油脂の中に空気を抱き込ませることのできる性質である。細かい気泡が入ると変形が容易でソフトな食感となる。この性質はバタークリームや生クリーム（ホイップクリーム）を調製するとき重要である。この気泡の抱きこむ程度をあらわしたものがオーバーランである。

オーバーラン (%) ＝（一定容積の生クリームの重量－同容積の気泡クリームの重量）
／同容積の気泡クリームの重量

⑥ ショートニング性

可塑性のある固形脂（温度が上がり液状になると不可）を小麦粉とあわせて練り合わせ，焼き上げた時に起こるさくさく感や砕けやすさなどの物理的性質のことである。さくさく感をショートネスという。クッキーなどでは油脂が多いとショートネスが大きくなる。油脂が生地の間に散らばり小麦粉グルテンの網目構造の形成やでんぷんの膨潤を抑えるからである。

⑦ 乳化性（エマルション）

互いに混ざり合わない水と油に乳化剤を添加し，攪拌するとどちらかが細粒（滴）となり混ざり合うことができる。この混ざり合った性質を乳化（エマルション）という。調理では卵黄を乳化剤とし，酢（水溶性）にサラダ油を少しずつ混ぜ合わせ，マヨネーズを作る。卵黄中のレシチンは親水基と疎水基の両方を持

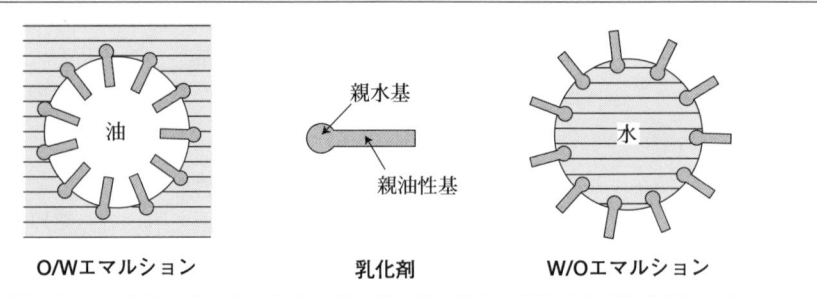

```
┌─────────────────────────────────────────────────────────────┐
│                          親水基                               │
│        油              ●━━━              水                  │
│                          親油性基                             │
│     O/Wエマルション        乳化剤        W/Oエマルション       │
│  ① 乳化剤は，1分子の中に水に溶ける親水基と油に溶ける親油性基（疎水基）をもってお │
│    り，双方に溶けて仲立ちをする界面活性剤の一種である。                    │
│  ② 油が粒子（分散相）になって水の中（連続相）に存在する乳濁液を水中油滴型（oil in │
│    water）エマルションという。                                  │
│  ③ 分散相が水で，連続相が油のものを油中水滴型（water in oil）エマルションという。│
└─────────────────────────────────────────────────────────────┘
```

資料）永島伸浩『新しい調理学』p.177，学建書院，1999

図6-39 エマルションの模式図

ち合わせているので乳化が可能となる。この場合，分散相である油が連続相の酢のなかに混ざりこんでいる。このタイプを水中油滴型（O/W：oil in water）エマルションという。逆にバターやマーガリンのように分散相が水で連続相が油脂の場合には油中水滴型（W/O：water in oil）エマルションという（図6-39）。

4）油脂の劣化と品質判定法

　油脂のうち，特に不飽和脂肪酸含量の多いものは，炭素鎖の二重結合の部位が不安定なため，直射光，加熱調理により変敗が進む。劣化した油脂は粘度増加，着色，加熱時の発煙や白い泡の増加などの特徴が見られ，不快な臭いや食味が悪くなる。一定以上劣化したものは健康上にも問題がある。油脂の劣化を表す化学的指標には酸価（AV：acid value），過酸化物価（POV：Peroxide value），カルボニル価（COV：Carbonyl value）などがある。

　揚げ物などで加熱された油脂は酸化反応が起こり種々の酸化生成物が生じる。油脂が劣化しているかどうかの目安の1つは泡立ちである。劣化油脂中では酸化重合物が増え油脂の粘度は上昇し，泡が消えにくく持続性を持つようになる。また，揚げ油（油脂）の色は劣化に伴い着色が強くなり，その透過度も減少する。劣化した油脂は栄養価の低下はもちろんのこと，さらに酸化が進むと酸化重合油の毒性も問題となる。

（3）ゲル化用食品素材

　動植物性食品の中には物理化学的処理や加熱などするとさまざまなゲル化素材が得られる。動物性ではゼラチン，植物性では寒天，カラギーナン，ペクチンなどである。これらは水とともに加熱することにより流動性のあるゾルとなった後，適温に冷却するとゲル化する。これらの素材は低濃度で多量の水を取り込み網目構造を形成し，熱可逆的に反応する特徴を持つ。ゲル化の目的以外にも物性改良や安定剤として利用される。表6-27にゲル化材料の種類と調理特性を示した。

表6-27 各種ゲル化材料の調理性

		動物性	植物性			
		ゼラチン	寒天	カラギーナン	ペクチン	
					HMペクチン*	LMペクチン**
	成分	たんぱく質 アミノ酸が細長い鎖状に並んだもの	糖質（多糖類） ガラクトースとその誘導体が細長い鎖状に並んだもの		糖質（多糖類） ガラクチュロン酸の誘導体が細長い鎖状に並んだもの	
原料		動物の骨や皮（主として，牛，豚）	海藻（てんぐさなど）	海藻（すぎのりなど）	果実，野菜（かんきつ類，りんごなど）	
所在と機能		細胞間質 組織の保持	細胞壁 細胞の保持		細胞壁，細胞間質 細胞の保持	
抽出方法		熱水				
製品の形状		板状，粉状	板状，糸状，粉状		粉状	
溶解の下準備		水に浸して膨脹させる	水に浸して吸水させる		砂糖とよく混合しておく	
溶解温度（℃）		40～50	90～100	60～100	99～100	
ゲル化条件	濃度（％） 温度	2～4 要冷蔵***	0.5～1.5 室温で固まる			
	（pH）	酸にやや弱い（3.5～）	酸にかなり弱い（4.5～）	酸にやや強い（3.2～）	酸にかなり強い（2.7～3.5）	酸にやや強い（3.2～6.8）
	その他	たんぱく質分解酵素を含まないこと		種類によっては，カリウム，カルシウムなどによってゲル化	多量の砂糖（55～80％）	カルシウムなど（ペクチンの1.5～3.0％）
ゲルの特性	口当たり	○軟らかく独特の粘りをもつ，口の中で溶ける	△粘りがなく，もろいゲル，ツルンとした喉ごしをもつ	△やや粘弾性をもつゲル	△かなり弾力のあるゲル	○粘りと弾力性のあるゲル
	保水性 熱安定性 冷凍耐性 消化吸収	○保水性が高い ×夏期に崩れやすい ×冷凍できない ○消化・吸収される	×離水しやすい ○室温では安定 ×冷凍できない ×消化されない	△やや離水する ○室温では安定 ○冷凍保存できる ×消化されない	△最適条件から外れると離水する ○室温では安定 ○冷凍保存できる ×消化されない	

注）＊高メトキシルペクチン　＊＊低メトキルペクチン　＊＊＊10℃以下
（河田昌子『お菓子「こつ」の科学』柴田書店，1987より一部加筆）

資料）川端晶子『調理学』p.256，学建書院，1988
永島伸浩『新しい調理学』p.180，学建書院，1999

1）ゼラチン

ゼラチンは，動物の結合組織にあるコラーゲンを水とともに加熱して加水分解し，精製すると得られる。ゼラチンは誘導たんぱく質の一種で，アミノ酸のうちリジン，グリシン，プロリンなどは多いが必須アミノ酸であるトリプトファンやシスチンが少ない。カロリーも他のたんぱく質と同様である。消化・吸収されやすいので，ゼリーとしてデザートのほかに咀しゃく困難者用の食品・治療食などにも幅広く利用されている。

ゼラチンの調理特性は以下のとおりである。

① ゼラチンのゾルおよびゲル化の条件

市販のゼラチンは粉末タイプと板状タイプがあるがいずれも乾燥しているので水に吸水・膨潤させる必要がある（6～10倍の水，粉末は5分，板状は20～30分くらいおく）。ゼリー（ゲル）としての使用範囲は2～4％くらい。溶解温度は40～50℃なので加熱時には湯煎にして溶解させる。ペプチド結合なので，液を沸騰させたり過度の攪拌を行うとゲル化しないこともある。

また，トロピカルフルーツの中でたんぱく質分解酵素を含むもの（パイナップル，パパイヤなど）は生のままで溶解した液に加えると同様にゲル化しにくくなる。果汁ゼリーを作るときには溶液が50℃以下になってから加える（熱いうちに加えるとゲル化しない）。ゲル化に必要な凝固温度は5～10℃くらいで，冷蔵する必要がある。ゲル化後，温度が10℃以上になると再び融解するので夏場は特に注意すること。

② 添加物の影響
  a. 砂　　糖
  砂糖はゼラチンの凝固・融解温度を高め，ゲルの透明度や粘弾性を増大させる。
  b. 酸（有機酸）
  酸味の強い果汁を加えると溶液のpHが下がり，ゲル化が起こりにくく，ゲルの強度も弱くなる。果汁を加えるときのタイミングを誤らないようにする。

③ ゲルの特徴
ゲル形成がよく，時間が経過しても離しょうが少ない。ゲルの透明度は高く，やわらかな粘ちょう性の性質を持ち，さくっと破断しない。また，ゲルの付着がよいことから，ゲルに加える材料を変えて層状に重ねることもできる（例：3色ゼリー）。

2）寒　　天

寒天は紅藻類の天草やおごのりなどの細胞壁成分を原料とし，水と加熱抽出し，冷却させてゲルにしたものを凍結乾燥処理し棒状や粉末状にしたものである。寒天の主成分は多糖類のアガロース・アガロペクチンで，難消化性の食物繊維の一つであり，ノンカロリーの健康食品である。

寒天の調理特性は以下のとおりである。

① 寒天のゾルおよびゲル化の条件
寒天はゼラチンと同様に水に浸して吸水・膨潤させる（粉状で約10倍，棒（糸）状で約20倍の水にて1時間置く）。使用濃度は0.5～1.5％くらい。溶解温度は90℃以上で，通常は液を沸騰させ十分に溶解させることが必要である。

ゲル化は35℃くらいから始まり，冷蔵しなくても室温で固まる。果汁など酸味のあるものを加える時は溶解後温度を50℃以下まで冷ましてから混ぜた方がよい。室温で長時間おいても融解することはない（融解には70℃以上が必要）が，離しょうしやすい。

② 添加物の影響
  a. 砂　　糖
  砂糖の添加により，ゲルは粘弾性が高く硬くなる。透明度も上がり離しょう

もやや抑えられる。
b. 酸
酸の添加により，脆弱なゲルとなる。また，溶解直後の高温で果汁を加えるとゲル化しにくくなる。
c. 食　塩
食塩の添加によりゲルは硬くなり，付着性や凝集性はやや低下する。
d. あずきあん・気泡卵白
ようかんや淡雪かんなどの調製で，あんや気泡卵白など比重の異なる添加物を加える時は，寒天溶液が40℃くらいに冷めたころ（凝固が始まる前）寒天溶液を添加物に少しずつ混ぜると分離しない。

③ ゲルの特徴

透明度はゼラチンより悪い。硬くさくっと破断する歯切れのよい食感を持つ。時間がたつともろさが増加し，離しょうしてくる。ゲルの付着が悪いので，内容の異なる多層ゼリーには向かないが，容器からは取り出しやすい。

3）カラギーナン

寒天と同様紅藻類のスギノリ，ツノマタなどの細胞壁成分を原料とする多糖類である。

主成分はガラクトースとその誘導体で構成されている。κ（カッパー），ι（イオタ），λ（ラムダ）の3種類の型がある。食品の物性改良や増粘剤として利用されているが，このうちゲル化するのはκ，ι-タイプである（κの方が強いゲル化を示す）（図6-40）。寒天同様，難消化性の食物繊維で，ノンカロリーである。

カラギーナンの調理性は以下のとおりである。

① カラギーナンのゾルおよびゲル化の条件

ゼラチン・寒天同様，水で吸水・膨潤させる（約10倍量の水，時間は寒天とほぼ同様）。分散性が悪いので，砂糖と混ぜて水を加えるか，攪拌しながら水の中に少しずつ加えて分散させる。使用濃度は0.7～1.5％くらい。加熱後約70℃で溶解し，寒天よりやや低く，ゲル化温度は40℃前後で室温で凝固する。寒天より酸に強く，寒天同様室温に長時間おいても融解することはない（融解温度65～70℃）。

② 添加物の影響

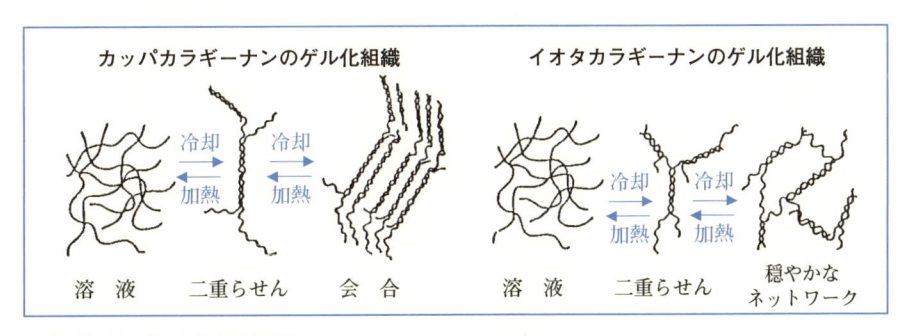

資料）村山篤子『調理科学』vol.25，(4)，p.353，1992

図6-40　κ-カラギーナン，ι-カラギーナンのゲル化機構

a. 酸

寒天より酸に強いが，果汁を加える場合には溶解後，50℃くらいに冷めてから加える。

b. 牛乳など

無機イオンのカリウム，カルシウムやたんぱく質のカゼインなどの作用でゲル化しやすくなる。牛乳を加えて作るミルクゼリーではゲル化しやすく，ゲル強度も増加する。

③ ゲルの特徴

ゲルの透明度はゼラチンと同様に澄んでいる。食感は同濃度の場合，寒天よりやわらかく，適度な歯切れと弾力があり，ゼラチンと寒天ゼリーを合わせたような特性を持つ。離しょうは起こるが寒天より少ない。ゲルは冷凍耐性であり，冷凍保存が可能である。また，最近の市販のデザートゼリーでは，カラギーナンにローカストビーンガム（植物であるカロブ樹種子の胚乳部を精製した，中性多糖類）を合わせて作るものが主流となっている。

4）ペクチン

ペクチンは野菜・果物類の細胞壁間の中葉にあるガラクチュロン酸を主体とする複合多糖類である。必ず数種の中性糖（ラムノース，アラビノース，ガラクトースなど）が含まれ，主鎖や側鎖に共有結合していると考えられている。植物中では，プロトペクチン（不溶性），ペクチニン酸（可溶性・狭義のペクチン），ペクチン酸（可溶性）に分けられる。

ペクチンのゲル化には主鎖ガラクチュロン酸の官能基の種類と量が関係し，ペクチニン酸はそのメトキシル基含量から7％以上のものを高メトキシルペクチン（HMP：High Methoxyl Pectin），7％以下のものを低メトキシルペクチン（LMP：Low Methoxyl Pectin）として分けられている。

ペクチンの調理性は以下のとおりである。

① ペクチン（HMP・LMP）のゾルおよびゲル化の条件

HMP・LMPとも抽出・精製されて乾燥後粉末となる。ペクチンの粉末は水への分散が悪く，だまになりやすいので，砂糖と混ぜ合わせてから水の中に攪拌しながら少しずつ入れて加熱溶解（90～100℃）する。室温でゲル化するがペクチン単独ではゲル化せず，両者でゲル化機構が異なる。

a. 高メトキシルペクチン（HMP）

HMペクチンのゲル化はペクチン・糖の各濃度，pHの条件が揃った時にゲル化する。日常の調理ではジャムを調製するときに必要である。ペクチン0.5～1.5％，糖（砂糖）50～70％濃度，pH（酸）3前後である。

b. 低メトキシルペクチン（LMP）

LMPのゲル化はLMペクチン，多価金属イオン，水系の条件が揃った時にゲル化する。このイオンはカルシウムのような2価の金属イオンが必要であり，必ずしも糖と酸の条件を必要としない。通常はミルクゼリーとして，牛乳中のカルシウムを利用し，ゲル化させる。ゲルはやわらかいソフトな食感になる。

（4）新食品素材

天然素材である動植物性食品を物理化学的・酵素的手法を用いたり微生物の産出する素材を抽出精製し，多様化する食生活の中に利用されている。特に加工食品の中に食味・食感改良剤や特定の機能を持たせた形で取り入れられている。たんぱく質性食品や各種の糖類がある。

1）大豆たんぱく

大豆から油を抽出した後の残渣（脱脂大豆粕）から物理化学的な処理を施して粒状，繊維状，粉末状大豆たんぱくに調製し，製パン，菓子，ハンバーグなどの加工素材として利用されている。特に保水性，乳化性，ゲル形成効果がある。

2）小麦たんぱく

小麦粉を混捏後，でんぷんを洗い出すと粘弾性のある生地が残る（グルテン）。これを繊維状，ペースト状に処理をして各種加工食品の中に添加利用する。保水性，物性改良，結着性効果がある。

3）カードラン

微生物が産出する多糖類の一種で，化学構造はD－グルコースが400〜500分子の直鎖の$\beta-1,3$グルカンである。水と加熱すると溶解するが，60℃までの加熱では可逆的なゲルに，80℃以上では不可逆的なゲルとなるのが特徴である。デザートゼリー類や物性改良剤として用途が広がっている。

4．調味料

調味料の調理性と機能性（三次機能）について述べる。

（1）塩

塩は料理に欠かすことのできない調味料であり，生理的にも重要な物質である。ナトリウムは細胞外液の主要な陽イオンで細胞外液の浸透圧の維持，pHの調節などに重要な役割を果たす。しかし排泄量から換算された1日当たりの食塩の最少量は約1.5gであるので欠乏よりも過剰摂取になりがちである。食塩は血圧を上昇させる可能性や，胃がんなどの促進因子と考えられるので摂取量の目安は1日，10g未満である。

塩の主成分は塩化ナトリウム（NaCl，分子量：58.5）であるが，生活用塩（表6－28）の一部には流動性をもたせるため炭酸マグネシウムが添加されているものもある。漬け物用塩にはにがり成分（塩化カルシウム，塩化マグネシウム），クエン酸，リンゴ酸を添加して味にまろやかさを持たせている。またナトリウムの摂取を減らす必要がある人のために，塩化カリウムを入れた塩もあるが苦味がでる。

1）塩の調理性

① 塩味の付与

おいしいと感じる塩味は人間の体液と同程度の0.8〜0.9％程度である。汁物の場合，混合だし（昆布，鰹節各2％）では0.1％，煮干しのだしでは0.2％，風味調味料で

にがりとは
海水を煮詰めて濃縮した液体から塩化ナトリウムを析出させた後に残るものである。
主成分は塩化マグネシウムであるが，カリウム，亜鉛，鉄，リン，カルシウムなど種々のミネラルが含まれている。

塩の甘味に対する対比効果
10％の砂糖液＋食塩1.5％，50％の砂糖液＋食塩0.2％で甘味を強く感じるが，60％以上では加えないほうが甘い。

第6章 食品の調理と生体利用性

加工食品の塩分	
食品名	食塩分（％）
即席漬け	0.5〜5
食パン	1.3
バター	1.9
マヨネーズ	1.8〜2.3
かまぼこ	2〜2.5
ハム	2.5〜3
魚の干物	2〜4
ソース	5〜6
みそ（甘）	6〜7
たくあん	7〜9
佃煮	5〜10
みそ（辛）	12〜13
醤油	12〜16
塩辛	7〜20
梅干	20
固形スープの素	40〜43
風味調味料	40〜43

表6－28 生活用塩の種類

種類	NaCl	食品添加物	製造法
食卓塩	99％以上	炭酸マグネシウム	輸入天日塩を溶かし，不純物を除いて煮詰める
ニュークッキングソルト			
キッチンソルト			
クッキングソルト			
精製塩	99.5％以上	（25kgは，なし）	
特級精製塩	99.8％以上	なし	
漬け物塩		リンゴ酸，クエン酸，塩化マグネシウム，塩化カルシウム	輸入天日塩を粉砕洗浄し，添加物を添加
原塩	95％以上		輸入天日塩
粉砕塩			輸入天日塩を粉砕
並塩		なし	
食塩	99％以上		国内の海水をイオン交換膜法で濃縮，煮詰める
新家庭塩	90％以上		

資料）光生館「新版 調理学」

は0.3％の食塩分がだし中に溶出しているので，加える塩の量は控える必要がある。

主な料理の塩味は0.6〜1.2％前後である。

また甘味に少量の塩を加えると甘味が引き立つことがある（対比効果）。また酸味の強い酢に塩を加えるとすっぱさが抑制される（抑制効果）。

② 浸透と脱水

野菜に塩をかけて少しおくと脱水し，やわらかくなると同時に塩味もつく。これは野菜を浸透圧（0.85％食塩水と同じ）以上の食塩に漬けることにより，浸透圧の差により野菜の細胞内液の水分が，半透膜である細胞膜を通って細胞外液のほうへ引き出され脱水するためである。そのうち細胞膜も半透性を失い，塩やその他の成分も自由に細胞内液に入っていき野菜に塩味がつく。これが漬け物の原理である（111頁「（5）野菜類」参照）。

また魚に1％の塩をかけると脱水し，魚の生臭味も消え塩味もつく。

③ 防腐作用

漬け物，佃煮，魚の干物，塩蔵品は多量の食塩（5〜30％）に漬けることにより，食品中の自由水に食塩が溶けて水分活性が下がるので，有害な微生物の繁殖が抑えられ保存が可能になる。

④ 発酵調整作用

しょうゆや味噌の糸状菌，酵母菌，パン生地の酵母菌，漬け物の乳酸菌などは塩分濃度を変えることにより増殖が適度に調節され，良い製品となる。

⑤ たんぱく質への作用

小麦粉に含まれるグリアジンとグルテニンは水を加えて練ることによりグルテンを形成する。このときに食塩を入れるとグリアジンの粘性を増し，グルテンの網目構造を緻密にする。パン，餃子の皮，うどんを作るときに少量の塩を加えるのはこの理由による。

魚のすり身に2〜3％の食塩を加えると筋原繊維たんぱく質のアクチンとミオ

浸透作用，浸透圧
物質が膜を通して移動することを浸透作用という。半透膜とは溶媒は通すが，溶質は通さない膜である。
半透膜をはさんで，濃い溶液と薄い溶液をおくと，薄い溶液の水が濃い溶液のほうに移動し，両方の濃度を一定にしようとする。このときの圧力を浸透圧という。植物の細胞膜は半透膜である。

塩の調理用語
ふり塩：材料に塩をふること。また野菜をその後もむことを塩もみという。
立て塩：魚や野菜を3〜4％の塩水につけること。
塩締め：魚に多目の塩をまぶし，脱水とともに肉質を固めること。
化粧塩：魚を焼く前に表面の水分をとり，塩をかけ焼くと，塩の結晶がきれいに色ずく。
塩抜き：塩蔵品の塩を抜くこと。1〜2％の塩水につける。呼び塩（迎え塩）ともいう。

表6-29 しょうゆの種類と特徴

種類	原料	特徴	主産地	塩分(%w/w)	糖分(%w/w)
濃口しょうゆ	大豆とほぼ等量の麦	全用途	全国	14.5	3
薄口しょうゆ	大豆とほぼ等量の麦 もろみに蒸し米を加えてもよい	色が薄いが塩分は高い 色をきれいに仕上げたい料理	ほぼ全国 主に関西	16	3
たまりしょうゆ	大豆と少量の麦	味濃厚	愛知，三重，岐阜	13	3
再仕込みしょうゆ	大豆とほぼ等量の麦 でき上がった濃口しょうゆにさらに麹を入れて熟成させたもの	味濃厚，甘露しょうゆ たれ，つけしょうゆ	中国・九州	12.4	5.1
白しょうゆ	少量の大豆と麦	甘味があり，香りがよい	愛知・千葉	14.2	9.8
減塩しょうゆ	特別用途食品（塩分9％以下）			7.3	3

シンが結合しアクトミオシンを形成し粘りのあるすり身ができる。

塩はたんぱく質を変性しやすくする。魚や肉の表面に塩をつけて加熱すると，表面が早く凝固してうま味の流出を防ぐ。落とし卵を作るときに湯に1％の塩を入れておくと，卵白が固まりやすくなる。魚を切ったまな板に塩をかけると粘質物であるたんぱく質が凝固して取れやすくなる。

⑥ 酵素活性阻害作用

りんごなどを切ってそのままにしておくと褐変する。これはポリフェノールオキシダーゼの作用である。これを防ぐには水に入れるが，そのときに塩をいれるとより効果がある。これは酵素活性が塩により阻害されるためである。また食塩はアスコルビン酸オキシダーゼ活性を阻害するのでビタミンCの酸化も抑えられる。

（2）しょうゆ

大豆，小麦粉，塩を原料とした発酵調味料である。発酵中にグルタミン酸をはじめ種々のアミノ酸，香気成分が生成され，塩辛味，うま味，酸味，甘味が渾然一体となり複雑な味をかもし出している。しょうゆの種類を表6-29に示した。

1）しょうゆの調理性
① 色，つや，香り，うま味，塩味の付与

しょうゆは料理に色，香り，おいしさ，塩味をつける。

汁物の塩味は主に塩でつけ，しょうゆはわずかな色と香りとうま味をつけるためで仕上がり寸前に少量入れる。

② 消臭効果

特有の醸造香があり，加熱によりメラノイジン反応などにより，魚の生臭さを消す効果がある。

2）しょうゆの機能性

しょうゆ中には，血圧上昇に関与するACE（アンジオテンシン変換酵素）の活性を阻害するニコチアナミンという物質が存在し[39]，動物実験での血圧降下も確認されている[40]。

表6－30　みその種類と特徴

	麹の種類	味	色	食塩(%)	産地・銘柄	特　徴	醸造期間
米みそ	米麹	甘口	白	5～7	白みそ,西京みそ	麹は大豆の2倍。香りと甘味がある	5～20日
			赤	5～7	江戸甘みそ	短期熟成型で高い温度で仕込む	5～20日
		甘口	淡	7～11	相白みそ,中甘みそ	甘味と塩辛味が共存する淡い黄色のみそ	5～20日
			赤	11～13	中みそ,御膳みそ	赤みその色は醸造の時間で着色する	3～6ヵ月
		辛口	淡	12～14	信州みそ,白辛みそ	酸味があり,色は薄めで山吹色	2～6ヵ月
			赤	12～14	仙台みそ,越後みそ	日本の代表的なみそ	3～12ヵ月
麦みそ	麦麹（田舎みそ）	甘口	淡	9～11	九州,中国,四国	熟成時間が短い。裸麦を使う	1～3ヵ月
		辛口	赤	11～12	九州,埼玉,栃木	麦麹の歩合が少ない。大麦を使う	3～12ヵ月
豆みそ	豆麹	辛口	赤	10～12	八丁みそ,三州みそ	長時間熟成する。苦味と渋味がある	1～3年

＊調合みそ：異なる麹による二種類以上のみその混合や，複数の麹を混合して醸造したみそをさす。
　赤だしみそは調合みその一種で豆みそに赤みそと調味料を加えてすったみそである。

（3）み　そ

原料は大豆，麹，塩であるが，麹の種類，麹や塩の量，熟成期間によりいろいろな種類がある（表6－30）。

1）みその調理性

① 塩味，うま味，香りの付与

みそで調味すると塩味がつくとともに，うま味，香りもつけることができる。
長く加熱すると味噌のコロイド粒子がうま味成分を吸着しながら結合し大きな粒子となるため，味，舌ざわりも悪くなり，香りが損なわれるので味噌汁などの場合最後に入れる。

② 矯臭作用

肉類や魚類を味噌煮，味噌漬けにすると，味噌のコロイド粒子が臭みを吸収するとともに，加熱することにより出る味噌の香気成分が臭みをカバーする。また肉質は一時的に固くなるが，その後微生物や酵素によりたんぱく質が分解され軟らかくなる。

2）みその機能性

がん予防[41]，抗酸化作用[42]，血圧降下作用[43]などが報告されている。

（4）食　酢

酢は醸造酢，合成酢，加工酢（ポン酢やすし酢）があるが，料理にはほとんど醸造酢が使用される。その種類を表6－31に示した。穀物酢の酢酸濃度は4％，果実酢は7％であり酸味が強い。酢酸のほかに，ピログルタミン酸，乳酸，リンゴ酸，クエン酸，コハク酸のような不揮発性酸が含まれ，呈味に寄与している。種々の呈味成分として有機酸塩やアミノ酸類もあり，甘味は糖類とアミノ酸である。

1）酢の調理性

① 酸味付与

種々の料理に使用されるが，その料理に適する酢を選ぶ必要がある。

表6-31 醸造酢の種類と特徴

分類		種類	原料と作り方	特徴
穀物酢 酸度 4～5%	米酢 米が1ℓ 中40g 以上	米酢	主に米を原料に作った穀物酢 米のみは米酢という	おだやかな酸味，うま味，香りがある 和食にむく
		玄米酢	主に玄米を原料に作った穀物酢	香り，コクとも米酢より強い
		黒酢	蒸米，水，麹，種を壺に入れて1年間放置し，糖化，アルコール発酵，酢酸発酵させたもの	鹿児島県福山の特産
	穀物酢 穀物が 40g以上	赤酢	酒粕を3年間熟成させて作る	三河の伝統的な酢
		上記以外の穀物酢	酒粕，麦，コーンなどの複数の穀物を原料として作る酢	クセがなく使いやすい 和，洋，中のさまざまな料理に使える
果実酢 酸度 6～10%	りんご酢 りんご果汁が300g以上	りんご酢	りんご果汁（酢酸，りんご酢も含む）	さわやかでドレッシングにあう
	ぶどう酢 ぶどう果汁が300g以上	ぶどう酢(赤)	赤ワインを原料に酢酸発酵させたもの	酸味は強いが香りがある 肉をやわらかくする
		ぶどう酢(白)	赤ワインを原料に酢酸発酵させたもの	無色透明 ピクルスやドレッシングにあう
		バルサミコ酢	赤いぶどうの濃縮果汁	まろやかな甘味と深い香り
	果実酢 果汁が300g以上	上記以外の果実酢	梅酢，柿酢など	

② **色素との反応**

アントシアン系の色素は，酢につけると安定な赤色になる。フラボノイド系色素は酸で安定し白く仕上がる。

③ **酵素活性阻害作用**

ポリフェノールオキシダーゼはpHが低いと活性が阻害されるので，ごぼうや，レンコンは3～5%の食酢液につけると褐変が抑えられる。

④ **たんぱく質への作用**

酢はたんぱく質の熱凝固を促進する。落とし卵を作るとき，2～3%の酢をゆで汁に加えると卵白が凝固しやすくなる。魚を塩で締めてから，酢につけると白く凝固する。これはミオシンが塩の存在下で酸性域で不溶化するためである。

⑤ **防腐，静菌作用**

細菌類は乳酸菌を除いて耐酸性が低い。酢の物のpHは3.5～4.2なのでその生育は抑制される。酢の0.5%程度の食塩があるとその効果は強まる。酢飯や酢漬けは日持ちが良い。

⑥ **えぐ味除去，魚臭の除去，粘質物の除去**

さといも，やつがしら，ごぼうなどのえぐ味は酢洗いや，酢を加えてゆでると消失する。魚の生臭さを酢がマスクする。

2) 酢の機能性

① **血圧降下作用**

しょうゆやみそと同じく酢の主成分である酢酸にもACE活性を抑制することがわかり，ヒトでの効果も報告されている[44]。

② ミネラルの可溶化，カルシウムの吸収

食品を酢で煮ることにより，ミネラルが可溶化するとの報告や[45]，酢酸がカルシウムの吸収率を高め，骨形成を促進する[46]との報告もある。

（5）砂　糖

砂糖の種類を図6―41に示した，ショ糖含量の高い砂糖ほど上品であっさりした甘味を呈し，黒砂糖や三温糖の色とこくのある甘味は，灰分の混在が多いためである。料理により，使用する砂糖を選ぶ必要がある。高級和菓子に使われる和三盆糖は日本在来種のさとうきびを原料として作られた日本独特の手作りの砂糖であり，結晶が小さく水分も多めなため，しっとりと口当たりも良い。

砂糖以外の甘味料を表6―32に示した。糖質甘味料と非糖質甘味料がある。

糖質甘味料には水あめ，果糖，はちみつ，メープルシロップ（楓糖）などがある。水あめはさつまいも，じゃがいも，とうもろこしでんぷんから作られ，キャンディーやジャム，佃煮などの加工品に使われる。果糖はショ糖，ぶどう糖，イヌリンから作られ，甘味度は砂糖より強く，低温のほうが甘味が強いため。果物は冷やしたほうが甘く感じる。はちみつは果糖，ぶどう糖が主成分で，無機質，ビタミンなどをも含むものもある。採取する花の種類により成分や味や香りも異なる。また楓の樹液から採取したメープルシロップ（楓糖）は特有の風味があり，ホットケーキのシロップや菓子類に使われるが日本では採取できないためカナダからの輸入品である。

オリゴ糖，糖アルコール，非糖質甘味料は特性を生かし加工食品に用いられているが，ダイエットのため，糖尿病，肥満，虫歯予防のために用いられることもある。これらの調理への利用についても最近研究が進み報告されている。

> **砂　糖**
> 砂糖には楓糖（カナダ）やヤシ糖（東南アジア）などもあるが，世界の7割は甘しょ（さとうきび）からとる「甘しょ糖」，3割はてん菜（さとうだいこん）からとる「てん菜糖」である。
> 日本では，国内消費量の3分の2を輸入の原料糖（甘しょ糖），3分の1を北海道（てん菜）と沖縄・鹿児島（甘しょ）で生産している。

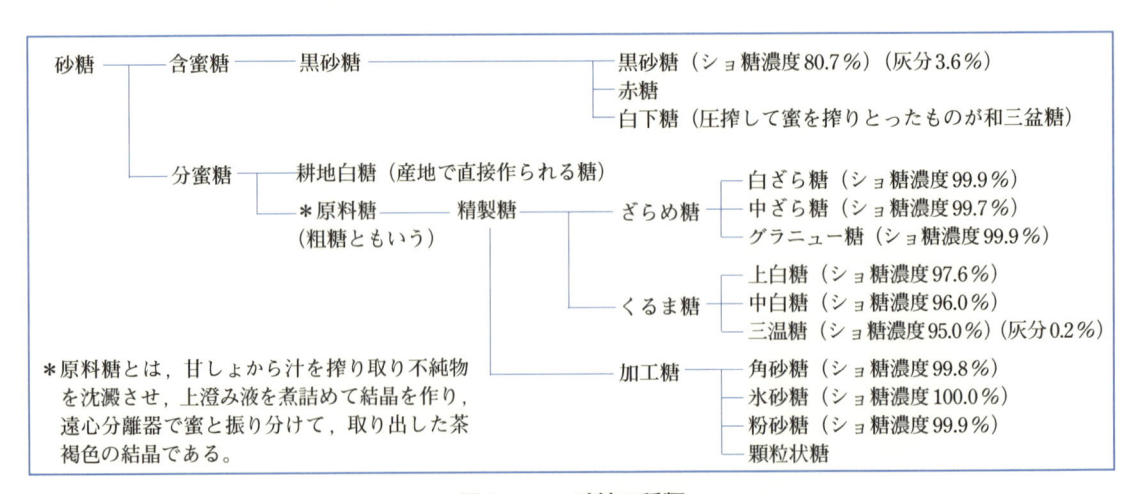

```
砂糖 ┬ 含蜜糖 ── 黒砂糖 ┬ 黒砂糖（ショ糖濃度80.7％）（灰分3.6％）
     │                  ├ 赤糖
     │                  └ 白下糖（圧搾して蜜を搾りとったものが和三盆糖）
     │
     └ 分蜜糖 ┬ 耕地白糖（産地で直接作られる糖）
              │
              └ ＊原料糖 ── 精製糖 ┬ ざらめ糖 ┬ 白ざら糖（ショ糖濃度99.9％）
                （粗糖ともいう）    │          ├ 中ざら糖（ショ糖濃度99.7％）
                                    │          └ グラニュー糖（ショ糖濃度99.9％）
                                    │
                                    ├ くるま糖 ┬ 上白糖（ショ糖濃度97.6％）
                                    │          ├ 中白糖（ショ糖濃度96.0％）
                                    │          └ 三温糖（ショ糖濃度95.0％）（灰分0.2％）
                                    │
                                    └ 加工糖 ┬ 角砂糖（ショ糖濃度99.8％）
                                             ├ 氷砂糖（ショ糖濃度100.0％）
                                             ├ 粉砂糖（ショ糖濃度99.9％）
                                             └ 顆粒状糖
```

＊原料糖とは，甘しょから汁を搾り取り不純物を沈澱させ，上澄み液を煮詰めて結晶を作り，遠心分離器で蜜と振り分けて，取り出した茶褐色の結晶である。

図6―41　砂糖の種類

4．調 味 料

表6－32 甘 味 料

	一般名		甘味度	原料	特徴
糖質甘味料	砂糖（蔗糖）		1	甘しょ	安定した良好な甘味。
	転化糖		1.3	砂糖	砂糖を酸，酵素で加水分解した糖。
	ぶどう糖		0.6～0.65	でんぷん	還元性があるので加熱着色しやすい。
	果糖		1.2～1.7	ぶどう糖，砂糖	果物に含まれる糖。清涼感がある。
	麦芽糖		0.5	でんぷん	吸湿性が強い。
	異性化液糖		1～1.2	でんぷん	異性化したぶどう糖と果糖の混液。
	水あめ		0.3	でんぷん	でんぷんを酵素で糖化したもの。
	オリゴ糖	トレハロース	0.45	でんぷん	きのこ類に含まれる。でんぷんの酵素処理で作られる。保湿性が強く加工食品に使用。
		グルコオリゴ糖（カップリングシュガー）	0.6	砂糖，でんぷん	ショ糖のぶどう糖部位に1～数百個のぶどう糖が結合したもの。低う蝕性。各種加工品に使用される。
		パラチノース	0.45	砂糖	ぶどう糖と果糖がα－1，6結合したもの。低う蝕性。
		フルクトオリゴ糖（ネオシュガー）	0.5	砂糖	ショ糖の果糖部位に1～3個果糖が結合したもの。難消化性である。ビフィズス菌の増殖促進作用，血糖低下作用がある。各種菓子類に用いられる。
	糖アルコール	マルチトール	0.8～0.9	麦芽糖	グルコースとソルビトールからなる糖アルコール。砂糖に似た甘味。生体で利用されないのでダイエット甘味料として使用される。非う蝕性もある。
		ソルビトール	0.5～0.7	ぶどう糖	グルコースの還元体。性質はマルチトールト同じ。
非糖質甘味料	配糖体	グリチルリチン	100～200	甘草の根	しょうゆ，佃煮に使用されている。
		ステビオサイド	200	キク科植物の葉	南米原産のキク科ステビアの葉の抽出精製物。甘味は砂糖に近い。水には0.12％溶ける。
	アミノ酸	アスパルテーム	200	アミノ酸	アスパラギン酸とフェニルアラニンのペプチド。高温の加熱に弱い。水には0.5～0.8％（20℃）溶ける。
	合成甘味料	サッカリン	500		化学合成品

1）砂糖の調理性

① 甘味の付与

砂糖は他の糖に較べ，安定した良好な甘味のためさまざまな調理に最も多く使用されている。上白糖は転化糖が含まれているので，ショ糖だけのグラニュー糖に較べしっとりして甘味も濃厚である。

② 溶解性，保水性，脱水性

砂糖は非常に水に溶けやすい。20度では67％，100℃では83％である。このため砂糖は親水性，保水性も高いという特性につながる。

a．砂糖濃度の高いでんぷん性食品である羊羹やぎゅうひ，カステラなどが固くならないのは，糊化でんぷん中の水分を砂糖が引き付け，でんぷんは遊

食品の糖分	
食品名	ショ糖(％)
飲み物	0～15
アイスクリーム	12～18
ゼリー	12～18
クッキー	20～25
水羊羹・しるこ	26～30
カステラ	30～40
煮豆・あん類	35～40
練り羊羹	40～60
ジャム	40～70

表6－33　煮詰め温度による砂糖の用途

温度（℃）	用途	作り方・備考
102～103	シロップ	冷却しても結晶化しない。
106～107	フォンダン	煮詰めて濃度を高くし，40℃位まで冷却して過飽和分を結晶析出させたもの。
115～120	砂糖衣	材料を入れ火を止め，手早く撹拌し結晶を材料のまわりにつける。
140～150	銀絲・金絲	温度により，透明な糸と金色の糸ができる。材料を入れ，砂糖溶解液が80～100℃になったとき糸を引く。食酢を加えると，一部が転化糖になり結晶化が防げる。長くかき混ぜると結晶化してしまう。
160～170	べっこう飴	色づいた液を流して固める。
170～180	カラメル	ソースや着色料として用いる。

離水の少ない状態になり老化が抑制されるためである。
b. メレンゲに砂糖を加えると泡が安定するのは砂糖が泡の水分を取るためである。同時につやも出る。
c. 果物などを高濃度の砂糖に漬けると，浸透作用により果物中の水分に砂糖が溶け水分活性が下がるために微生物の繁殖が抑えられ保存できる。
d. 寒天やゼラチンのゼリー強度を高める。
e. 卵料理に砂糖を入れるとたんぱく質の変性を抑制するため，卵焼きやプディングがやわらかく仕上がる。

③ **イーストの栄養源**
砂糖はイーストの栄養源となる。パンや焼き菓子の焼き色は，アミノ酸と砂糖のアミノカルボニル反応により生成したメラノイジンによる。

2）砂糖の用途
煮詰め温度による砂糖の用途および作り方などについて表6－33に示す。

（6）酒　類
酒には清酒と発酵調味料である料理酒の2種類がある（表6－34参照）。
1）酒の調理性
① 料理が柔らかく仕上がる
肉や魚は加熱により筋肉が収縮し水分がでて固くなる。酒を入れて加熱すると，酒のアルコールが肉や魚の表面たんぱく質の変性を促し，水分が出るのを抑える。同時に水分に溶けているうま味成分も保持される。
② 臭みを消し，香りをつける
肉や魚のにおいを抑え込んだり取り込んだりするマスキング効果，香りを付け加える効果がある。マスキング効果を得るためには加熱前に酒を入れ，香りをつけるためには最後に入れる。
③ ワインは肉を軟らかくする
肉をワインに浸漬させてから焼くと軟らかい。これはワインのpHが3.2～3.5

表6−34 市販されている酒・みりん類

	商品名	原　料	成分組成（％）	備　考
清酒		米 米麹	アルコール　15〜16％	
本みりん	本みりん	もち米 米麹 焼酎	アルコール　13.5〜14.5％ エキス分　44以上	糖度（33％）
みりん風調味料		糖類 水および米麹 醸造調味料 酸味料	アルコール　0.9％以下	アルコールを含まないため酒税がない
発酵調味料	清酒タイプ 「料理酒」[1]	米 米麹 ぶどう果汁 食塩 調味料（アミノ酸） 香料	アルコール　14.0％ 食塩　2.1％以上	短期間の発酵でアルコールは含んでいるが，食塩が入っているので飲用にはならず酒税がない
	みりんタイプ	米 米麹 食塩	アルコール　10％ 塩分　2％ エキス分　45％	

1）料理酒という名前で食塩無添加のものも市販されている。ワイン，中国酒タイプもある。
＊　みりん類似調味料は，みりん風調味料と発酵調味料のみりんタイプをさす。

であり，肉たんぱく質の等電点（pH 5.4）より低いため肉は膨潤して軟化する。

2）みりんの調理性

現在市販されているみりんには大きく分けて3種類ある（表6−34参照）。

本みりんはもち米と米麹，焼酎のみでその香りと甘味は他の2種類はおよばないが，値段，限定された店のみの販売などの理由からみりん類似調味料の消費量が伸びた。

① 照り，つや

照りやつやをだす。

② 臭みを消し，香りをつける

この効果は酒と同様である。

③ 味の染み込みが良い

原料のもち米と米麹からくるアミノ酸類，糖類，有機酸などの美味しさが，アルコールの力で中までよく染み込む。

④ 煮崩れを防ぐ

野菜の煮崩れを防いだり，腰のない米をふっくら炊き上げる。

3）その他の酒類

日本料理には前述の日本酒やみりんが使われる。西洋料理では肉料理に赤ワイン，魚介類，鶏肉料理には白ワインが使われる。肉を軟らかくしたり，香りと味みを出す。中国料理ではもち米を原料にした老酒が使われる。老酒は酸味と特有の香りがある。

> **煮きり**
> みりんのアルコール臭が料理の味を邪魔するときに，みりんを火にかけて揮発性のアルコール分を燃やす操作。火を通さない料理には煮きりみりんを使うが，加熱するものはそのままを使用する。

菓子類にはキルシュ（さくらんぼを発酵させ蒸留して作るブランデー），ラム酒（さとうきびが原料の蒸留酒），オレンジリキュール（ホワイトキュラソー：コアントロー，オレンジキュラソー：グランマルニエ）などが使われる。

強化ワインとはワインを発酵させている途中や発酵後にブランデーなどを添加したもので，マルサラ酒（イタリア，シチリア島が産地，イタリアでは菓子などに使う），シェリー酒（スペインのワイン），マディラ酒（マディラ島が産地），ポートワイン（ポルトガルのワイン）などがある。

（7）うま味調味料，風味調味料

1）うま味調味料

うま味成分の含有量
(mg/100g)
利尻こんぶ（L-グルタミン酸）2240
煮干し（イノシン酸）863
かつお節（イノシン酸）687
干ししいたけ（グアニル酸）157

アミノ酸系のグルタミン酸ナトリウム，核酸系のイノシン酸ナトリウム，グアニル酸ナトリウムをさす。リボヌクレオタイドナトリウムはイノシン酸ナトリウムとグアニル酸ナトリウムの混合物である。

商品としては低核酸系複合調味料（グルタミン酸：97.5％〜98.5％，リボヌクレオタイドナトリウム：1.5〜2.5％）と高核酸系複合調味料（グルタミン酸：91％〜92％，リボヌクレオタイドナトリウム：8〜9％）がある。

現在はうま味調味料はあまり使用されず，これに変わって風味調味料が多く使用されている。

2）風味調味料

風味調味料とは「調味料（アミノ酸など）および風味原料に糖類・食塩など（香辛料を除く）を加え，乾燥し，粉末状，顆粒状にしたものであって，調理の際風味原料の香りおよび味を付与するものをいう」（日本農林規格）うま味調味料とは違い，風味原料由来の風味を持つことが特徴の調味料である。

風味調味料は時間や手間の節約になり便利ではあるが，食品素材から抽出しただしと比較すると味が強く，香りに欠ける。食材の味を損なわないような使い方を工夫する必要がある。

（8）その他の調味料

ソース類，トマト加工品，マヨネーズ・ドレッシング類，中国料理の特殊調味料（豆板醤，甜面醤，辣油，芝麻醤，蠣油など）がある。

5．その他の食品

（1）香辛料（spices）

世界に500種以上あるという香辛料は，古代から多くの人に珍重されてきた。日本料理では"薬味"という名で山椒，山葵，生姜などが使われてきた。日本においての香辛料の使用はカレーに使用されるものが多い。西洋料理では肉類の消臭や香りを楽しむために使われ，中国料理をはじめ，その他のアジアの料理では種々の香辛料を使用し独特の風味をかもし出している。

5．その他の食品

香辛料は以下の4つの作用がある。
　①消臭作用，②賦香作用，③辛味作用，④着色作用
表6−35に作用別の香辛料を示した。

香辛料はこのような作用以外に抗菌，抗カビ性，抗酸化作用をもつことが古くからわかっていた。中国においては薬食同源の考え方から，香辛料の一部は生薬として漢方薬で使用されるとともに料理にも利用されてきた。その効能は伝承によるものであったが，近年食品の三次機能である香辛料の生体調節機能の研究が進み，その生理作用が科学的に解明されてきた。血小板凝集阻害作用，抗炎症・抗がん機能，エネルギー代謝亢進機能，抗酸化成分の活性酸素消去機能などである。

しかし活性成分の生体への吸収，作用機構についてはまだ解明されていない。これが明らかになれば，香辛料を使用した料理はおいしさを付与すると同時にその機能性をも期待できるといえる。

(2) 嗜好飲料

1）茶

茶は常緑灌木である茶樹の若芽，若葉を用いて作られる。製造方法の違いにより，緑茶，ウーロン茶，紅茶に分類される。

① 緑　茶

茶葉の成分は苦味成分であるカフェイン2〜4％，うま味成分であるテアニン（グルタミン酸エチルアミド），グルタミン酸などのアミノ酸類が1〜5％，遊離糖が1〜2％，渋味成分のタンニンが10〜15％，灰分が5〜6％，ビタミンAが2,000〜5,000μgレチノール当量，ビタミンCが60〜300mgである。

浸出液ではカフェイン0.01〜0.16％，タンニン0.03〜3％，ビタミンCは3〜15mgである。

カフェインは覚醒作用，強心作用，利尿作用がある。

タンニンの75％以上を占めるカテキンには抗菌，抗酸化，抗がん，血中コレステロール低下，血圧上昇抑制，血糖上昇抑制などを持つことがわかってきた。

うま味成分であるテアニンは茶特有のうま味であり，玉露のように日照を制限

側注：
カレー粉：香り〔カルダモン，ナツメグ，シナモン，クローブ，メース，コリアンダー，オールスパイス，クミン，ローリエなど〕
・辛味〔ペッパー，ジンジャー，レッドペッパー〕
・着色〔ターメリック〕
ガラムマサラ：インド料理には欠かせないスパイス，ガラムは辛い，マサラはスパイスの混合物のこと。肉・魚料理にはナツメグ，ガーリック，フェンネル，クローブ。野菜料理にはコリアンダー，クミン，キャラウェイ，フェンネルを使い，どちらにもレッドペッパー，ジンジャー，ペッパーを入れる。
五香粉：陳皮・肉桂・丁子・茴香・花椒0
七味唐辛子：山椒・唐辛子・陳皮・紫蘇・青海苔・胡椒・麻の実

表6−35　作用別香辛料

作　用	香辛料（和名）
矯臭・脱臭（臭み消し）	ガーリック（にんにく），ジンジャー（しょうが），タイム（たちじゃこうそう），ローズマリー，ローリエ，ベイリーフ（月桂樹），セージ，フェンネル（ういきょう），マジョラム，カルダモン，オレガノ（はなはっか）
賦香（香りづけ）	オールスパイス（百味胡椒），オレガノ（はなはっか），クミン（馬芹），クローブ（丁子），さんしょう（山椒），アニス，コリアンダー，シナモン（肉桂），パセリ，バジル，ディル，ミント（はっか），ゆず（柚子）
辛味（辛味づけ）	ガーリック（にんにく），ジンジャー（しょうが），ペッパー（胡椒），マスタード（辛子），レッドペッパー（唐辛子），わさび（山葵），さんしょう（山椒）
着色作用（色づけ）	クチナシ，サフラン（番紅花），ターメリック（うこん），パプリカ（甘唐辛子）

して栽培すると増加する。緑茶は高品質のものほど，低めの温度でタンニンの浸出を抑えながらうま味であるテアニンの溶出を促すように入れる。

② 中 国 茶

半発酵茶である中国茶は製造方法や発酵度の違いにより多種類のお茶がある。その中でも日本での消費が多いのはウーロン茶である。カテキンが酸化してテアフラビンになり，これがウーロン茶特有の水色を形成している。苦味があるが，後味がさっぱりしているので，油の使用量が多い中国料理にはよく合う。

③ 紅 茶

紅茶は発酵茶であり発酵中に特殊な芳香を生成したお茶である。発酵中にカテキンの大部分が酸化酵素により橙赤色のテアフラビンになり，これが重合して赤褐色のテアルビジンができるために赤色を呈する。これらの含量の高いものほど紅茶の品質は高い。テアフラビンとカフェインの結合物は熱いうちには溶解度が高く溶けているが，冷えると溶解度が減少して析出し濁る。この現象をクリームダウン（クリーミング現象）と呼ぶ。

> **クリームダウン（クリーミング現象）**
> クリームダウン（クリーミング現象）は急激に冷やすと起こらないので，アイスティーは急冷して作る。
> 紅茶にレモンを入れると色が薄くなるのは，テアルビジンが酸性になり退色するためである。

2）コーヒー

アカネソウ科の常緑灌木であるコーヒーの樹の果実から，外皮や果肉を除去し，種子（コーヒー）を乾燥させ，焙煎し粉末にしたものがレギュラーコーヒーである。

苦味はカフェインであり，苦渋味はタンニン（クロロゲン酸）による。茶と同様興奮作用や利尿作用がある。

3）コ コ ア

アオギリ科の常緑灌木であるカカオ樹の種子がカカオ豆である。カカオ豆を焙煎し，胚乳部をアルカリ処理後，脂肪分の半分以上を搾り，その粕を乾燥させ粉末にしたものがココアである。

市販のココアにはピュアココアとミルクココア（粉乳や砂糖を加えたもの）がある。

脂肪含量が高く（21.6％）栄養的に優れていて，疲労回復の働きがある。

チオポロミンを含んでいるがカフェインよりも刺激性や興奮作用が弱いので子どもの飲み物としても良い。

4）清涼飲料

コーラ飲料，果実飲料，スポーツドリンクなどがある。

5）その他の嗜好飲料

甘酒，昆布茶，麦茶などがある。

（3）加工食品

加工食品には小麦粉，みそ，しょうゆ，油のような一次加工食品，これらを加工したパン，麺類，マーガリンのような二次加工品，二次加工品を原料として作られる，レトルトパウチ食品（カレー，米飯），凍結乾燥食品（即席めん），調理冷凍食品のような三次加工食品がある。

現在は三次加工食品（調理済み食品とも呼ばれ，そのままあるいは加熱など簡

> **市販のおにぎり**
> 自家製のおにぎりと市販のおにぎりを比較したところ自家製のおにぎりは飯のおいしさが感じられるが，市販のものは，添加物（pH調整剤，アミノ酸類）などの味がして飯の味が薄れていると感じられた。最近は添加物を最小限にしているメーカーもあるので，表示をよく見て選ぶ必要がある。

単な操作で食べられる食品をさす。）の使用が増加している。調理の手間を省くため便利なものであるが，動物性油脂や食塩の含有量，食品添加物の使用量が多いこと，加工中の栄養素の変化，食事内容や味付けが画一的になるなどの問題もある。

女性の就業率の増加，単身世帯の増加，ライフスタイルの変化にともない，食の外注化は時代の流れともいえるが，このような問題があることを認識したうえで日常の食事に取り入れるように心がける必要がある。

> **冷凍食品の揚げ物**
> 冷凍食品の揚げ物は自家製に較べ，衣が厚い傾向にあり，そのため吸油量も多いので脂質のとりすぎに注意する。

【管理栄養士国家試験予想問題】

問題1．次の問題は団子の調理性に関する問題である。このなかから誤っている組み合わせを選びなさい。
　　a．瞬間弾性率が高いことは硬い団子をであることを意味する。
　　b．砂糖の添加は団子の老化を遅くさせる。
　　c．新粉の生地に白玉粉の団子を混ぜると，団子は軟らかさを増す。
　　d．もち団子とうるち団子ではもち団子の方が硬い。
　　e．老化速度はうるち団子よりもち団子の方が大きい。
　　f．上しん粉の粒度が150メッシュの方が100メッシュよりも粗いことを示している。
　　　　（1）aとb　（2）dとe　（3）cとd　（4）dとf　（5）eとf

問題2．次の問題は米の調理性に関する問題である。正しい答えはどれか。
　　a．五分かゆは米の重量の5倍の水を加え，時間をかけて軟らかく加熱したものである。
　　b．すし飯の蒸らし時間は10分過ぎたら，あわせ酢を加えて混ぜ合わせる。
　　c．ピラフは芯のある米飯になりやすいので，沸騰継続時間を長くするか蒸し煮を長くする。
　　d．大量米飯（米5kg）は点火後約25分間強火加熱し，消火後20分蒸らすのがよい。
　　e．古米臭の香気成分となるヘキサナール，エタノールなどは加熱20分くらいから揮散する。
　　f．浸漬による吸水量はうるち米25〜30％であり，1時間くらいで有限膨潤となる。

問題3．肉の調理についての記述である。正しい組み合わせはどれか。
　　a．適度に軟らかく熟成した肉のIMP含量は，牛肉が豚・鶏肉に比べて高いので，すき焼き等の鍋料理がおいしく味わう料理といわれる一因である。
　　b．筋の多い部位や脂肪と筋肉が層になったような部位の肉は，乾式加

熱より湿式加熱の方が適する。
c．加熱による色の変化は，ミオグロビンやヘモグロビンの熱変性によるが，牛のサーロインステーキのrare（レアー）はまだ熱の影響を受けていない状態といえる。
d．シチューに煮込んだスネ肉は，ホークで容易に崩れ易いのは，筋肉を構成する筋原繊維たんぱく質，筋形質たんぱく質，肉基質たんぱく質のすべてが可溶化して，低分子化したためである。
　（1）a，b　　（2）b，c　　（3）c，d　　（4）d，a
　（5）a，c

問題4．魚介類の調理についての記述である。正しいのはどれか。
a．湯霜造りとは，さくとりしたマグロ等をさっと熱湯に通し，氷水にとってから刺身にする手法で，テクスチャーと色の内外のコントラストが冴える特徴がある。
b．貝（ハマグリ等）の潮汁のうま味成分はIMPとコハク酸であり，必ず生きた貝を使うことが大切である。
c．煮こごりはカレイ，ヒラメなどの皮や軟骨の部分からＩＭＰと筋形質たんぱく質が溶出して，固まったものである。
d．青背の魚の揚げ物は水と油脂の交代が著しいといわれ，魚の1価不飽和脂肪酸が，植物性揚げ油の多価不飽和脂肪酸と交代する。
e．魚の塩焼きに向く魚はK値の高い，活きのよい旬の魚を選ぶとよい。

問題5．卵に関する記述である。正しいのはどれか。
a．鶏卵にくらべ，だちょうの卵は卵重が約20倍であり，卵重に対する卵白，卵黄，卵殻の割合は殆ど同じであるので，調理用途も類似している。
b．鶏卵卵白の泡立てにおいて，レモン汁や酒石酸の添加は，泡の安定化に役立つ。
c．茹で卵の黄身の周辺の暗緑色化を防ぐことは，調理の実際では無理である。
d．鶏卵は小型球形ウイルスの汚染があるので，生食を避けることが進められる。
e．鶏卵の鮮度判定にpH測定するならば，卵黄の方が鮮度を反映しやすい。

問題6．乳・乳製品の調理の関する記述である。正しい組み合わせはどれか。
a．κ-カラギーナンや高メトキシルペクチン系のゲル強度強化に，牛乳の添加は有用である。
b．ビフィディス菌に富んだヨーグルトの摂取は，免疫力向上，発がん

予防，体調管理などに有用とされている。
c．ナチュラルチーズとプロセスチーズでは，後者のチーズの方が食べ頃が顕著である。
d．バターの軟化温度，融解温度，凝固温度の特徴が，パイ皮の調製・焼成過程でいかされおり，層化を期待するならば，粉に対する使用割合は多めの方が目的に適う。
　　（1）a，b　　（2）b，c　　（3）c，d　　（4）a，c　　（5）b，d

問題7．塩の調理性に関する記述である，間違っているものの組み合わせはどれか？
a．魚に1％程度の塩をふるのは，味付けと魚の生臭みを取るためである。
b．餃子の皮やうどんを作るとき塩をいれるのは，味付けのためだけである。
c．野菜に塩をかけてしばらくおくと野菜がしんなりするが，これは塩の浸透作用による。
d．りんごを塩水に入れておくと茶色にならないのは，酵素活性が弱まるからである。
e．塩鮭は室温においても腐敗しないのは水分活性が高いためである。
　　（1）a，b　　（2）b，c　　（3）b，e　　（4）c，d
　　（5）d，e

【参 考 文 献】
1）K.Yasumatsu, S.Moritaka and S.Wada: Agric. Biol.Chem., 30, 483, 1966
2）庄司一郎・加藤好光『日食保蔵科学誌』29, 3, 2003
3）本間伸夫・佐藤恵美子・渋谷歌子・石原和夫『日家政誌』34, 698, 1983
4）佐藤恵美子・本間伸夫・渋谷歌子・石原和夫『日家政誌』35, 147, 1984
5）佐藤恵美子・本間伸夫・渋谷歌子・石原和夫『日家政誌』35, 229, 1984
6）岡田玲子『調理科学』7, 187, 1974
7）勝田啓子・西村彰夫・三浦靖『日家政誌』44, 255, 1993
8）勝田啓子・佐藤恵美子・高橋洋子『日家政誌』46, 431, 1995
9）勝田啓子『家政誌』38, 283, 1987
10）勝田啓子『家政誌』38, 711, 1987
11）Huebner.FR:Boker's Dig. 51,.154, 1997
12）松本文子ほか『家政誌』11, 349, 1961

13) 桐淵壽子・川嶋かほる「調理におけるアスコルビン酸の変化」『家政誌』38, 877 - 887, 1987
14) 香西みどり「野菜の硬化とその機構」『調理科学』35, 387 - 392, 2002
15) 畑井朝子「小豆あん粒子形成に関する調理学的研究」『函館短期大学紀要』28, 1 - 73, 2001
16) 谷地田武男・中嶋幸一・坪谷真理子「餡に関する研究 第4報 餡の粒度構成と練餡の物理性について」『新潟食研報告』12, 31 - 38, 1972
17) 時友裕紀子「タマネギのにおいと調理」『調理科学』36, 321 - 328, 2003
18) 時友裕紀子・山西貞「加熱タマネギの甘いフレーバーについて」『家政誌』44, 347 - 353, 1993
19) 桐淵壽子「冷凍食品中のアスコルビン酸について」『家政誌』39, 335 - 338, 1988
20) 林宏子「紅葉おろしのビタミンC」『調理科学会誌』23, 361-366, 1990
20) 村田安代・池上茂了・松元文子『家政誌』25, 596, 1974
21) 奥田弘江・中川禎人「乾燥コンブの軟化度に及ぼす調味料の影響（第1報）」『調理科学』20, 75 - 80, 1987
22) 遠藤金次「シイタケを煮る」『調理科学』22, 58 - 62, 1989
23) 栄養情報研究会編著『国民栄養の現状―平成13年厚生労働省国民栄養調査結果』第一出版, p.83 - 88, 2003
24) 殿塚婦美子・三好恵子・谷武子・畑中恵子「クックチルシステムにおける揚げ物の再加熱条件の標準化について」『日本生活学会誌』11, 150 - 158, 2000
25) 高橋智子・齋藤あゆみ・川野亜紀・朝賀一美・和田佳子・大越ひろ「牛肉，豚肉の硬さおよび官能評価におよぼす重曹浸漬の影響」『家政誌』53, 347 - 354, 2002
26) 妻鹿絢子・三橋富子・田島真理子・荒川信彦「食肉コラーゲンに及ぼすショウガプロテアーゼの影響」『家政誌』38, 923 - 926, 1987
27) 堤ちはる・三好恵子・谷武子・仙北谷至乃「キウイフルーツの豚肉軟化効果について」『家政誌』45, 603 - 607, 1994
28) 柴田圭子・安原安代・安田和人「陰膳法による女子大学生のビタミンB_6の摂取量の検討（第Ⅱ報）―食品のビタミンB_6保持率に及ぼす調理法の影響―」『ビタミン』74, 423 - 433, 2000
29) 西念幸江・柴田圭子・安原安代「真空調理に関する研究（第2報）―チルド保存期間及び再加熱と鶏肉の物性，食味との関わり」『家政誌』54, 867 - 878, 2003
30) 瀬戸美江・蒲原しほみ・藤本健四郎「レバーソテーのにおいに及ぼす調理温度の影響」『日本調科誌』36, 2 - 7, 2003
31) 山中英明・松本美鈴「スズキの洗いに関する研究」『日本調科誌』28, 20 - 23, 1995
32) 下坂智恵「魚骨の酸溶液および茶煎汁の加熱による物性と成分の変化」『家政誌』50, 1021 - 1028, 1999
33) 三輪里子・飯田文子・松田由美子「ムースの原料に適した魚介類」『日本調科誌』31, 123 - 129, 1998
34) 下坂智恵・村木路子・江原貴子・下村道子「マリネの魚骨の硬さと成分変化におよぼす揚げ魚の温度の影響」『家政誌』48, 963 - 970, 1997
35) 畑江敬子・李敬姫・土屋隆英・島田淳子「養殖魚と天然魚のテクスチャー特性について」『日水誌』55, 363 - 368, 1989
36) 貝沼圭二『食の科学No.14』p.30, 丸の内出版, 1973
37) 川端晶子『調理学』p.171, 建帛社, 1997
38) S.Hizukuri : Carbohydr. Res., 147, 342, 1986
39) E.Kinoshita J.Yamakoshi and M.Kikuchi : Biosci.Biotech.Biochem. 57,1107, 1993
40) 木下恵美子・山崎純・菊池護『醤研』22, p.167, 1996
41) みそ健康つくり委員会『みそサイエンス最前線』1999
42) 大久保一良『みそとみそ汁の活性酸素消去能』食の科学, 259, p.101, 1999
43) 河村幸雄他編『ダイズのヘルシーテクノロジー』光琳, p.116 - 117, 1998
44) 梶本修身・多山賢二他『健康・栄養食品研究』4, 4, 2001
45) 高須綾子他『第51回 日本栄養・食料学会大会講演要旨集』p.213, 1997
46) 岸 幹也他『第52回 日本栄養・食料学会大会講演要旨集』p.206, 1998

第7章
調理と安全

＜学習のポイント＞

1. 調理学の意義はおいしさの追求と，栄養的なバランスのとれていること，さらに衛生的で安全な食物を摂取することである。安全な食物を摂取するにはどんな手段をとればよいかを考える。
2. 食品の変質は食用に耐えなくなったり，食べると中毒を起こすような状態になっていることをいう。食中毒の予防には加熱・殺菌が重要である。二次感染予防のためには「つけない，増やさない，殺す」を基本的に実践することであり，それらについて理解する。
3. 材料，器具，作業場所などすべてが安全であることが必要であり，調理環境の整備などの重要さを認識する。
4. 消費者に食べ物の安全を信じて食してもらうためには，作業過程における食べ物の衛生が守られなければならない。トレーサビリティの導入により消費者の信頼を確保することを知る。

1. 調理と衛生

（1）食品の安全性

調理の目的の1つは食品を衛生上健康を守れる安全な食物にすることである。食品の流通経路，食料生産の状況，調理環境などにより，食品が汚染されることが多い。飲食物は，消費に至るまでの全過程を安全に必要な手段が講じられ，健康を侵害することのないように調理されなければならない。

1）流通過程での安全性

食生活の変容の中で，調理の外部化が強まり，内食，外食，中食が形成されてきた。食品の流通形態も複雑になっており，食品，またはその原料がどのように生産・製造・加工されるのかという製品流通過程が重視されてきた。食品産業に携わる人びとが食品の安全性について，十分に認識することは当然である。一方，消費者も食品を選別する能力を磨き，食品の入手，購入，保管，調理，ならびに喫食の各段階までの安全性について十分に留意しなければならない。すなわち，食品の生産から食卓までの安全性が確保されることが重要である。

（2）食品保存管理に影響する条件

調理・保蔵などにより，経過時間に伴って食品の品質に変化が生じる。食品は有機物から構成されているので，有機体としての生物学的，化学的，および物理的変化がみられ，最終的には食用に適さなくなる。とくに腐敗は微生物によって食用できなくなる変化をいう。食品の保存管理は，食品の種類，使用目的により異なるが，食品の栄養的価値や嗜好性，外観などの品質の低下を防ぎ衛生上安全に保存し，適切に利用できるようにすることである。表7－1に食品の保存法の種類とその特色を示した。次に，食品の品質変化を伴い腐敗するまでに影響する因子について述べる。

1）温　度

腐敗は肉や魚などのたんぱく質が微生物によって嫌気的に分解する過程をいう。微生物の増殖に必要な3要因は，栄養素，水分および温度である。多くの腐敗細菌の最適温度は，25～40℃の範囲であり，5℃以下あるいは50℃以上では増殖できない。また，7℃以下で増殖可能な低温性病原細菌も存在するので，生の動物性食品の長期冷蔵の際に注意を要する。一方，変敗は好気性微生物によるでんぷん質などの分解や油脂が光，熱，酸素などの物理的化学的要因によって分解される変質過程をいう。

食品成分の内部で生じる変化は温度が高くなればなるほど早くなる。肉や魚などの主成分であるたんぱく質はアミノ酸から構成されているので，調理により50～60℃で変化し，化学的物理的変化を伴う。たんぱく質は細菌にとってもよい栄養源となるので，腐敗しやすく，低温の方が品質変化は少ない。

微生物が増殖する要因には室温で2～3時間，あるいは冷蔵庫に2～3週間放

表7－1　食品の保存法の種類とその特色

項目	保存法の種類	保存法の特色
加熱	煮沸	食品をある温度以上までに加熱する方法で、その後包装する。（煮る，蒸す，焼く，揚げるなどの加熱操作後）
	高圧蒸気	栄養型，芽胞(がほう)型の微生物の殺菌に適する（圧力鍋の使用）。ボツリヌス菌の熱致死時間は100℃で360分，105℃で120分，110℃で36分といわれる。
	低温殺菌法	低温加熱後，低温の場所に置く。果汁は75℃で30分，牛乳は62～65℃で30分。
低温	冷蔵	野菜などは0～10℃保存，冷蔵庫は10℃以下で±5℃に保つ。
	冷凍	冷凍庫の保持温度と保管食品は図7－2に，冷凍庫は－10～－18℃で，湿度は80～90％に保つ。サルモネラは－9～－17℃では長期間生存するが，増殖はみられない。サルモネラは食品の中心温度が5.5℃では増殖しないが，10℃では徐々に増殖する。
脱水乾燥	脱水	多くの細菌は食品中の水分が0.9Aw*以下では増殖できない。かびは増殖する。そこで食品はAw0.7以下に保つ。
	乾燥	上の条件を水分量に換算すると，粉乳では8％，小麦粉では13～15％，脱脂乾燥肉では15％，でんぷんでは18％である。
浸透圧の変化	脱水	食品に親水性の強い食塩や砂糖を添加し，水分活性を低下させる。浸透圧作用により脱水し，微生物の成育を抑制する。
	塩漬け	食塩濃度9～12％でサルモネラの発育が阻害される。桿(かん)菌より球菌のほうが耐塩性が強い。15％でも発育するものもある。かびや酵母は塩類に対する抵抗力が強く，15％でも発育し，増殖する。
	砂糖漬け	かびや酵母は砂糖に対しても強く，糖度70％でも発育する。
	酢漬け	酸はpHが酸性に傾くので，微生物の発育が阻止される。
化学物質使用	防腐剤 保存料 殺菌料	食品の変質防止，保存性を高めるために用いられる化学物質を保存料という。殺菌作用よりも微生物の増殖防止作用が強い。殺菌作用を主とするものを殺菌料という。これらは簡単で安価であるが，人の健康を損なう恐れがある。厚生労働省の「添加物規定基準」に使用基準が決められている。
	燻煙法	肉類や魚介類を塩漬け後，木材をいぶして出る煙の中にかざし，加熱して水分を浸み込ませて防腐する方法である。煙の成分はホルムアルデヒド（ホルマリン），クレオソート，酢酸，アセトンなどである。
光線照射	紫外線	2,600A（260nm）付近の紫外線は強い殺菌力があるが，効果が表面にとどまるので表面汚染の防止のみである。
	放射線	放射線は食品の表面下への透過力の強い線が使用される。殺菌，防虫，発芽の抑制などで，たんぱく質の多い食品ほど放射臭が残り，ビタミンも破壊されるという。光線の照射においても安全性を第一に考えるべきである。

＊Aw：水分活性（water activity）

置したり，調理後喫食まで12時間以上放置した場合などがあげられる。

２）水　分

　食品はその大部分が水分から構成されているといっても過言ではなく，食品中の水分量と水の構造，水の存在状態が支配する。水分の多い野菜類は，外部環境の湿度条件によってみずみずしさを失ったりする。水分の多い所では微生物も生育しやすく，かびや細菌がはびこる好条件である。また，乾燥椎茸，乾麺，などの乾物，パンなどの水分含有量は15％以下であり，この条件下では微生物が生育できないので，食品の保存性が高い。水分は温度の影響も受けながら，食品の品

質の変化に深く関与する。

3）光
太陽光線は乾物の製造過程には必要であるが，それ以外の食品には太陽光線や直射日光はあまり必要ではない。むしろ光に含まれる紫外線や熱エネルギーは食品の品質を劣化させるため，これらを遮断する。殊に油脂を含む食品では紫外線が著しく過酸化物の生成速度を速めるので，冷暗所に保存する。

4）換気・通風
食品に直接風があたるのは好ましくないが，野菜や果物などは，保存中も呼吸をしているので，空気の入れ換えがあった方がよい。湿度のコントロールも行えるし，微生物の繁殖も抑えられる。

（3）食品の安全
食品の生産，製造過程，加工・保存過程，調理の段階で人体に有害な物質が加わることは，危険なことであり，生産者と消費者の正しい知識が求められる。

1）品質表示基準
食品の表示については，製造年月日表示が原則とされていたが，近年の製造加工技術の進歩により，食品の安全・衛生を確保する上で品質保持可能な期限の表示を行う方が有用となってきた。加工食品について次の6つの表示事項が容器もしくは包装の見やすいところに一括表示されなくてはならない。すなわち，①名称（品名），②原材料名（食品添加物を含む），③内容量，④品質保持期限（賞味期限），⑤保存

> **水分活性（AW）**
> 食品の保存中に生じる腐敗やカビの発生などの品質変化を判断するのに，水分活性（AW）という指標を用いる。水分活性は食品中の自由水の割合を知る方法であり，水蒸気圧を1としたとき，同じ温度での食品の水蒸気圧で示される。
> 　水分活性（AW）＝食品の水蒸気圧／純水の水蒸気圧
> このAWの測定方法は密閉した容器に食品を入れて放置し，平衡となったときの容器内相対湿度の1/100に等しい。
> 　AW＝RH/100（RHは相対湿度）

```
       ── 原料の種類
       ── 調理方法
M O Y L ── 形態・大小の区別
960401  ── 品質保持（賞味）期限
A B C D ── 製造会社名
```

図7－1－a　缶マークの例

特別用途食品の　　　特定保健用食品の　　　健康食品の
厚生労働省許可マーク　厚生労働省許可マーク　認定マーク

図7－1－b　特別用途食品

図7－1－c　JASマーク（左）と特定JASマーク（右）

方法，⑥製造業者（輸入者）である。さらに遺伝子組み替え食品にも表示が義務づけられ，JAS法に基づく品質表示が2001（平成13）年4月1日から実施されている。この改正で有機食品についてはその生産または製造方法を登録認定機関が検査認証したもののみ「有機」表示できるという仕組みが整備された。

2）表示マーク

食品の表示には図7－1－aからcのように，缶マーク（図7－1－a），特

表7－2　食品添加物

種別	食品名	目的	種別	食品名	目的
飲料類	清涼飲料水	保存料 甘味料	食肉製品類	食肉製品	発色剤
	天然果汁（希釈液）	漂白剤		食肉製品 鮮肉製品	保存料
	天然果汁	品質改良剤		ベーコン	発色剤
	乳酸菌飲料 乳飲料 発酵乳	甘味料		鯨冷凍品（生食用冷凍鯨肉を除く）	酸化防止剤
	乳酸菌飲料（殺菌した物を除く）	保存料	油脂類	油脂 バター	酸化防止剤
	発酵乳（乳酸菌飲料の原料）	保存料		バター チーズ マーガリン	保存料
飲酒料精	清酒	発酵調整剤		チーズ	発酵調整剤 保存料
	合成清酒	醸造用剤	穀類	穀類	防虫剤
野菜・果実・その加工品	グレープフルーツ，レモン，オレンジ類	防かび剤		小麦粉	小麦粉処理剤
	オリーブ	色調調整剤	菓子類	パン 洋菓子	保存料
	果物・果菜の表皮	皮膜剤 保存料		菓子	甘味料
	乾燥果実	漂白剤		パン	品質改良剤 乳化剤 離型剤
	あん類	保存料 甘味料		糖蜜，水あめ	漂白剤
魚介類	魚介加工品	甘味料		アイスクリーム類	甘味料
	魚介燻製品	保存料	漬け物	麹漬け，酢漬け，たくあん漬け	甘味料
	魚介乾製品 魚介塩蔵品	酸化防止剤		かす漬け，みそ漬け その他の漬け物	甘味料
	魚介冷凍品	酸化防止剤		かす漬け，麹漬け，みそ漬け， しょうゆ漬け，たくあん漬け	保存料
	魚肉練り製品	保存料 甘味料	調味料	しょうゆ	甘味料 保存料
	ソーセージ，魚肉ハム	発色剤		みそ	甘味料 保存料
	魚肉ソーセージ	保水乳化安定剤		酢	甘味料 保存料
	つくだ煮	保存料 甘味料		マヨネーズドレッシング	保水乳化安定剤
	いか燻製品，たこ燻製品	保存料		ジャム	甘味料 保存料
	いか薫製品	品質保存剤			
	いくら 筋子	発色剤			

資料）厚生省生活衛生局食品化学課監修『食品添加物の使用基準便覧』日本食品衛生協会

別用途食品の厚生労働省許可マーク（図7－1－b），JASマーク（図7－1－c）などがある。栄養改善法が1995（平成7）年に大幅に改正され，栄養不足を補う食品であった強化食品を廃止し，特定の疾病に予防効果のある特定保健用食品（図7－1－b）の位置づけが明確化された。同時に加工食品の栄養成分の表示についても基準が設けられ，低カロリーとか減塩，あるいはビタミンCが豊富といった表現をするためには，この基準に従わなければならないことになった。

3）食品添加物

「食品添加物とは食品の製造過程において，または食品の加工，もしくは保存の目的で，食品に添加，混和，浸潤，その他の方法によって使用するもの。（食品衛生法第2条の2）」と定められている。

食品添加物の品質，使用限界について指定を受けている添加物は，①食品の製造加工に不可欠なもの，②食品の腐敗，変質，その他化学的変化を防ぐもの，③食品の栄養価を維持させるもの，④食品の風味や外観をよくするものなどの条件が必要である。1999（平成11）年1月現在，わが国で認められている食品添加物は352品目であり，利用されている加工食品を表7－2に示した。

ハムや魚肉ソーセージなどには製造上，食品添加物が使われるので，油で炒めるよりも，熱湯で茹でる方が，体内に摂取する添加物量も少なくなると考えられる。毒性試験等安全確認は行われているが，できるならば添加物の使用されていない食物を摂取できるような食生活が望ましい。

（4）トレーサビリティの導入

1）トレーサビリティの必要性

近年，O157，ダイオキシン，残留農薬などの食品に由来する危害要因の多様化，BSE問題，食品の偽装表示による安全性への不信感などが多発している。一方，食品流通の広域化，サービスの高度化により食品事故の原因究明が困難であり，消費者の疑問に対応する必要がある。

2）トレーサビリティとは

食品の生産，加工，流通などの各段階で原材料の出所や食品の製造元，販売元，販売先などの記録を記帳，保管し，食品とその情報とを追跡できるようにすることである。

① 食品の安全性に関して，問題が生じた場合の迅速な原因究明や問題食品の追跡回収を容易にする。
② 「食卓から農場まで」の過程を明らかにすることで，食品の安全性や品質，表示に対する消費者の信頼確保に資する。

3）トレーサビリティの導入にあたって

生産者から小売段階まで，多数の関係者の連携が不可欠であり，食品の特性や流通実態に応じた適切な情報の伝達手段などを明らかにし，信頼性のあるトレーサビリティのあり方について留意する必要がある。導入は現在試行段階である。

2．食中毒の予防

（1）食中毒とは
　食品，食品添加物，食品に使用する器具や容器包装などによって起こる比較的急性の胃腸炎症状（下痢，腹痛，嘔吐，吐き気など）を主とする健康障害をいう。食中毒は6月から10月に集中しているが，この期間は細菌が増殖しやすいためである。食物の栄養素を利用して毒素を産生したり，菌が増殖して人に摂食され胃腸障害をもたらす。

（2）三大原因
　食中毒は表7－3に示すように分類され，三大原因とされる細菌性食中毒，化学物質食中毒，自然毒による食中毒に大別される。

1）細菌性食中毒
　微生物が混入して起こり，大きく2つに分類され，感染型（腸炎ビブリオ，サルモネラ，病原性大腸菌，キャンピロバクター）と毒素型（黄色ぶどう球菌，ボツリヌス菌，ウェルシュ菌，セレウス菌）に分けられる。腸炎ビブリオ食中毒は

表7－3　食中毒の分類

			原因食	棲息場所	潜伏期間
細菌性食中毒	感染型	腸炎ビブリオ	近海産魚介	海 まな板・包丁（二次汚染）	8～20時間
		サルモネラ	食肉他あらゆる食品	ヒト，ネズミ，自然環境	6～48時間
		病原性大腸菌	水，食品，不明	ヒト腸管，糞便	6～72時間
		キャンピロバクター	鶏肉，水，ペット	動物腸管，水	2～7日
	毒素型	黄色ぶどう球菌	穀類加工品，菓子	化膿性切傷，鼻腔	1～5時間
		ボツリヌス菌	ハム，いずし	土，河川，自然環境	8～36時間
		ウェルシュ菌	加熱たんぱく食品	腸管内，自然環境	6～18時間
		セレウス菌	飯・麺・複合食品	土壌	1～6時間
有害化学物質中毒	有機物	誤用悪用	農薬，殺虫剤，添加物		5～60分
	無機物	放射性物質 食品製造での不注意	器具，食器不良品，重金属		5～60分
自然毒による食中毒	動物性	フグ毒（テトロドトキシン）	フグ卵巣，肝臓		0.5～5時間
		貝毒　麻痺性／下痢性	アサリ，ホタテガイ，イガイ（二枚貝） 　　　　　　　　　　　　　　　（巻き貝）		24～48時間
	植物性	キノコ毒（ムスカリン，アマニトトキシン）	ツキヨタケ，イッポンシメジ		5時間
		青酸	赤インゲン，キャッサバ		
		アルカロイド	トリカブト，ハシリドコロ（山菜などの誤用）		
かび毒		毛かび，クモノスかび 麹かび（アフラトキシン） 青かび（マイコトキシン）	野菜，果物の変敗 落花生，大豆 黄変米		長時間で発がんなど

資料）花岡正孝『細菌性食中毒の現状とその予防』大阪生活衛生協会研修会テキスト, p.27, 1986
　　　内山　充 他『新エスカ21　食品衛生学』p.61, 同文書院, 1995

調理場に持ち込まれた魚介類に付着していた菌がまな板，包丁ふきんなどを汚染して引き起こす。黄色ぶどう球菌食中毒は菌が食品に付着し，エンテロトキシン（毒素）が体内に入り，引き起こされる。

2）化学物質食中毒

有害な化学物質や貴金属などにより発生する。メタノール，砒素，シアン化合物などの化学物質による食中毒や寄生虫類，農薬，各種添加物，食器，包装材料，重金属などの化学物質があげられる。

3）自然毒食中毒

自然毒による食中毒は，フグや貝などの動物性，およびキノコ，トリカブトなどの植物性が代表的なものである。

4）か び 毒

上記食中毒以外にかび毒による中毒があり，毛かび，クモノスかび（野菜，果物），麹かび（落花生，大豆），黄かび（黄変米）などがあげられる。

これらの有害物質の付着，または溶出で汚染された飲食物を摂取して，健康を損なうことがある。

（3）食中毒の予防

食中毒の予防には食品の腐敗・変質の適切な判断が必要である。食品には味，光沢，弾力性に変化が生じたり，変色，異臭，ガスの発生などがみられる。新鮮な素材を選び，加工食品も開封・開缶後は速やかに使用し，微生物の増殖を抑制するために，低温で保管または加熱殺菌・乾燥・脱水処理し，食品の品質の変化を受けないように取り扱う必要がある。食中毒の予防には加熱・殺菌が重要である。二次感染予防のためには「つけない，増やさない，殺す」を基本的に実践することであり，そのためには次の3つが考えられる。

1）清　　潔

① 食品は常に新鮮な物を用いること。
② 調理場，調理器具，容器食器類は清潔に保つこと。
③ 食品をむき出しにして放置しないこと。
④ 洗浄と手洗いは頻繁に行うこと。

2）温　　度

① 食品の低温保持を心がける。多くの細菌は10℃以下で増殖は抑制され，－1℃以下に保てば，増殖は抑えられる。
② 加熱殺菌をよく行う。ぶどう球菌は熱に弱く，サルモネラ，腸炎ビブリオ，病原性大腸菌などによって起こる食中毒は加熱調理により防止できる。

3）迅速に洗浄，消毒，乾燥を行う

食中毒細菌は室温以上で増殖するため，調理の終わった食品は迅速に食する。調理用器具・スポンジ・まな板・ふきんなどは細菌が発育しやすく，汚染も起こりやすいので，よく洗浄し，熱処理した後に十分乾燥させることが大切である。詳細は次節で述べる。

3. 調理と生活環境

（1）調理環境の安全
1）調理の場
　調理の場は，環境衛生学的，労働衛生学的，人間工学的見地から衛生的でなければならない。調理室は高温多湿となりやすく，能率，安全，健康，精神面に悪影響を及ぼす。気温25℃以上，38℃以下，湿度75％以上は細菌増殖の好条件となる。調理台，器具類は，作業能率を考えて，作業動線に従って，配置する。

2）調理担当者の衛生
　① 調理者は頭髪，服装，手指，爪などの清潔に心がける。
　② 手指は石鹸でよく洗浄し，十分すすいだ後，逆性石鹸100倍液でよく消毒する。
　③ 検便を月に1回以上行い，保菌者の発見に努める。
　④ 化膿性創傷などを有している場合は調理に携わらないなど，事故発生を予防する。

（2）冷凍庫・冷蔵庫の食品の管理
　食品衛生法では，10℃から−2℃以下が冷蔵，−20℃以下が冷凍と規定している。図7－2に冷蔵庫の貯蔵温度と貯蔵可能場所を示した。

1）冷　蔵　庫
　冷蔵庫は食品を凍らせることなく冷却貯蔵するものであり，腐敗・変敗をしや

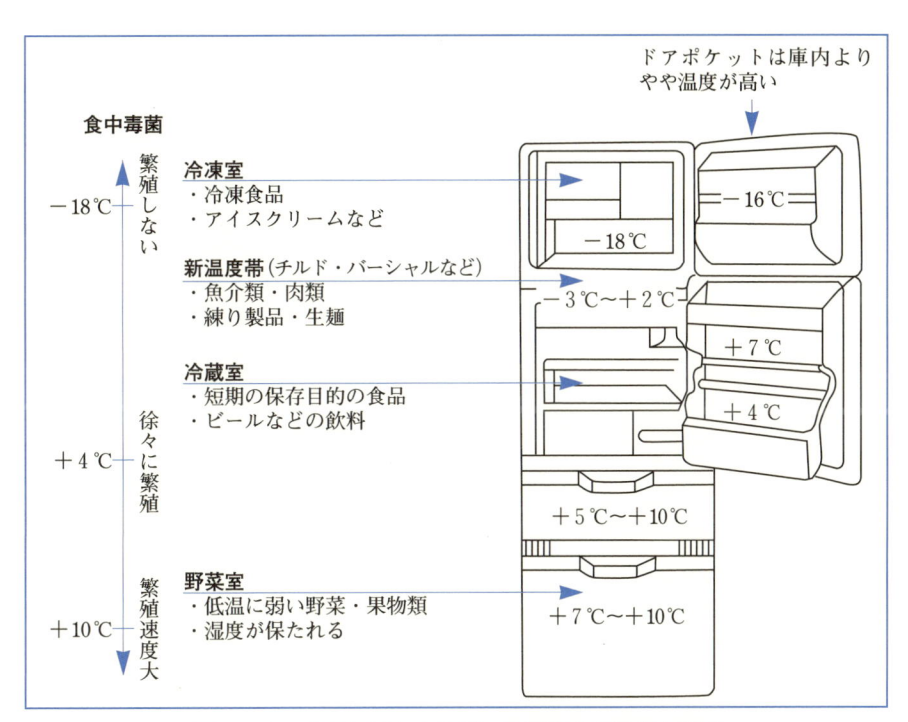

図7－2　食品に適した冷凍・冷蔵庫内の温度と場所

すい食品を一時的に保存させるものである。一般の微生物や食中毒菌，伝染病菌などは5℃以下では増殖できない。冷蔵庫を過信しすぎないようにする。

2）庫　　内

食品をたくさん詰めすぎたり，扉の開く回数を多くしない。庫内の冷却された空気の対流を妨げたり，扉を開く回数が多いと庫内の温度を上昇させ，かびの発生や菌の増殖をもたらす。図7－2に，食品の種類によって冷凍・冷蔵庫に保存する場所を示した。食肉加工品は上部に保存し，菌の増殖を防ぎ鮮度を保つようにする。野菜は，下段庫内温度としては一番高い所に貯蔵する。また，温度分布を知り，保存品を庫内の70％以上に詰め込まないように週1回は点検整理する。

3）霜の除去

食品中の水分蒸発や扉の開閉による外気の流入によって，冷却機に霜が付着し，冷却能力が低下するので霜の除去を行う。

4）冷凍庫の効果

冷凍とは通常－18℃以下に冷却し，食品中の水を氷の結晶に変え維持する状態であり，食品の腐敗や変敗を防ぐ。食品の酵素作用を抑制し，変質を妨げ，細菌による腐敗を阻止する。しかし，凍結は細菌を死滅させるのではないから，衛生的に扱い，冷凍食品を解凍後，再び冷凍させるのは避ける。

（3）調理器具・まな板・包丁・ふきんの管理

1）調理器具，まな板，スポンジ，タワシの使用

細菌に汚染されている調理用具は食物を腐らせたり，食中毒を起こしやすい。一般的な調理器具および手指の細菌数を表7－4に示した。調理用具などの管理の仕方を以下に述べる。

① 食器，器具類は水洗いしたら，よくゆすいで，ふきんで拭いて乾燥しておく。
② まな板は水分を含み，傷がついてくると細菌が発育しやすく，汚染も起こりやすい。獣鳥肉・魚介類と野菜，果物類とはまな板に印を付けて区別する。
③ スポンジは乾燥が十分に行われず，食物残渣（ざんさ）もついたまま放置すると，スポンジによる食器，調理器具への逆汚染が生じる。スポンジ，まな板，タワシなどはよく流水で洗浄し，熱処理した後に十分天日乾燥させる。塩素剤消毒

表7－4　調理用具および手の細菌数

	一般生菌数/100cm^2	大腸菌群数
まな板	$1.0 \times 10^4 \sim 3.7 \times 10^7$	$0 \sim 6.5 \times 10^5$
包　丁	$3.0 \times 10^3 \sim 1.2 \times 10^7$	$0 \sim 1.4 \times 10^3 <$
しゃもじ	$5.3 \times 10^3 \sim 7.8 \times 10^7$	$3.6 \times 10 \sim 1.1 \times 10^5$
水切りバット	$1.8 \times 10^5 \sim 9.7 \times 10^6$	$4.3 \times 10^3 \sim 2.4 \times 10^4$
竹ざる	$3.1 \times 10^2 \sim 2.0 \times 10^5$	$2.4 \times 10^2 \sim 1.4 \times 10^4 <$
ふきん	$1.1 \times 10^3 \sim 9.5 \times 10^3$	$2.4 \times 10^2 \sim 2.2 \times 10^7$
スポンジ	$9.3 \times 10^3 \sim 7.7 \times 10^9$	$0 \sim 2.4 \times 10^9$
手指（片手）	$3.2 \times 10^2 \sim 9.2 \times 10^5$	$3.6 \times 10 \sim 1.7 \times 10^4$

資料）宮沢文雄　他『調理と衛生』三共出版，1997

（次亜塩素酸ナトリウム）および逆性石鹸による消毒，殺菌灯を使用して紫外線照射するなどの方法もとるとよい。

2）ふきん，タオルなどの衛生管理

ふきん類の洗浄，殺菌を図7－3に示した。

① 40℃程度の微温水で3回洗う。

② 飲用に適した水でよく洗剤を洗い流す。

③ 洗った後は，10分〜15分程ボイルして乾燥させ，複数のふきんやタオルを交互に使用する。

【管理栄養士国家試験予想問題】

問題1．次の問題は食品の保存管理に影響する条件に関する問題である。誤っているものの組合わせはどれか？

a．腐敗は肉や魚などのたんぱく質が酵素によって嫌気的に分解する過程をいう。
b．太陽光線は乾物の製造過程には必要である。
c．微生物の増殖に必要な3要因は，栄養素，水分および温度である。
d．野菜や果物などは保存中の換気は湿度のコントロールを妨害するのでよくない。
e．乾燥椎茸，乾麺などの水分含有量は15％以下であり，この条件下では，微生物が成育できない。

（1）aとb　　（2）bとc　　（3）cとe　　（4）eとd
（5）aとd　　（6）bとd

問題2．次の問題は調理と生活環境に関する問題である。誤っているものの組合わせはどれか？

a．調理室は高温多湿となり易く，能率，安全，健康に留意する。
b．細菌増殖の好条件は，気温10℃以上，38℃以下，湿度75％以上である。
c．一般の食中毒菌や伝染病菌などは5℃以下では増殖できない。また，凍結は細菌を死滅させるのではない。
d．冷蔵庫の庫内は70％以上詰め込まないように整理点検を行う。
e．ふきんの安全性は使用後，微温水でよく洗浄し，天日乾燥させることである。
f．トレサビリテイーの導入により，食品の安全性について，問題が生じた場合の原因究明を迅速に行うことができる。

（1）aとb　　（2）bとc　　（3）cとe　　（4）eとd
（5）bとd　　（6）bとe　　（7）eとf

第8章

調理と栄養

＜学習のポイント＞

1. 食材を料理に仕上げるために種々の操作があるが，これはおいしくするためだけでなく，栄養的な観点からも理にかなっていることを認識する。
2. 食品学で学んだ各食品成分が調理過程でどのように変化しているのか，また栄養学，生化学で学んだ酵素，ビタミン，無機質などと調理とのかかわりを正確に捉えられる。
3. 食品中に高分子成分として存在する炭水化物やたんぱく質などは，体の中に入って消化の産物として単糖類や，アミノ酸のような低分子成分となって吸収され，また食品そのものにも存在する低分子成分は，さらに，消化，吸収も良いこととこれらの低分子成分は，甘味や旨味などの呈味性成分でもあることを理解する。
4. 調理過程で，熱，pHの変化や食品自体に含まれる酵素などによって高分子成分は低分子化される。おいしい料理とは食品の持つおいしさを最大限に生かしたものであり，それは栄養効果も著しく高いことを理解する。
5. 第8章の内容は第6章と関連するので，合わせて考えると理解度が一層高まる。

第8章 調理と栄養

1. 調理による栄養効果

　人間は食べ物を摂取して，その中に含まれる栄養素を体内に取り入れている。体内で消化吸収後代謝され，成長・生育のエネルギーに変換されたり，生体諸器官の機能を発揮させることにより，生存の目的を果たしている。

　しかし多くの食品はそのままで食べられることは少ない。何らかの操作を経て，有害物質を無毒化して（衛生的な）安全な食べ物にしたり，栄養素の消化・吸収性や，食品の持つ生体調節因子の利用性を高め，嗜好をも満足させる精神的な充足感をもたらす好ましい食べ物として，食されることが多い。このための操作が調理である。調理とはいわば栄養素の宝庫である食品を食べ物につくり変える手段である。

　同時に調理操作によっては逆に栄養成分を失う場合もあるが，調理法によって再び回収する方法を考え出したり，食品を組み合わせた献立を作成することにより栄養素のバランスに考慮してきた。

　これまでに確立されてきた多様な調理操作は，食品の持つさまざまな栄養成分を巧みに引き出して，健康な生活を支える根元としての食べ物を作っているといえよう。

2. 植物性食品の調理による栄養効果

（1）米の調理による栄養効果　－炊飯について－

　米はそのままでは消化が悪いため，栄養素の有効利用ができず，結果的に栄養不良をきたす。炊飯することによって旨みを伴う糖質源となり体内での重要なエネルギー源となるのである。炊飯を栄養的な面からみるとそのメカニズムは以下のように考えられている。

1）米の成分

　米の主成分は第6章でも述べたが，でんぷんで，グルコースが直鎖状に連なる

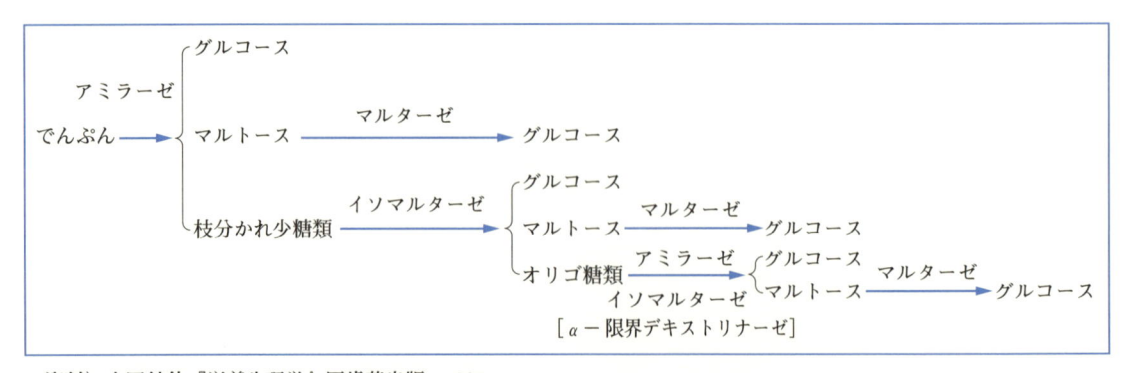

資料）吉田勉他『栄養生理学』医歯薬出版，1985

図8-1　体内でのでんぷんの消化過程

2．植物性食品の調理による栄養効果

アミロースと分岐状のアミロペクチンから構成され粒を形成している。うるち米はアミロースを20％前後含み，もち米はアミロペクチンだけが含まれる。

米のでんぷん分子は，生の状態ではそれらが互いに水素結合によって規則正しく配列している非常に緻密なミセル構造（結晶部）と，不規則で比較的粗い部分とが入り混じりながら全体として緻密な構造をしている。この状態を生（β）でんぷんとよび，水にも溶けず，消化酵素の作用も受けることができないため，そのままでは体内で吸収されない。

2）でんぷんの糊化（142頁「①でんぷんの糊化」参照）

炊飯によって米でんぷんは糊化され，体内の消化酵素の作用を受けることにより吸収されて，エネルギー源となる。

米粒の緻密な構造の内部まで水を浸透させるために浸漬操作が不可欠であり，さらに水を加えて加熱することで，ミセル構造がゆるんで水分子が入りこみ，ついにはミセル構造が消失する。この状態を糊化（α-）でんぷんと呼び，体内でのでんぷん消化酵素主として唾液や膵液のα-アミラーゼやイソマルターゼによって分解され，小腸のマルターゼによって最終的にグルコースなどの単糖類となって小腸から吸収されてエネルギー源となる。炊飯は米の栄養素を充分に生かすための重要な操作である（図8-1）。

さらに炊飯によって飯はうま味が増加する。米には耐熱性と非耐熱性の二種のβ-アミラーゼも含まれており，炊飯時に作用して食味とくに甘味の増加に関与していることも明らかになっている（図8-1，2）。[1]

3）かゆ　―かゆの栄養効果―

かゆにした場合は，胃に対する負担の減少と相まって酵素が作用しやすく体内での消化時間が短く一層消化性が高まる。飯の場合よりも濃度が薄いため，酵素

> **ミセル**
> でんぷん分子の一部が水素結合などにより規則的に配列された微結晶構造部で，マイヤー説ではミセル，貝沼説では結晶部とよんでいる。

> **かゆの炊き方**
> かゆは，米の要領の5～20倍の水を加え，時間をかけて柔らかく，加熱したものである。調理法は一般に，米に適量の水を加え，3分から2時間浸漬した後加熱し，沸騰したら吹きこぼれない程度に火を弱めて1時間ほど煮る。途中でかき混ぜたり，蓋を取ったりせずにおだやかな沸騰状態を持続させる。かゆには土鍋やほうろう鍋などの厚手の鍋が適している。なお，茶かゆは緑茶のほうじ茶（番茶）の煎汁を入れて煮たもので，茶のタンニンはでんぷんの膨潤を抑制する働きがある。

ミセル
（太い部分）

＋水
＋熱（98℃，20分→炊飯）

生でんぷん粒の一層のミセル構造（マイヤー）
水や酵素が入り込みにくい

生（β-）でんぷん

でんぷん粒が膨張した状態（マイヤー）
酵素の作用を受けやすい

糊化（α-）でんぷん

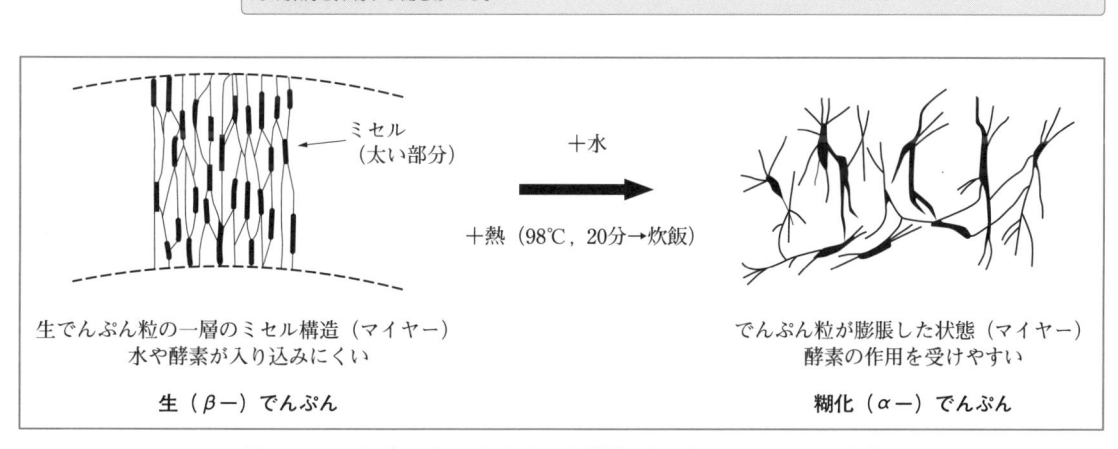

図8-2　生（β-）でんぷんから糊化（α-）でんぷんへの変化

α-アミラーゼ
アミロース，アミロペクチン，グリコーゲンなどの分子の中間からα-1,4結合を切り，α-マルトースを主に遊離する。α-1,6結合はイソマルトーゼ（枝切り酵素）が切断する。液化型ともよばれるendo型酵素。動物，植物，微生物に存在する。

β-アミラーゼ
非還元末端からα-1,4結合を切り，加水分解の結果，還元末端は反転してβ-マルトース遊離する。糖化型ともよばれるendo型酵素。植物，微生物に存在し，動物には存在しない。

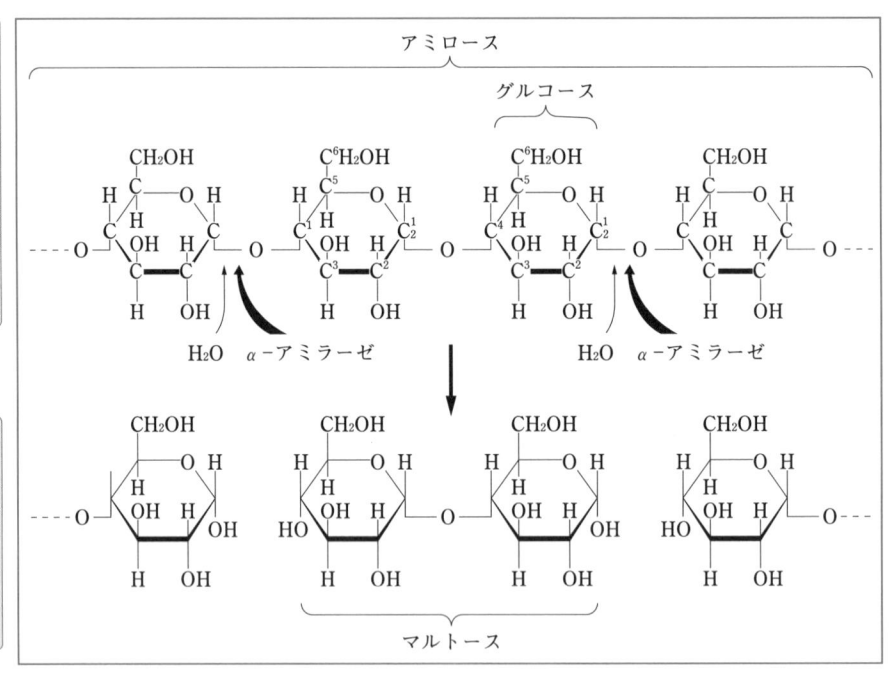

図8-3　α-アミラーゼの作用

表8-1　おかゆの種類

種　類	米と水の割合（容量）	
	米	水
全がゆ　（5倍がゆ）	1	5
七分がゆ（7倍がゆ）	1	7
五分がゆ（10倍がゆ）	1	10
三分がゆ（20倍がゆ）	1	20

と基質との衝突頻度が高まり反応性が高まると考えられている（表8-1）。

（2）小麦粉の調理と栄養的効果　ールーやソースについてー

　小麦粉をバターのような油脂類と炒めると，温度の上昇と共に120℃くらいから粘度も低下してさらりとした性状のいわゆる「ルー」ができる（色が付きだすのは140℃くらいから）。小麦粉の主成分であるでんぷんは160℃以上に熱すると，低分子化したいわゆるデキストリ

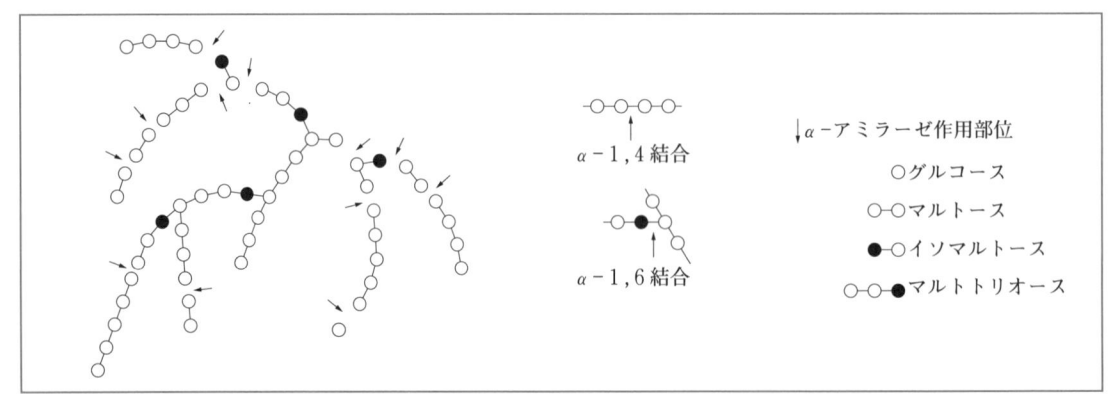

資料）林　淳三　他編『原色栄養学図鑑』建帛社，1983

図8-4　α-アミラーゼによるアミロペクチンの分解

2. 植物性食品の調理による栄養効果

デキストリン
でんぷんを熱、酸、あるいは酵素による加水分解で低分子化したものの総称。グルコース重合度は3〜12個程度。
でんぷんを水のない状態で120〜220℃間で加熱すると分子が切断され、デキストリン（dextrin）を生じる現象をデキストリン化という。
ホワイトルーは約120℃、ブラウンルーは150℃以上で炒めてデキストリン化したものである。[2]

ンが生じることが知られている。「ルー」は汁を加え加熱すると糊化され、汁に適度なとろみ（濃度）をつけて各種ソースに使われるが、でんぷんが低分子化した状態で糊化しているため、一層消化・吸収性の良い状態といえる。また、小麦粉中にはアミラーゼやプロテアーゼなどの各種加水分解酵素が含まれており、バターに含まれる水分と熱により温度上昇期に酵素の作用も考えられ、でんぷんやたんぱく質が分解され生じた低分子性の糖類やアミノ酸による味と栄養効果の両面からの向上が考えられる。

（3）いも類の加熱と栄養効果

いも類の加熱では、でんぷんの糊化によって消化性が向上する。さらにさつまいもでは、酵素が含まれるため加熱中に甘みが増したり、加熱後のビタミンC残存率が高いことが認められており、これらは嗜好性、栄養の面からも望ましいことである。

1）さつまいもの加熱方法による甘味度の比較

さつまいもには、少なくとも2種の耐熱性のβ-アミラーゼが含まれており、この酵素の作用により加熱中にマルトース（麦芽糖）が生成されるので、甘味度が増す。図8-5に示したように、この酵素は至適温度40〜50℃と75℃の2種のアミラーゼがあり、熱に対する安定性も50℃および70℃と高い。

また、オーブンや蒸し器で加熱したサツマイモは電子レンジに比べ甘味が強いことが知られている。これは図8-6に示すように電子レンジによる加熱中の内部温度の上昇速度は極めて速い。これに対してオーブンや蒸し器の上昇速度は緩慢である。このため電子レンジでは、β-アミラーゼが短時間しか作用しないが、オーブンや蒸し器では作用時間が長いためマルトースの生成量が多くなって甘味が増したものと考えられる。したがってでんぷんの最終消化産物は同じであっても加熱中に低分子化が進むことで、甘味を増すだけでなく消化性も良くなり栄養効果が高まることが考えられる。

2）さつまいも中のビタミンCの加熱による栄養効果

いも類にはビタミンCが多く含まれているが、加熱方法によりビタミンC含量

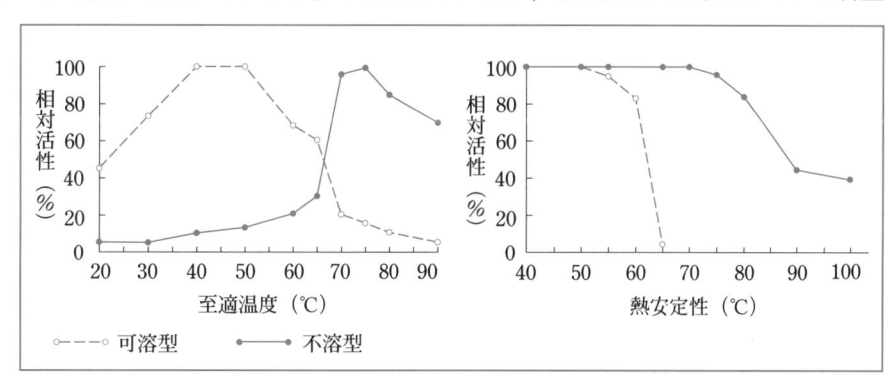

いもの加熱
アミラーゼやプロテアーゼのような加水分解酵素は水の存在が不可欠だが、いも類は水分を60％以上含むため、そのまま加熱しても酵素が作用する。

資料）小倉他『日本食品科学工学会誌』48、（3）、p.218、2001

図8-5　さつまいもβ-アミラーゼの性質

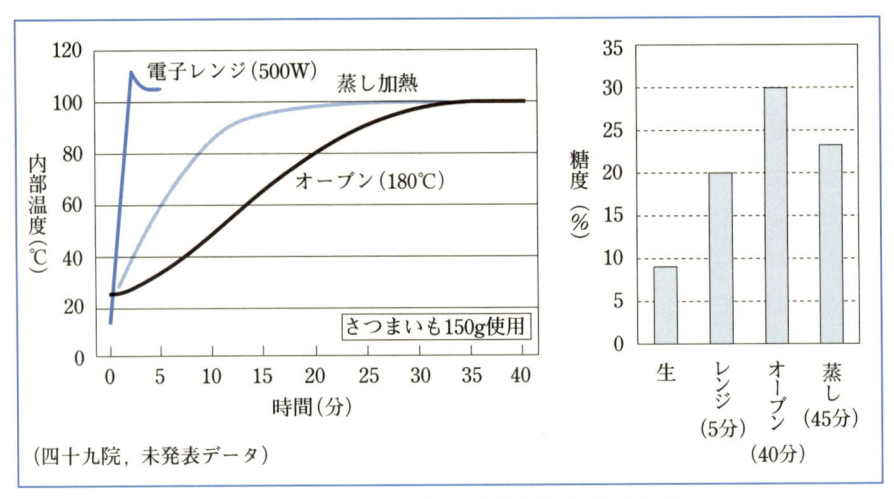

図8－6　さつまいもの内部温度と糖度の比較

表8－2　さつまいも中のビタミンC残存率

いも50gの加熱時間		残存率（％）	備考（減少の理由）
電子レンジ	90秒	ほぼ100	
蒸し	20分, 40分	ほぼ100	
オーブン	170℃, 40分	約50	還元型→酸化型→熱分解
オーブン	140℃, 100分	約20	アスコルビナーゼの作用

資料）久保田・桐淵『家政誌』29, (3) p.144-147, 1987

が変化することが知られている（ほうれん草などの葉菜類に比べ，加熱による損失も少ないことが認められている）。また加熱方法により差がみられる。電子レンジや蒸し加熱では損失がほとんどないが，オーブンでは損失がみられ，とくに低温で長時間の加熱では減少が顕著である（表8－2）。その理由として図8－6に示したように電子レンジや蒸し加熱はオーブンよりも温度上昇が速いので，ビタミンC酸化酵素（アスコルビナーゼ）の作用が抑制されてビタミンCの損失が少ないものと考えられる。オーブンでも高温，短時間加熱の場合は比較的損失が少ない。

また，レンジ加熱の場合は，褐変酵素（ポリフェノールオキシダーゼ）の活性も抑制されるので，色がきれいに仕上がるなどの利点がみられる。イチゴジャムなどでも同様の効果が考えられる。

（4）豆類の調理と栄養効果

豆類は豊富なたんぱく質の給源である。特に大豆では30％以上含まれており，他の豆類でも約20％含まれている。その他各栄養素や生理機能を有する成分も多く，いわば栄養素の宝庫ともいえる。しかし，豆類は生で食べることはまずない。その理由は，大きく分けて2つあり，1つは含まれているグロブリンのような貯蔵たんぱく質以外に比較的多くのたんぱく性プロテアーゼインヒビター（たんぱく質分解酵素阻害剤）が含まれていて体内でのたんぱく質の消化を妨げているからである。2つ目はでんぷん性の豆では，β構造をした生でんぷんの緻密な構造のため消化性は極めて悪いからである。近年ではインゲン豆の類にでんぷんの消化を妨げるたんぱく性のα－アミラーゼインヒビターが含まれていることも明らかになっている。

酵素の特性
① 体内での反応を触媒するたんぱく質で，個々の反応に対応した多数の酵素がある。
（基質特異性：基質＝反応を受ける物質）
② 酵素によって最適な作用温度（至適温度）やpH（至適pH）がある。
③ 一般に熱や酸・アルカリ，高圧，撹拌などの表面変性などにより失活する。

プロテアーゼインヒビター
プロテアーゼインヒビターは加熱すると失活する。厳密には豆の状態で加熱すると失活するが，ホモジナイズした上澄液には活性が残っているので，豆乳にした場合は薄めて充分に加熱するとよい。飲用されている豆乳はこのタイプで理にかなっている。

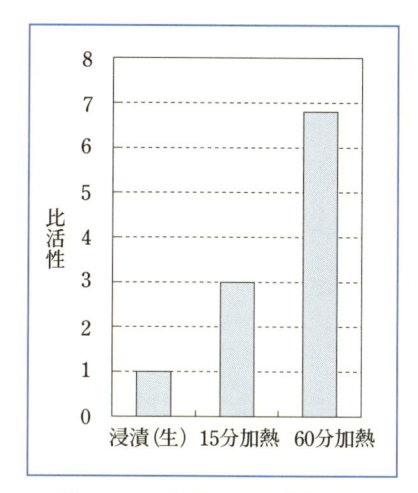

図8－7　加熱による大豆ACE阻害活性の変化

従来から人類は豆類を十分浸漬させて（夜寝る前に水に浸しておいて，翌日加熱し始める）加熱調理してから食していたが，この水を加えて加熱するという操作によってインヒビター類や有害物質を失活させ，β－でんぷんをα化させ体内での消化性を高め，豊富なたんぱく質や炭水化物の栄養素を有効に利用していたのである。

1）豆類の加熱とたんぱく質の低分子化による消化性の向上

加熱によりたんぱく質は豆類に含まれるプロテアーゼにより低分子化し，吸収性が高まる。

2）調理による食品中の生体調節機能物質（機能性）の変化

増加する例として，豆類のアンジオテンシン変換酵素（ACE）阻害活性がある。

豆類，とくに大豆にはいわゆる分離大豆たんぱく質のペプシン分解液から得られたペプチドに，血圧上昇に関与するアンジオテンシン変換酵素を阻害して血圧の上昇を抑制する効果が認められている。ゆで加熱を行った丸大豆でも生の場合よりも高い阻害活性が認められている（図8－7）。このことから加熱調理は消化性の向上とともに，生体調節機能の面からも有用であることが分かる。また，他の豆類（黒・白大豆，えんどう，きんとき，いんげん，あずき）でもこの効果は認められている。

（5）野菜類の調理と栄養効果

1）無機質（ミネラル）やビタミンの調理による変化

野菜に含まれる無機質はカリウム，リン，カルシウム，鉄などが多い。野菜中のカルシウムは水溶性のものが吸収がよいが，カルシウム含量が多い野菜の中で水溶性の比率が高いものは，小松菜（79～75％，クレソン（70％），大根葉（69％），春菊（63％），白菜（59％），京菜（56％），サラダ菜（48％），菜の花（40％），ネギ（42％）などがある[3]。無機質は洗浄，浸漬，加熱などで水に溶出する。野菜にはアク成分を含むものもある。えぐみ，しぶみをもたらすアクは，マグネシウムやカリウムなどの無機質のほか，シュウ酸などの有機酸，アルカロイド，タンニンやポリフェノール類などである。かつて，アクの強い山菜などは灰汁でゆでたが，今は重曹を用いてアルカリ性の中でゆでるとアクが抜ける。また小麦粉やぬかを入れてアクを抜く場合もあるが，いずれも長くゆですぎたりすると，アク成分以外の無機質も溶出してしまうので適度が良い。また適度であればアク成分そのものが味に関与していることもある。アク成分であるシュウ酸はカルシウムと結合してカルシウムの利用率を悪くすることが知られており，ほうれん草，ふだん草，つるな，タケノコ，などに含まれている。

野菜をゆでると無機質が溶出するが，その中でカリウムの溶出率が高く，カリフラワー，春菊，せり，大根（葉），ブロッコリー，三つ葉，芽キャベツ，もやしなどでは30～70％溶出する。リンがグリンピース，カリフラワー，ブロッコ

表8－3　ビタミンの安定性

1．脂溶性ビタミン

	熱	光	空気	酸
ビタミンA	○	×	×	×
カロテン	○	×	×	×
ビタミンD	○	×	×	×
ビタミンE	○	×	×	○
ビタミンK	○	×	×	○

○：安定
×：不安定

2．水溶性ビタミン

	熱	光	空気	アルカリ	酸
ビタミンB_1	×	×	×	×	○
ビタミンB_2	○	×	×	×	○
ビタミンB_6	○	×	×	×	○
ナイアシン	○	○	○	×	
ビタミンB_{12}	○	×	×		
葉酸	×	×	×		
パントテン酸	×	○	○		
ビオチン	×	○	○		
ビタミンC	×	×	×	×	○

リーなど，鉄はふだん草，ほうれん草で損失が大きい[4]。

また海藻は海水中に溶存しているミネラルを生体に必要なだけ吸収し利用しているため，ヨード，ナトリウム，カリウム，カルシウムなどの含量が多い。海藻を20分間水に浸漬した場合，昆布では90％，わかめやひじきでは約30％のヨードが溶出する[4]。昆布だしや海藻類の汁物などは浸漬水を利用するので有効に利用されるが，煮物などその他の調理では浸漬水を捨てない配慮も必要である。

ビタミンは体内での物質代謝に関与する各種酵素の補酵素や生体成分の合成などの調節因子として無機質とともに重要な役割を担っている。脂溶性ビタミンは熱に安定なので高温の油を用いる揚げ物などとの適合性が良く栄養効果の点で有効である。水溶性ビタミンは湿熱加熱により溶出されるので，煮汁を利用する調理法が栄養的に望ましい。あんかけにしたり，煮汁が残らないように材料に含ませたりからませたりする調理法は合理的である。ビタミンの安定性を表8－3に示す。

2）ビタミンCの調理による変化

ビタミンC（アスコルビン酸）は水溶性で，酸性溶液中では安定で中性や希アルカリ水溶液では不安定で空気中の酸素により還元型から酸化型へと可逆的に変化する（図8－8）。しかし，C効力はほぼ同等でジケトグロン酸にまで酸化す

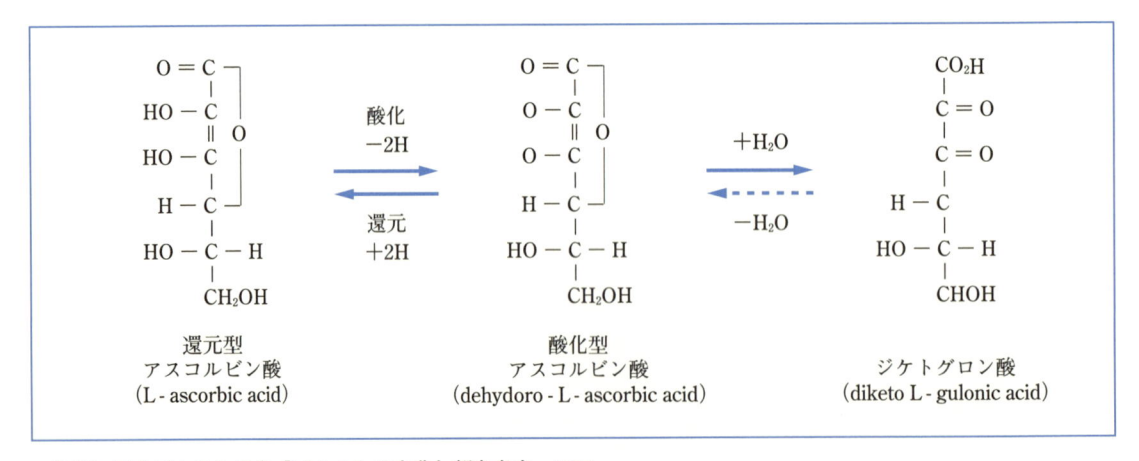

還元型
アスコルビン酸
(L-ascorbic acid)

酸化型
アスコルビン酸
(dehydoro-L-ascorbic acid)

ジケトグロン酸
(diketo L-gulonic acid)

資料）日本ビタミン学会『ビタミンの事典』朝倉書店，1996

図8－8　アスコルビン酸の変化

> 炒め物は高温で短時間で温度が低いと水分が出て水溶性ビタミンが溶出して失われる。

ると効力は失われる。一般に調理中では煮汁やゆで汁に溶出したり，空気中の酸素や食品中のアスコルビン酸酸化酵素（アスコルビナーゼ）によって容易に酸化されやく，単独ですりおろし（磨砕）したりジュースにした場合や，アスコルビナーゼを含む人参と共にすりおろした（紅葉おろし）場合の損失が大きいと考えられている。しかし，桐淵らは「調理時のアスコルビン酸の変化に関する研究」[5]で，野菜や果実の生ジュース，大根と人参のもみじおろしなどのビタミンC効力の損失は少ないことを明らかにしている。その中で，アスコルビナーゼ存在下でも生および30分程度の短時間の加熱調理ではジケトグロン酸まで変化することは少なく，ビタミンCの損失は無視でき得ると述べている。

しかし，煮汁やゆで汁を捨てるような場合は，C効力のあるものを逃がしていることになるので，調理法には工夫が必要である。

3）ビタミンCの生理効果

図8－7のように還元型（L-アスコルビン酸）と酸化型（デヒドロアスコルビン酸）は生体内で速やかに可逆的変化が起こることから，ビタミンC効力は同等と見なされている。しかし，さらに酸化されジケトグロン酸に変化するとC効力は失われる。

3．動物性食品の調理による栄養効果

（1）肉類の調理と栄養効果

1）煮込み，シチュー

すじ肉などともよばれるようにすね肉にはコラーゲン，エラスチンなどの結合組織（肉基質）たんぱく質が多く，加熱により収縮するために非常に硬くかみ切りにくいがシチューのように長時間加熱することにより，ほぐれるような柔らかさになり，筋の部分もねっとりとした柔らかさになる。これは，主にコラーゲンが水中での加熱（80〜90℃以上）により，分子がほぐれて低分子化された可溶性のゼラチンに変化するためである。コラーゲンは消化酵素の作用を受けないが，ゼラチンは酵素作用を受ける形に変化している。コラーゲンのアミノ酸組成はトリプトファン，メチオニンやシスチンなどの含硫アミノ酸が少ないが肉と共に食するので消化の良い良質のたんぱく質源となる。

また，筋肉組織（筋原繊維たんぱく質）に含まれるカテプシンなどのプロテアーゼによりアミノ酸やペプチドのような低分子物質が遊離されて，相互作用によるうま味の向上にも役立っている。

また，東坡肉（トウボウロウ）のように豚バラ肉を長時間蒸し加熱する調理でも同様にゼラチン化し，脂肪も溶融してなめらかになり食味も向上する。

2）ブイヨン（bouillon, soup stock）

肉，骨，野菜，香辛料などを煮込むことで，たんぱく質，ペプチド，アミノ酸，野菜からは無機質，ビタミンなどが抽出されて，うま味成分が相乗効果的に作用して，料理の味の決め手ともなる。同時に低分子成分となっている栄養素のため

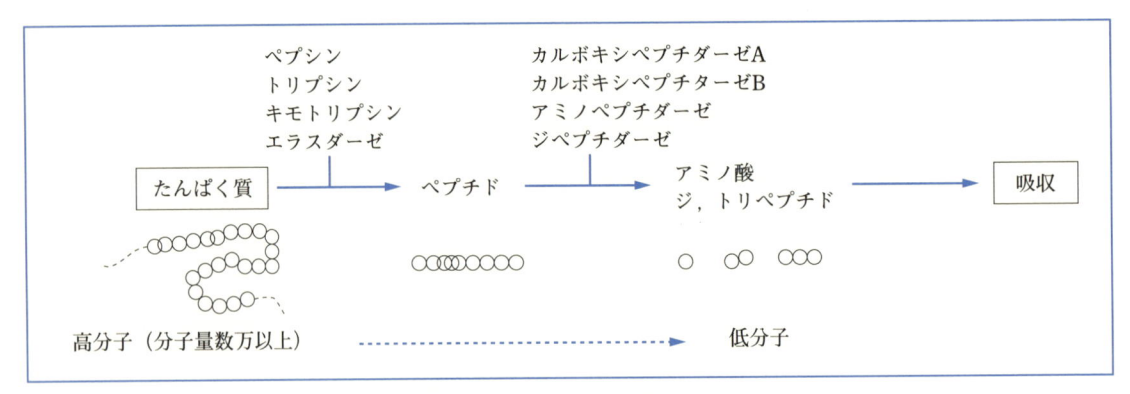

```
                  ペプシン              カルボキシペプチダーゼA
                  トリプシン            カルボキシペプチダーゼB
                  キモトリプシン        アミノペプチダーゼ
                  エラスターゼ          ジペプチダーゼ

    ┌────────┐         ↓              ↓                 ↓            ┌────┐
    │たんぱく質│ ──→ ペプチド ──→   アミノ酸        ──→ │吸収│
    └────────┘                       ジ,トリペプチド        └────┘

     ○○○○○○         ○○○○        ○  ○○  ○○○
     高分子(分子量数万以上)  ─────────→   低分子
```

図8-9　たんぱく質の消化

に栄養的にも吸収効率が非常によくなる。(図8-9)。

(2) 魚の調理と栄養効果

1) 煮こごり

腱や皮,軟骨などに含まれるコラーゲンは難溶性のたんぱく質であるが,加熱を続けると煮汁やそれ自体の水分でゼラチンに変化し,容易に消化されやすくなる。ヒラメやカレイなどの煮魚の煮汁が冷めるとゼリー状になる「煮こごり」は,ゼラチンのゲル化によるもので,消化の良いたんぱく質源である(図8-10)。

2) マリネ

魚に塩をしてから食酢に漬けると表面は硬く締まって歯切れの良い食感になり,うま味もでる。この酢じめの操作では魚肉はpH 4付近になり筋肉中に存在する酸性プロテアーゼのカテプシンが作用するため,たんぱく質は分解されてアミノ酸やペプチドとなり柔らかくなって消化も良くなり,うま味も出る。

また,かたい肉もワインや酢,香味野菜とともに長時間漬け込んでから加熱すると肉は軟らかくなる。この場合もカテプシンの作用条件と同調して低分子化され肉質の軟化や味の向上とともに,栄養効果をもたらしている。

3) だし汁

鰹節や昆布からとる混合だし汁もグルタミン酸のようなアミノ酸やイノシン酸のような核酸関連物質がだし汁中に溶出して吸収の良い形となっており,料理の味付けに欠かせないうま味成分とあいまって栄養的にも良質のものである。

4) 魚の脂質

> **新鮮な魚介類,卵の生食**
> プロテアーゼの作用を受けて消化性がある。

> **肉や魚のペプチド**
> 血圧や血中コレステロールの上昇を抑制するアンジオテンシン変換酵素阻害物質が見いだされており,調理操作中に低分子化したペプチドにもこの機能性が期待される。

> **ゼラチン化**
> 動物の皮や結締組織のコラーゲンはゼラチン化して溶解性をもつようになる。煮こごりができる。

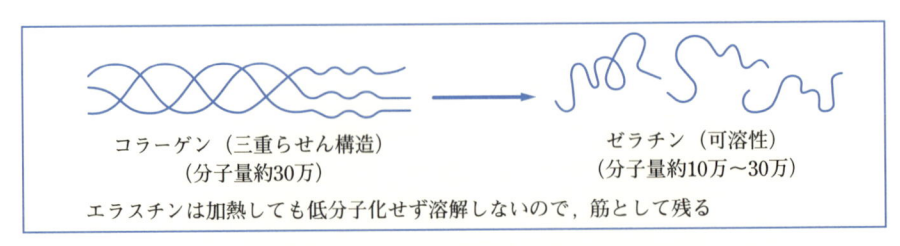

```
        コラーゲン(三重らせん構造)   →   ゼラチン(可溶性)
          (分子量約30万)                (分子量約10万～30万)
```
エラスチンは加熱しても低分子化せず溶解しないので,筋として残る

図8-10　コラーゲンのゼラチン化

3．動物性食品の調理による栄養効果

表8－4　魚の脂肪酸

	イコサペンタエン酸（EPA）	ドコサヘキサエン酸（DHA）
あじ	7.9	14.5
まいわし	13.0	10.7
かつお	6.2	24.8
さけ	7.8	13.0
さば	9.0	13.2
さんま	6.4	10.6
ぶり	7.2	14.3
まぐろ（脂身）	3.6	15.6
まぐろ（赤身）	6.4	14.3
くろだい	5.0	9.0
ひらめ	12.9	20.9
あゆ（天然）	4.9	3.3
あゆ（養殖）	2.8	6.9
和牛（肩）	－	－
豚肉（肩）	－	－
若鶏,もも（皮なし）	0.4	0.9
鶏卵	φ	1.8

資料）日本食品脂溶性成分表（4訂版）

EPA
エイコサペンタエン酸
（イコサペンタエン酸）：
C20：5
DHA
ドコサヘキサエン酸：
C22：6

魚の場合は，いわゆる背の青い魚には高度不飽和脂肪酸（EPA，DHAなど）が多く含まれており，心臓血管系疾患の予防や治療に有効な生理機能を有していることが認められている（表8－4）。高度不飽和脂肪酸の酸化されやすい性質を考えると，刺身やたたき，酢じめなどの生で食する調理法は魚の生理機能物質を有効に利用する調理法であるといえる。

5）魚の焦げ目と変異原性物質

たんぱく質を多く含む食品を加熱すると，成分間の相互作用により発がん性のある変異原物質が生成されることが知られている。アミノ酸の一種であるトリプトファンを焦がしてできるTrp-P-1，Trp-P-2，グルタミン酸のGlu-P-1，Glu-P-2，リジンのLys-P-1などが発見されている。生成量は焼き方によって異なり，焦げの部分に魚をグリルと強制対流式オーブンで焼いた場合，表面の焦げの部分にTrp-P-1，Trp-P-2が生成されるが，オーブンの方がその生成量が少ないことが認められている[6]。過度の焦げは，味や視覚的にも好ましくない。しかし，加熱調理に対する人類の有史以来の抵抗力を考えると，調理法として適度の焦げが望ましい。

（3）卵の調理と栄養効果

卵は栄養価に優れ調理性も豊富な食品である。

1）加　熱　卵

生でも，加熱しても体内で消化吸収されていくが，加熱による胃内滞留時間の差が認められている（表8－5）。

表8－5　卵の消化性（胃内滞留時間）

半熟卵	90分
生卵	150分
固茹で卵	195分
卵焼き	165分

資料）東京化学同人『調理学』，
　　　医歯薬出版『基礎栄養学第5版』

胃内滞留時間の短いものが必ずしも消化がよいとはいえないが，胃の負担が少なくなるため，胃や体力の弱った場合には良い。

2）アングレーズソース（カスタードソース）

菓子のソースとして用いられるアングレーズソースは，卵黄，牛乳，砂糖，卵黄を湯煎にかけながら卵黄の凝固温度以下で加熱すると，57℃くらいで凝固しかかった状態で粘度がつき牛乳，砂糖が一体となり，つながりのあるソース状態となる。卵黄の乳化性とともに卵黄の酵素（プロテアーゼ）の関与により，消化性の良い状態となっているものと考えられる。

【管理栄養士国家試験予想問題】

問題1．調理中に作用する酵素についての記述で誤っているものはどれか。

    a．さつまいもに含まれるβ-アミラーゼは耐熱性で加熱中に麦芽糖を生成して甘味を増す。
    b．マリネにした魚は酸性プロテアーゼの作用によりペプチドのような低分子性物質が生じて消化性を向上させるとともに旨味も増す。
    c．米の糊化でんぷんに作用して麦芽糖を生成するのはするのはα-アミラーゼである。
    d．豆類にはたんぱく質の消化を妨げるプロテアーゼインヒビターが存在しているが，加熱により失活する。
    e．アスコルビナーゼは電子レンジのような高温短時間の加熱では作用が抑制されるが，蒸し加熱のように長時間ではビタミンCが酸化される。

問題2．調理による栄養効果についての記述で誤っているのはどれか。

    a．炊飯は米の生でんぷんを糊化することにより体内での消化酵素の作用をうけ易くして消化性を高める効果がある。
    b．小麦粉をバターで炒めるルーは加熱中にでんぷんがデキストリン化することにより消化性が高まる。
    c．魚の酢じめはEPAやDHAのような高度不飽和脂肪酸の摂取法として有効である。
    d．煮込みのような長時間加熱はすじ肉のコラーゲンをエラスチン化して柔らかくし，栄養効果も高まる。
    e．豆類は加熱によってプロテアーゼや生体調節機能物質の効果が高まり消化性や生体調節機能の向上が期待される。

【参考文献】
1）丸山『家政誌』32巻，p.253，1981
2）下村他『新版　調理学』光生館，2003
3）岩井ら『家政誌』35巻，p.364，1984
4）菅原・國崎編著『Nブックス　食品学Ⅱ』建帛社，2003
5）桐淵壽子・川嶋かほる『家政誌』38巻，p.877，1987
6）『横浜国大環境科学研究センター紀要』18巻，p.33，1992

第9章

調理と環境

<学習のポイント>

1．私たちは地球で生活しており，水，大気，エネルギー，窒素などの資源は循環している。毎日の食事における一連の過程において，どのような方法を選択し実行しているか，地球温暖化，廃棄物，水質汚濁などの地球環境問題と深くかかわっていることを捉える。
2．地球温暖化の原因のひとつに，家庭で消費されるエネルギーの増加があり，日常生活において省エネルギーを実行する。
3．家庭の台所から出るごみは，生ごみと食品の包装ごみに分けられる。包装ごみの分別回収やリサイクルへのまわし方，また生ごみの減らし方など，工夫し，学ぶ。
4．河川の汚れに影響が大きい生活排水の汚染源となる洗剤，調味料，食べ物のカスなどの処理のし方を工夫し，学ぶ。
5．環境に大きな影響を及ぼすので，食事計画から供食・片づけにいたる調理過程のすべての段階における配慮の必要性を確認する。

第9章　調理と環境

1. 台所・調理場・厨房から地球環境を考える

　毎日の食事における食材の購入から，保存，洗浄，加熱，廃棄，食事，後片づけという一連の過程はすべて地球環境問題と関連がある。私たちは地球という閉ざされた環境下で生活しており，水，大気，エネルギー，窒素などの資源は形を変えながら循環している。つまり，私たちが日々の生活において，どのような方法を選択し実行しているかが，地球温暖化，廃棄物，水質汚濁といった地球環境に大きな影響を与えているのである。身近な水を例に考えてみると，水は調理に欠かすことのできないものであり，食材を洗浄したり，ゆで物・煮物・汁物などに使ったり，食後には食器の洗浄に使う。その際に節水を心がけることは水資源の節約ばかりでなく，水道の供給や下水処理にかかわるエネルギーの削減にもつながる。また，台所排水は河川や海に流れ，調味料や油，洗剤などは河川の汚濁源となっている。環境に配慮した調理を考えていかなければならない。

2. 地球温暖化と省エネルギー

　近年，産業の発展や森林の開発など人間活動の活発化に伴い，二酸化炭素，メタン，亜酸化窒素などの温室効果ガスの濃度が増大している。そのため，今まで宇宙に放出されていた赤外線が吸収され，地球規模での温暖化が進行している。

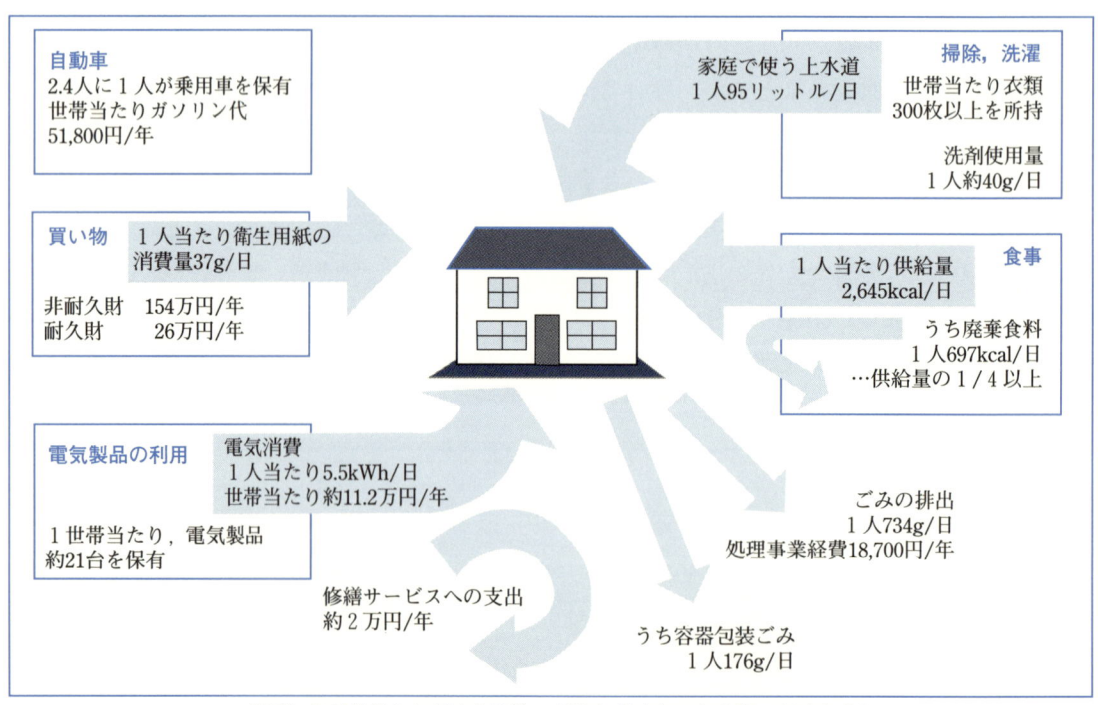

自動車
2.4人に1人が乗用車を保有
世帯当たりガソリン代
51,800円/年

買い物　1人当たり衛生用紙の消費量37g/日
非耐久財　154万円/年
耐久財　　26万円/年

電気製品の利用　電気消費
1人当たり5.5kWh/日
世帯当たり約11.2万円/年
1世帯当たり，電気製品約21台を保有

修繕サービスへの支出
約2万円/年

家庭で使う上水道
1人95リットル/日

掃除，洗濯
世帯当たり衣類
300枚以上を所持
洗剤使用量
1人約40g/日

食事　1人当たり供給量
2,645kcal/日
うち廃棄食料
1人697kcal/日
…供給量の1/4以上

ごみの排出
1人734g/日
処理事業経費18,700円/年
うち容器包装ごみ
1人176g/日

資料）各種統計より環境省試算，環境省『平成15年度版　環境白書』
図9－1　日常生活における環境負荷（平成12年度）

地球温暖化の進行により，海面上昇，異常気象，食糧危機，病原菌の繁殖など生態系や健康への悪影響が懸念されている。温暖化防止のためには国際協力が必要であり，1992（平成4）年には気候変動枠組条約が採択され，1997（平成9）年の温暖化防止京都会議においてCO_2の数値目標が定められた。日本では，ここ10年間で産業用エネルギーの増加率が約10％であるのに対し，家庭で消費されるエネルギーは25％も増加しており，日常生活において温室効果ガスの排出を減少させるように省エネルギーを実行することが求められている。

3．家庭から出るごみ

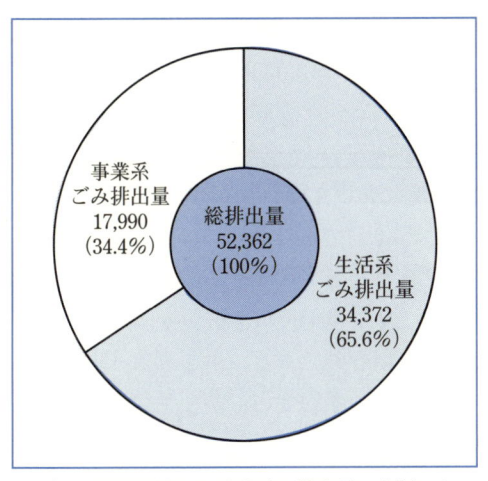

私たちは日々，多くの物やエネルギーを消費して生活し，この生活に伴って，不要なものを種々のごみとして廃棄している。2000（平成12）年度の一般廃棄物の総排出量は5,236万t（東京ドーム141杯分に相当）で，1人1日当たりでは1,132gで前年に比べわずかに増加している。その内訳をみると，生活系ごみが3,437万t，事業系ごみが1,799万tで，一般家庭から排出される生活系ごみが2/3を占めている。ごみ焼却施設から排出されるダイオキシンなどの有害物質が大きな社会問題となり，1995（平成7）年に容器包装リサイクル法，2000（平成12）年に循環型社会形成推進基本法が制定され，製品や廃棄物の回収・再資源化を義務づけ，大量生産・消費・廃棄型の経済や生活の構造を問い直し，持続可能な社会の実現を目指している。現在では再利用できるごみは市町村などにおいて分別回

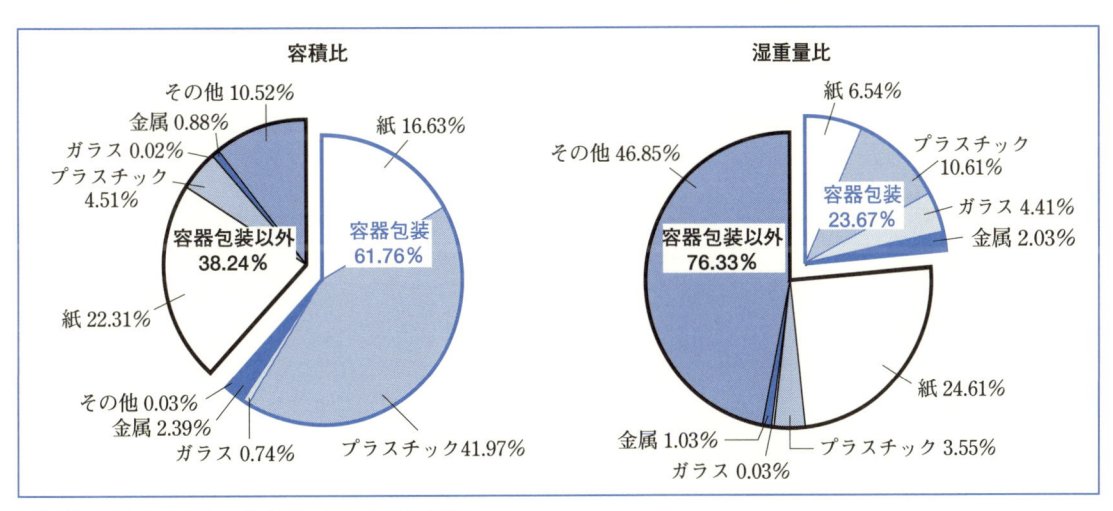

注）自家処理量は生活系ごみ排出量に分類した。
資料）環境省『平成15年度版　循環型社会白書』

図9-2　生活系ごみと事業系ごみの排出割合（平成12年度）

資料）環境省『平成15年度版　循環型社会白書』

図9-3　生活系ごみの内訳（平成12年度）

第9章 調理と環境

食品リサイクル法
食品の製造・販売事業者，レストランなどに食品残渣の発生を抑制することやリサイクルを義務づけするとともに，再生利用事業者などへの登録制度を設けて肥料化・飼料化などを促進する法律。

収されたり，住民団体などにより資源回収されたりしている。資源化される割合は年々増加して，2000（平成12）年度の総資源化量は786万 t，リサイクル率は14.3％となっており，再生利用の推進により環境問題は解決に向かって一歩前進した。このような容器類を回収して資源化した後にリサイクル商品を製造する方法はある程度の成果をあげており評価できる。しかし，最も環境に対して負荷の小さい方法は，牛乳びんやビールびんや一升びんなどのリターナブルびんを使用することであり，リターナブルびんの利用を高める必要がある。

家庭の台所から出るごみは，生ごみと食品の包装ごみに分けられる。ごみの容積では包装ごみが61％，とくにPETボトルや発泡スチロールトレイなどのプラスチックごみが40％を占める。一方，重量では生ごみの占める割合が高い。容器のごみを減らすよう努力するとともに，生ごみの減量が求められている。日本人1人当たりの食料供給量は約2,600kcal，摂取量は約2,000kcalであり，この差約600kcalは摂取されずに捨てられていることになる。2000（平成12）年度の食品ロス調査によると，食品の食べ残しおよび廃棄による食品ロス率は，家庭で7.7％，外食産業で5.1％となっており，家庭においてのロスが高い。

食品ロス率
食品の食べ残しや廃棄により捨てられている割合。国内消費仕向量のうち純食料供給量（可食食料）に対する食品ロスの重量ベースでの割合。外食産業については，結婚披露宴や宴会でのロス率が高い。

フードマイレージ
食料の生産地から食卓までの距離に注目して（輸入相手国別の食料輸入量）×（輸送距離）で求められる数値。なるべく近くで取れた食料を食べた方が，輸送に伴う環境負荷が小さいという考え方に基づく。

日本の食料自給率はエネルギーベースで約40％であり，残りは海外から輸入している。さらに，輸送距離と輸入量を掛け合わせたフードマイレージの試算によると国民1人当たり約4,000 $t \cdot km$ であり，これは韓国の1.2倍，米国の8倍である。輸送のためのエネルギーをさらに使っているのである。生ごみは「燃えるごみ」として収集し，ほかの燃えるごみと一緒に燃やしているが，生ごみは水分が多く燃えにくいため，燃料を多く消費し，CO_2を排出し，環境に負荷を与えていることが問題となっている。家庭で生ごみを利用する方法としてコンポストなどによる「堆肥化」も提案されているが，いずれにしても食べ物を無駄に捨てることのないようにして，生ごみを減らすことが重要課題である。

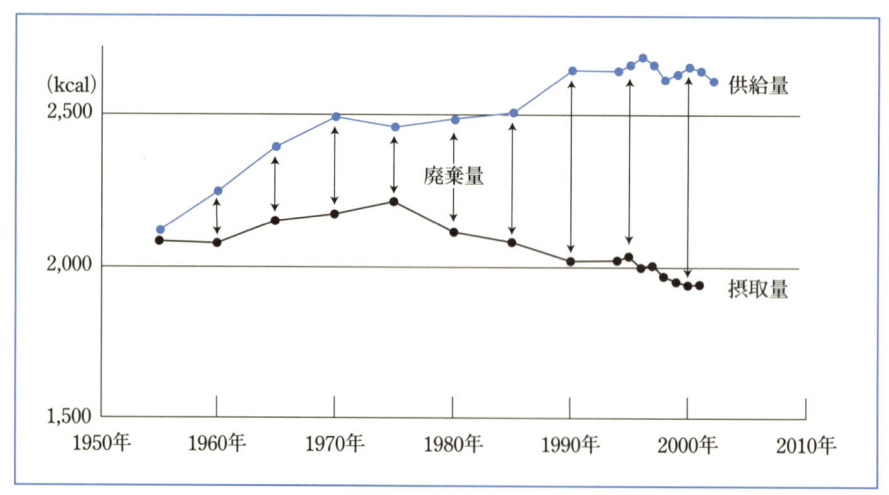

資料）国民栄養調査，食料需給表

図9-4　食料エネルギー供給量と摂取量のギャップの推移

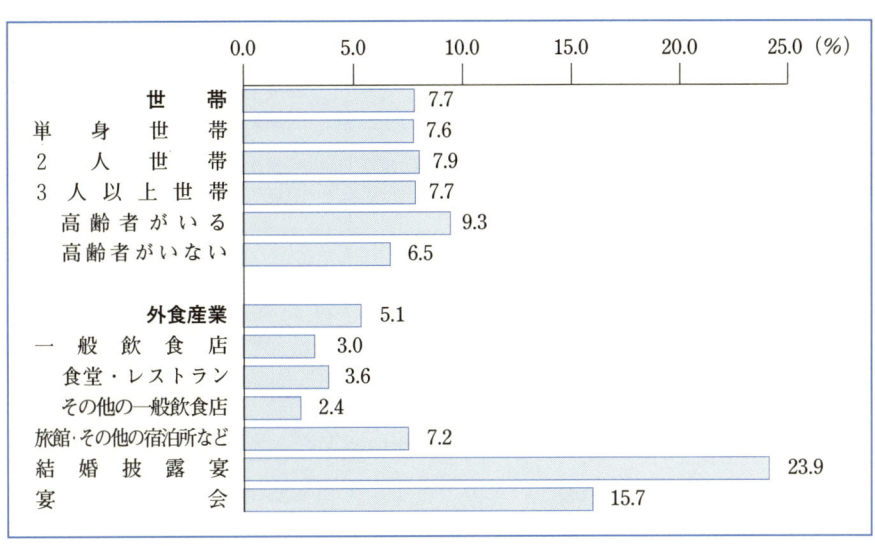

資料）農林水産省『平成12年度版　食品ロス統計』

図9－5　消費段階における食品ロス

4．河川の汚れと生活排水

BOD
生物化学的酸素要求量（Biochemical Oxygen Demand）。水の汚れ度合いをあらわす指標で，水中の汚濁を微生物により解消する時に消費される酸素量で，この数値が大きい方ほど水が汚れている。魚が棲める水のBODは 5 mg/l 以下である。

生活排水は「トイレの排水」と台所・洗濯・風呂などの「雑排水」とに分けられる。平均するとBOD（生物化学的酸素要求量）では 1 人 1 日当たりの生活排水の全発生負荷量43gのうち，生活雑排水は30gとなっており，雑排水が生活排水の汚濁原因の70％近くを占めている。中でも台所からの負荷が大きいが，これ

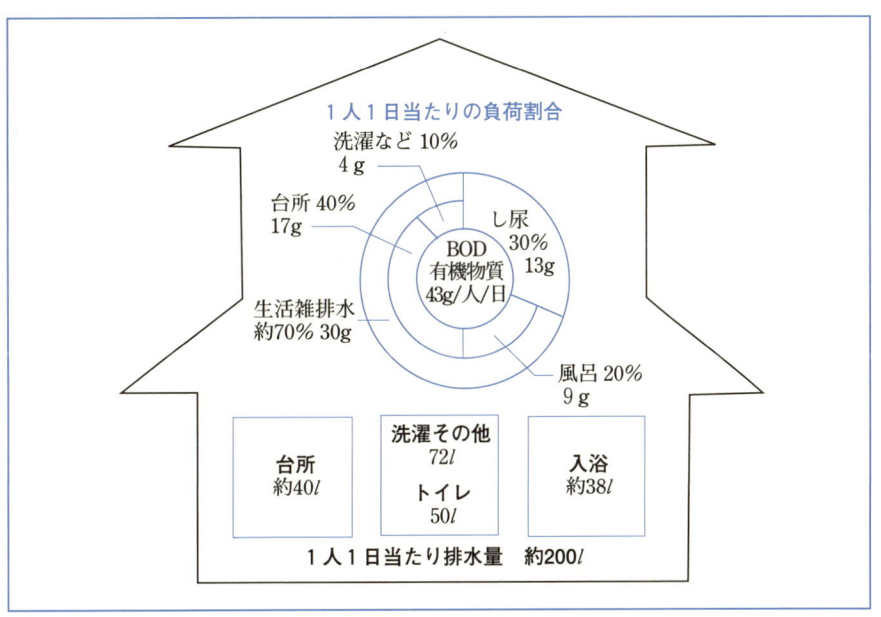

資料）環境省『平成14年度版　環境白書』

図9－6　生活排水と生物化学的酸素要求量（BOD）の割合

表9－1　台所排水の汚濁負荷量

	廃棄量 (ml)	BOD (mg/l)	魚が棲める水質にするのに必要な水量*浴槽(杯,1杯＝200l)
使用済み天ぷら油	500	1,000,000	330.0
米のとぎ汁	2,000	3,000	4.0
しょうゆ	15	150,000	1.5
牛乳	200	78,000	9.0
みそ汁	200	35,000	4.5
ラーメンの汁	20	25,000	3.5
日本酒	20	200,000	2.5

＊魚が棲める水質をBOD 5 mg/l以下とする。

は洗浄に使った洗剤，洗い流された調味料や油脂類，食べ物のカスなどの汚濁負荷量が大きいためである。天ぷら油500mlのBODは1,000,000mg/l，みそ汁1杯で35,000mg/l，米のとぎ汁2,000mlで3,000mg/lであり，魚が棲める5 mg/lにするには，それぞれ風呂桶330杯分，5杯分，4杯分の水がいるといわれる。これらが水質汚濁の原因となって，結局私たちが使う水道水の嫌なにおいの原因になっている。汚れを排水口に流さないように油や調味料はいらない紙で吸い取ること，洗剤を使いすぎないこと，食べ残しや飲み残しをしないことなどを心がけることが重要である。

5．各調理過程における環境とのかかわり

調理が環境に及ぼす影響は大きく，食事計画から供食・片づけにいたる調理過程のすべての段階において環境に対する配慮が必要である。

（1）食事計画から食材購入

食材の生産から流通の段階で，温室栽培の燃料，遠隔地で収穫された作物の輸送，食品の長期保存など種々のエネルギーが消費されている。地元で収穫された季節の食材を利用するという地産地消は，エネルギー問題でも，嗜好上でも，栄養上でも優れている。食材を無駄にしないよう，献立を考えて購入する。また，農薬や肥料が環境に及ぼす影響にも配慮して食材を選ぶ必要がある。

表9－2　環境を考えた冷蔵庫の使用方法

- 冷蔵庫は壁から適切な間隔を空けて設置する
- 冷蔵庫は直射日光やガスコンロの近くを避けて設置する
- 冷蔵庫の扉の無駄な開閉をしない
- 扉を明けている時間を短くする
- 冷蔵庫には物を詰め込みすぎない
- 熱い物は冷ましてから冷蔵庫に入れる
- 余分な箱や袋入りのまま入れない
- 庫内をよく点検して使い，食品の忘れのないようにする

（2）食品の保存

食材は冷蔵庫で保存することが多いが，冷蔵庫は家庭の消費電力の約17％を占めており，冷蔵庫の選び方・設置方法・使用方法によって消費電力に違いがでる。環境に配慮した冷蔵庫の使い方について表9－2にまとめた。また，根菜類や缶詰・レトルト食品のように基本的には冷蔵庫で保存する必要のない

食品を冷蔵庫で保存している場合も多いので，それぞれの食品に適した保存方法にする。

(3) 調理方法

　材料を無駄にしないように購入量を考え，献立を考える。調理に際しては廃棄部分を少なくするように工夫する。鍋は材質や形状により熱伝導性や熱容量が違うので，調理に適した材質・容量の鍋を選ぶ。圧力鍋やステンレス多層鍋などは予熱を利用して調理できるので省エネルギーになる。ガスコンロを使う際は鍋底をふいて，鍋底から炎が出ない程度の火加減にする。料理の手順を考え，同じ湯であくの少ないものからゆでるというように無駄のない手順を考える。野菜の下ごしらえに電子レンジを利用することも有効である。また，家族そろっての食事は，食事に遅れた人の分を温め直す必要がなく省エネルギーになる。

(4) 洗　　浄

　油や調味料はいらない紙で拭いてから洗う。洗剤は使いすぎないようにし，水は流しっぱなしにせずに，ため洗い，ためすすぎにすると効率よく洗浄できる。また，細かいごみも流さないような配慮も必要である。

(5) ごみの処理

　ごみ処理は環境に負荷を与えるのでごみを減らす工夫が求められる。包装ごみは，買い物袋を利用したり，過大な包装をことわって家の中に持ち込まないようにし，再使用できるものは再使用し，リサイクルできるものはリサイクルすることで減量できる。生ごみは水分をなるべく減らすようにする。コンポストは生ごみ処理機などを利用した生ごみの減量化や堆肥化も効果的である。また，食品製造・販売業者やレストランなどの食品関連業者は，食品リサイクル法により，食品残渣（ざんさ）の発生抑制と肥料化，飼料化などの促進が義務づけられており，食品加工過程の廃棄物を飼料にしたり，ホテルの残渣を肥料にするなどの取り組みが行われている。

【参考文献】
1) 環境省総合環境政策局環境計画課『平成15年版　環境白書』ぎょうせい，2003
2) 環境省大臣官房廃棄物・リサイクル対策部循環型社会推進室『平成15年版　循環型社会白書』ぎょうせい，2003
3) 食生活指針普及定着用指導書作成委員会『食生活指針ガイド2002』(財)日本食生活協会，2002

【管理栄養士国家試験予想問題解答】

第1章 8頁
問題1．e

第2章 22頁
問題1．（3）
問題2．c

第3章 41頁
問題1．c

第4章 55頁
問題1．b
問題2．b，c

第5章 89頁
問題1．（5）
　a．×　生野菜を冷水（細胞液より濃度の低い液）に浸漬すると，浸透現象が起こり，内外の圧力が等しくなるように水が細胞内に移動して細胞は膨れ，組織全体が緊張してパリッとなり硬くなる。
　b．×　小豆は種皮が厚く硬いので，吸水に10時間以上を要する。特に夏期は浸漬液が変質しやすい。また皮と子葉部の膨潤度が異なるため胴割れを起こしやすい。これらのことから小豆は浸漬せずに加熱する。
問題2．d
　d．りんごやももの皮をむいてから食塩水で洗うことにより，酸化酵素が食塩により失活する。バナナの切り口に砂糖やシロップを振りかけておくと，酸素が溶け込みにくく酵素の作用が抑制される。
問題3．（4）
　a．×　千切りや短冊切りのように野菜の繊維を生かして切ると煮崩れしにくい。
　c．×　材料の表面積を大きくして味の浸透を早めるためには，小さく切って表面積を多くした方がよい。
問題4．d
　d．パーシャルフリージングとは0℃から−5℃の温度帯での貯蔵をいう。主に−3℃での貯蔵を指していることが多い。
問題5．d
　d．メラミン樹脂，フェノール樹脂は電波を吸収して発熱するので使えない。

第6章 165頁
問題1．（4）
問題2．c
問題3．（2）
　a．牛肉は熟成期間が長いので，適度に軟化したときは，IMPの含量は，豚・鶏肉より低くなっている。
　c．筋原繊維たんぱく質は収縮・凝固し，筋形質たんぱく質は一部溶出するが，凝固し固まるが，結合組織にあるコラーゲンがゼラチン化するため，筋繊維を包む膜が可溶化し，ほぐれ易く感じるため，軟らかく感じられる。
問題4．a
　b．IMPよりアミノ酸類の方である。
　c．IMPと筋形質たんぱく質が溶出ではなく，結合組織中のコラーゲンがゼラチン化して，ゲル化したものである。
　d．魚の多価不飽和脂肪酸が植物性揚げ油の1価不飽和脂肪酸と交代する。
　e．K値は低いほど鮮度が高いので，シンプルな塩焼きは活きのよいものが望ましい。
問題5．b
　a．だちょうの卵殻の占める割合が20数％で，鶏卵の2倍以上の割合である。調理用途は鶏卵にほぼ類似している。
　c．調理で防げる。新鮮卵を使う。加熱時間を必要以上に長くしない。茹で上がったら冷水にとる。
　d．小型球形ウイルスは生カキに検出される。鶏卵はサルモネラ菌の場合が多い。
　e．鮮度を反映するのは卵白のpHである。
問題6．（5）
　a．高メトキシルペクチンではなく，低メトキシルペクチンである。
　c．プロセスチーズは2種以上のナチュラルチーズを加熱融解乳化して調製される。品質が安定で，顕著な食べ頃はない。
問題7．（3）
　b．味つけのためだけでなく，グルテンの形成を促進するためでもある。
　e．水分活性が低いためである。

第7章 180頁
問題1．（5）
問題2．（6）

第8章 192頁
問題1．c
問題2．d

索　引

あ

IH方式　86
揚げる　80
味つけ飯　99
味の相互作用　32
アスパルテーム　27
圧搾　66
アルカリ味　31
α-でんぷん　145
あん　110
イースト　104
閾値　30
炒め飯　99
炒める　79
いも類　106
いも類の加熱と栄養効果　185
インスタントラーメン　22
うま味　25, 29
うま味調味料　162
粳米（うるちまい）　94
栄養効果　182
栄養必要量　44
えぐ味　31
SD法　39
エマルション　148
オーブン　85
音　37
オリゴ糖　27
温度　34, 170

か

カードラン　153
外観　35
海藻類　123
解凍　69
香り　37
化学物質食中毒　176
撹拌　66
加工食品　164
加（化）工でんぷん　145
果実類　121

ガスコンロ　84
カップラーメン　17
加熱機器　84
加熱調理操作　70
かび毒　176
かゆ　98
かゆの栄養効果　183
カラギーナン　151
辛味　31
カロテノイド　115
乾式加熱　77
寒天　150
官能評価　38
緩慢凍結　68
甘味　27
金属味　31
機能性成分　120
きのこ類　125
牛すね肉　131
急速凍結　68
牛乳／乳製品　140
供応食の献立　52
行事食　54
魚介類　131
魚介類の鮮度鑑別　133
魚介類の調理　134
近世社会の調理と食事形態　16
クリーム類　140
グルチルリチン　27
グルテン　102
クロロフィル　114
K値　133
鶏卵　137
計量　58
ゲル化素材　148
健康寿命　30
原始社会の調理と食事形態　10
現代の食事形態と食の行方　18
現代の食生活と食事形態　17
香辛料　162
コーヒー　164
ココア　164

孤食　18
個食　18
古代社会の調理と食事形態　11
五訂増補日本食品成分表　48
小麦　101
小麦粉の調理と栄養的効果　184
米　94
米の調理　95
米の調理による栄養効果　182
こわ飯　100
混合　66
献立作成　44

さ

細菌性食中毒　175
魚の調理と栄養効果　190
酒　160
刺し身　134
さつまいも　185
砂糖　158
三色食品群　51
3点比較法　39
酸味　28
塩　153
塩味　26
色彩　35
嗜好飲料　163
嗜好型官能評価　38
自然毒食中毒　176
湿式加熱　72
湿熱処理でんぷん　145
渋味　31
主菜　50
種実類　122
主食　50
順位法　39
順応効果　33
しょうゆ　155
食事設計　44
食事と調理　5
食事バランスガイド　47
食酢　156

食生活指針　47
食中毒　175
食中毒の予防　176
食の外部化　18
食品加工の発展　5
食品添加物　173
食品の安全　172
食品の安全性　170
食品の衛生　172
食品保存管理に影響する条件　170
食物摂取の意義　3
食物の条件　3
食欲　36
食器　88
ショ糖　27
白玉粉　100
浸漬　60
新食品素材　153
炊飯過程　95
炊飯器　84
水分　171
酢じめ　135
すし飯　99
ステビオシド　27
ストレスホルモン　30
酢の物　135
スローフード運動　18
成分抽出素材　141
成分表の活用　48
西洋料理　52
西洋料理の特徴と食事文化　20
清涼飲料　164
世界の国々にみる食事形態　19
世界の代表的料理様式と食事文化　20
切砕　63
ゼラチン　149
洗浄　59
相乗効果　32
ソース　184
その他の調味料　162

た
対比効果　32
大量炊飯　99
炊き込み飯　99
炊く　77

たたき　134
卵の調理と栄養効果　191
卵類　137
団子　101
単糖類　27
チーズ　140
地産地消運動　18
茶　163
中国料理　53
中国料理の特徴と食事文化　21
中世社会の調理と食事形態　13
調味料　153
調理学研究の現状　7
調理環境の安全　177
調理機器　83
調理器具の管理　178
調理操作　58
調理操作の分類　58
調理と食品加工の関係　4
調理と料理　5
調理の科学性　7
調理の社会化　5
調理の二極化　6
調理の必要性　6
調理の文化性　7
調理の目的　3
低エネルギーの甘味料　27
デキストリン　145
テクスチャー　34
テフ　20
電気コンロ　84
電気冷凍冷蔵庫　88
電磁調理器　86
電磁誘導加熱方式　86
電子レンジ　85
でんぷん　141
でんぷんゲル　144
でんぷんゾル　144
でんぷんの糊化　142, 183
でんぷんの老化　143
糖アルコール　27
豆腐　111
鶏肉　131
トルテイヤ　20
トレーサビリティ　174

な
中食　18
鍋　87
苦味　29
肉類　127
肉類の調理　131
肉類の調理と栄養効果　189
煮こごり　190
日常食の献立　51
２点比較法　39
二糖類　27
日本型食事　18
日本人の食事摂取基準（2005年版）　44
日本料理の特徴と食事文化　20
煮る　73

は
バター　141
非加熱調理器具　83
非加熱調理操作　58
光　172
ビタミン　117, 187
表示マーク　173
評点法　39
品質表示基準　172
ファーストフード　17
ブイヨン　190
フードマイレージ運動　18
風味調味料　162
ブールマニエ　106
ふきんの管理　178
副菜　50
豚肉　131
粉砕　65
分析型官能評価　38
米粉の調理　100
ベーキングパウダー　104
ペクチン　113, 152
ヘニング　25
変調効果　33
包丁　64, 83
包丁の管理　178
ポリフェノール　115

ま

磨砕　65
まな板　84
まな板の管理　178
豆類　108
豆類の調理と栄養効果　186
マリネ　190
みそ　156
味蕾（みらい）　25
みりん　161
ミレット　20
無機質　119，187
蒸す　75
六つの基礎食品群　51
糯米（もちごめ）　94

や

焼く　78
野菜類　111
野菜類の調理と栄養効果　187
誘電加熱　81
誘導加熱　82
油脂類　145
ゆでる　72
ヨーグルト　140
抑制効果　33
4つの食品群　51

ら

ルー　106，184
冷却　67
冷蔵　67
冷凍　67
冷凍庫・冷蔵庫の食品の管理　177
レトルトカレー　17
レバー類　131
ろ過　66

わ

ワイン　161

ネオ エスカ　調理学

2004年4月15日　第一版第1刷発行
2006年4月1日　第二版第1刷発行
2012年4月1日　第二版第5刷発行

編著者　渋川祥子・畑井朝子
著　者　東川尅美・下坂智惠・山本愛子
　　　　山口敦子・大出京子・早坂千枝子
　　　　吉田惠子・今井悦子・佐藤恵美子
　　　　安原安代・永島伸浩・
　　　　四十九院成子・綾部園子
発行者　宇野　文博
発行所　株式会社 同文書院
　　　　〒112-0002
　　　　東京都文京区小石川5-24-3
　　　　TEL (03)3812-7777
　　　　FAX (03)3812-7792
　　　　振替 00100-4-1316
印刷・製本　中央精版印刷株式会社

© S.Sibukawa・A.Hatai et al.,2004
Printed in Japan　ISBN978-4-8103-1275-1
●乱丁・落丁本はお取り替えいたします